metro

Jörg Juretzka
TauchStation

metro wurde begründet
von Thomas Wörtche

Zu diesem Buch

Offiziell für tot erklärt, lebt Kristof Kryszinski auf TauchStation. Er hat eine neue Identität, eine neue Bleibe im lauschigen Bottrop und einen neuen Job als Operativer Mitarbeiter bei Europol. Er kann sich also einigermaßen sicher fühlen vor seinen Todfeinden von den Marseiller Chiens du Nord. Doch gleich bei seinem ersten Auslandseinsatz geht etwas schief, er wird erkannt und das bringt nicht nur ihn, sondern alle um ihn herum in akute Gefahr. Kryszinski muss sich diesem Problem stellen, endgültig. Doch: er allein gegen einen ganzen Mafia-Clan? Unmöglich. Notgedrungen wendet er sich an seine alte Gang, die Stormfuckers. Gemeinsam geht es auf eine Reise, deren Ausgang ungewisser nicht sein könnte.

»Mit trockenem Humor und messerscharfem Blick aufs Ganze schickt der Autor zum dreizehnten Mal seinen Ermittler Kristof Kryszinski auf die Reise ins Ungewisse.«
Westdeutsche Allgemeine Zeitung

Der Autor

Jörg Juretzka (* 1955) ist gelernter Zimmermann und baute Blockhütten in Kanada, bevor er sich aufs Schreiben konzentrierte. Für seine Romane wurde er dreimal mit dem Deutschen Krimi Preis ausgezeichnet.

Im Unionsverlag sind außerdem lieferbar: *Prickel; Sense; Der Willy ist weg; Fallera; Equinox; Bis zum Hals; Alles total groovy hier; Rotzig & Rotzig; Freakshow, TaxiBar* und *TrailerPark.*

Mehr über den Autor und sein Werk auf *www.unionsverlag.com*

Jörg Juretzka

TauchStation

Kriminalroman

Unionsverlag

Die Originalausgabe erschien 2016 im Rotbuch Verlag, Berlin.

Im Internet
Aktuelle Informationen, Dokumente und Materialien
zu Jörg Juretzka und diesem Buch
www.unionsverlag.com

Unionsverlag Taschenbuch 830

Neptunstrasse 20, CH-8032 Zürich
Telefon +41 44 283 20 00
mail@unionsverlag.ch

Reihengestaltung: Heinz Unternährer
Umschlagbild: Etienne Girardet (Unsplash)
Umschlaggestaltung: Sven Schrape
Satz: Greiner & Reichel, Köln
Druck und Bindung: CPI – Clausen & Bosse, Leck
ISBN 978-3-293-20830-8

Der Unionsverlag wird vom Bundesamt für Kultur mit einem
Verlagsförderungs-Strukturbeitrag für die Jahre 2016–2020 unterstützt.

Für Cora und Verena

Spezieller Dank an Snoop Dogg für ›Round Here‹

Sämtliche Figuren dieses Romans und auch die meisten Orte sind wie immer frei erfunden.

TEIL I

Der Landcruiser war weiß, noch kein Jahr alt, aber schon gründlich zersemmelt, und er stank. Wir hatten alle Fenster runter und die Klimaanlage samt Gebläse auf Anschlag, und trotzdem stank die Karre, dass es einem hochkam. Es war dieser unverwechselbare, zutiefst dumpfe Geruch, der die Nase trifft wie ein Faustschlag, ein zäher, stehender Mief, der wirkt, als ob ihn nicht mal ein Orkan weggeblasen bekäme. Das Auto stank nach Kadaver, es stank nach Leiche, nach Tod.

»Ist es das, was ihr ›den frischen Wind der Scharia‹ nennt?«, fragte ich den Fahrer. Hinter mir hörte ich Mombassa scharf einatmen.

»Lass gut sein, Stockholm«, knurrte er halblaut und mit einem kaum merklichen Zittern in der Stimme. Wir kämpften beide mit Panik, gepackt von der Beklemmung völligen Ausgeliefertseins in einer – um es vorsichtig auszudrücken – verstörenden Umgebung, nur äußerte sich das halt bei jedem von uns anders. Der massige Kongolese wurde stoisch, fast schon katatonisch, ich sarkastisch. Vermutlich ein Reflex der Verleugnung, idiotisch in einer Situation wie der unseren, und trotzdem nicht zu ändern, da, tja, irgendwie zwanghaft.

Der Fahrer, ein schwarz vermummter, sonnenbebrillter Typ um die zwanzig, der uns am Busbahnhof direkt an der Grenze in einem Kauderwelsch aus Englisch, Deutsch und – ausgerechnet – Holländisch in Empfang genommen hatte, sagte nichts. Stattdessen starrte er mit gerunzelten Brauen nach vorn, wo gerade ein schreiender Mann aus einem Schuppen auf die Straße gestürmt kam, uns einen blutig bandagierten Armstumpf entgegenhielt und seine verbliebene Faust schüttelte. Er schien entschlossen, den Wagen zum Stehen zu bringen, seine Miene eine wilde Mischung aus Agonie, Rage und Entsetzen, und es fehlte nicht viel, und wir hätten ihn über den Haufen gefahren. Im letzten Augenblick sprang er schließlich beiseite, spuckte und trat gegen die Wagenflanke, während wir vorbeirollten.

»Wenn er goes on like this, we hakken hem de andere kant ook uit«, meinte der Fahrer. Und er meinte es ernst.

»Der frische Wind der Scharia, ich sag's doch«, sagte ich, und Mombassa boxte in meine Rückenlehne.

*

»Um es kurz zu machen«, sagte der Arzt und sah von seinen Unterlagen auf, »Sie werden's überleben.«

Ein Grunzen antwortete ihm. Spuren von Freude oder auch nur Erleichterung waren, selbst bei genauestem Hinhören, nicht darin auszumachen.

»Sie haben eine mittelschwere Gehirnerschütterung, ein ausgeprägtes Schleudertrauma im Bereich der Halswirbelsäule und zahlreiche Prellungen an den Extremitäten. Eine Woche Bettruhe, zehn Tage Halskrause, und Sie sollten wieder diensttauglich sein.«

Der Patient sah zur Seite und grunzte erneut. Er wirkte abwesend und machte einen unzufriedenen Eindruck. Ob mit der Diagnose oder etwas anderem war dabei nicht zu sagen. Vielleicht war das aber einfach nur eine Ausprägung von Unfallschock.

»Doch erlauben Sie mir eine Frage«, fuhr der Mediziner fort. »Wie schafft man es, sich an ein und demselben Tag gleich zweimal mit dem Auto zu überschlagen? Ich persönlich fahre seit über vierzig Jahren und ich habe noch nicht einen einzigen Wagen aufs Dach gelegt.«

Der Patient, ein kräftig gebauter, untersetzter Kriminalkommissar aus Mülheim an der Ruhr, schwang die Beine von der Behandlungsliege, blickte ausgesprochen finster drein und ließ sich Zeit mit der Antwort.

»Es ist ein Fluch«, grollte er schließlich. »Ich bin mit einem Fluch belegt, dessen erklärtes Ziel es ist, mir das Leben zur Hölle zu machen.«

»Sie meinen eine Verwünschung, wie im Voodoo-Kult?«

»Genau.« Der Patient nickte heftig, stöhnte auf und fasste sich mit der Hand ins Genick. Der Schmerzen zum Trotz wirkte er lebhafter, jetzt, fokussierter.

Der Arzt notierte etwas. »Können Sie das Wesen dieses Fluchs ein bisschen näher beschreiben?«

»Oh, ja. Und ob ich das kann. Größe, Alter, Gewicht, Vorstrafen. Ich kann Ihnen sogar seinen Namen sagen.«

»Der Fluch hat Vorstrafen und einen eigenen Namen?« Der Arzt fragte sich im Stillen, ob er nicht eine stationäre Aufnahme anordnen sollte. Für ein paar Tage. Zur Beobachtung.

»Ja, hat er.« Der Patient glitt von der Liege und griff ächzend nach seiner Hose. »Wollen Sie ihn hören?«

»Ja, das würde mich schon interessieren.«

»Er heißt Kryszinski. Kristof Kryszinski.«

*

Je weiter wir ins Land hineinfuhren, umso öder wurde die Gegend. Der Fahrer schien nicht gesprächig, mir fielen keine weiteren Sarkasmen ein und Mombassa und Ibrahim, unser, tja, *Bewacher*, ein etwas älterer wollbärtiger Finsterling, der seine Kalashnikov nicht eine Sekunde aus der Hand legte, schwiegen sowieso beharrlich.

Von hohen Mauern umgebene Gehöfte säumten in unregelmäßigen Abständen die Straße, dazwischen einzelne Dörfer. ›Oasen‹ schien nicht recht passend, dazu war die Landschaft nicht Wüste genug, zumindest nicht, wie man sie sich vorstellt. Keine Dünen, keine Palmen, nichts, nur konturloses, staubiges Brachland, unfassbar platt und eintönig und übersät mit Müll und, wie die Straße, Bombenkratern und immer wieder dem verkohlten und zerfetzten Schrott des Krieges. Tierkadaver verrotteten vor sich hin, nach Kräften unterstützt von Geiern, Krähen und streunenden Hunden.

Eine Zeit lang rollten wir durch große Felder mit brusthohen, dürren, unansehnlichen Pflanzen, gekrönt von widerspenstig aussehenden Knospen. Ich brauchte kein botanisches Lehrbuch mit dem Titel ›Nutzpflanzen des Nahen und Vorderen Orients‹, um zu wissen, dass es sich um Mohn handelte. Scharen von Frauen, wie alle, die wir seit der Überquerung der Grenze gesehen hatten, in Burkas, schnitten und schabten an den Knospen herum, auf Schritt und Tritt bewacht von Bärtigen mit Sturmgewehren.

Sobald wir in eine der Ortschaften kamen, drehten sich sämtliche Passanten von uns weg, drückten sich in den Schatten von Seitengassen oder Hauseingängen, verschwanden ohne auch nur einen Blick zurück.

»Alle zondaars hier leven in Angst«, meinte der Fahrer und klang höchst zufrieden dabei.

»Zondaars?«, fragte ich und spürte wieder Mombassas Faust in meinem Kreuz. Wenn es nach ihm ginge, hätte ich die Schnauze halten müssen, doch nach ihm ging's nicht.

»Sinners«, antwortete der Fahrer. »Wie sagt ihr?«

»Sünder.«

»Ja. Alle Sünder ond alle Kuffar.«

»Richtig so«, fand ich. Mein Deckname war nicht umsonst ›Stockholm‹. Aus einem sonderbaren Grund übernehme ich gerne die Ansichten der Leute, in deren Hand ich mich befinde. Es erleichtert, ja, es erheitert mich, einer perversen, mir selbst fremden Logik folgend. Sollte ich hier festgehalten werden, verschleppt, eingekerkert, sah ich mich schon fröhlich meine Vorhaut mit der Nagelschere abschnippeln und anschließend eine Menge Koransuren auswendig lernen. »Der Tod«, sagte ich mit gravitätischem Ernst, »ist noch zu gut für diese Hunde.«

Zum ersten Mal drehte der Fahrer den Kopf zur Seite und sah mich an. Ich würde jetzt gerne behaupten, dass der Wahnsinn des Fanatismus in seinen Augen loderte wie die Flammen im Tor zur Hölle, oder sonst etwas Bildhaftes, dem Klischee Entsprechendes, doch sein Blick war ruhig, rätselnd, möglicherweise milde amüsiert. Ein bisschen wie der eines Lehrers, der sich einen Moment Zeit nimmt, abzuwägen, ob er einem vorlauten Schüler eine kleine Frechheit durchgehen lassen, oder ob er ihn an den Haaren packen, zur Schultoilette schleifen und in der nächstbesten Kloschüssel ertränken soll.

Momentan ernüchtert sah ich wieder aus dem Fenster.

*

»Die beiden Fahrzeuge werden ›Interceptor‹ beziehungsweise ›Getaway‹ genannt.« Stabsfeldwebel und Ausbilder ›Fahrtechnik‹ Neumeyer deutete auf ein Standbild auf der Videoleinwand. Eine Hubschrauberperspektive zeigte zwei dunkle Pkws von oben, die Dächer groß mit ›IC‹ beziehungsweise

›GA‹ beschriftet. »Die Aufgabenstellung bei den Trainingseinheiten ist diametral: Einmal soll Getaway dem Interceptor entkommen, etwa, um einem Anschlag zu entgehen, einmal soll Getaway vom Interceptor zum Stehen gebracht werden, um, zum Beispiel, eine Geiselnahme zu beenden. Nun denn. Ihre Abteilung hat uns zwei Trainees geschickt. Der eine ein Kommissar, der andere ein – wie ist noch mal Ihre interne Bezeichnung?«

»O. M.«, antwortete Hauptkommissar Menden und wand sich unbehaglich auf seinem Stuhl. Bundeswehrbasic. Wie fast alles beim Militär mit dem erklärten Willen konstruiert, hohe Kosten und geringe Funktionalität miteinander in Einklang zu bringen. »›Operativer Mitarbeiter‹.«

»Ah ja. Ein O. M. mit dem Decknamen ›Stockholm‹.« Neumeyer verschränkte die Arme vor der Brust und blickte eine Weile aus dem Fenster seines Büros. Seine Miene war auf eine gelassene Art säuerlich. »Wir haben die beiden Trainees also – nach ausführlicher Instruktion, nach zwei Tagen fahrphysikalischer Theorie, nach dem Studium von Beispielen anhand von Videoaufzeichnungen, nach Fahrübungen zur Eingewöhnung, letztendlich dann zum Manöver in die Autos gesetzt. Zuerst einmal Ihren Kommissar in den Getaway, Ihren O. M. in den Interceptor.« Neumeyer, im Kampfanzug seiner Einheit, der GSG 9, pausierte erneut.

Obwohl von Vorahnungen geplagt, bemühte Menden sich um ein interessiertes Gesicht.

»Wie für Ihre Aufgabenstellung wichtig«, fuhr Neumeyer fort, und sein Tonfall verhärtete sich dabei, »ging es in der Übungseinheit darum, mit dem Getaway einem Angriff des Interceptors zu entkommen.« Neumeyer griff zu einer Fernbedienung und wandte sich der Videoleinwand zu. »Hier ist das Ergebnis, aufgenommen sowohl aus dem begleitenden

Kommandofahrzeug als auch von Kameras entlang der Strecke und aus einem Hubschrauber.«

»Ich will Ihnen ja nicht den Spaß verderben«, sagte der Hauptkommissar, »aber mir schwant, was jetzt kommt.«

Die Aufnahmen wirkten äußerst professionell, auch vom Schnitt her, erstaunlich, wenn man bedachte, dass sie erst wenige Stunden alt waren. Bei den Fahrzeugen handelte es sich um zwei schwere, schwarze BMW-Limousinen, nur zu unterscheiden durch die großen weißen Buchstaben auf ihren Dächern und – wie man jetzt sah – auch ihren Flanken.

Die Fahrstrecke war augenscheinlich Teil eines militärischen Flugfeldes, zweispurig angelegt mit aufgeklebten Mittelstreifen und Behelfs-Leitplanken auf beiden Seiten.

»Zu diesem Zeitpunkt sieht der Fahrer des Getaway, also Ihr Kollege, den Interceptor im Rückspiegel. Der Interceptor nähert sich mit hohem Fahrtüberschuss. Um ihn am Überholen zu hindern, zieht der Getaway nach links, direkt in den Weg des verfolgenden Fahrzeugs. Dessen Fahrer – Ihr O. M. – leitet allerdings nicht die vorgesehene Vollbremsung ein, sondern steuert, wie man hier sieht, ruckartig nach rechts, dann, auf Höhe des Getaway, reißt er das Lenkrad scharf nach links, betätigt – das haben uns die Telemetriedaten gezeigt – kurz die Handbremse, sodass das Heck des Interceptors ausbricht, und gibt augenblicklich wieder Vollgas. Als Resultat bohrt sich seine Front in den vorderen rechten Radkasten des Getaway, was einen scharfen Lenkeinschlag nach links bewirkt und gleichzeitig den Reifen von der Felge schneidet.«

Ein Feuerschweif schoss aus dem Radkasten, als sich die nackte Felge in den Asphalt fraß, während der Interceptor geschmeidig auf Abstand ging.

»Die daraus resultierende, abrupte punktuelle Verzögerung«, fuhr Neumeyer im trockenem Tonfall des Technikers fort, »hebelte das gesamte Fahrzeug aus, wodurch es zu einem dreifachen Überschlag um die Längsachse kam.«

Blechteile flogen, Glaspartikel, Staub und Funken stoben, bis das rundgewalzte Wrack schließlich wieder auf seinen Rädern zum Stehen kam. Fast augenblicklich war es umstellt von Rettungsfahrzeugen.

Neumeyer schaltete auf Standbild. »Das verkehrte die eigentliche Aufgabenstellung – Vermeidung eines Abfangens des Getaways – komplett ins Gegenteil. Beide Fahrer blieben mehr oder weniger unverletzt und wurden anschließend zum Rapport beordert. Ein Protokoll des Gesprächs finden Sie in meinem Bericht unter Anhang A/II. Nun zum zweiten Film …«

Menden wollte dankend abwinken, doch Neumeyer hatte sich schon wieder der Leinwand zugewandt und sprach weiter.

»Umgekehrte Vorzeichen, diesmal. Obwohl nach dem dreifachen Salto seitwärts leicht angeschlagen, brannte Ihr Kollege regelrecht darauf, das Steuer des Interceptors zu übernehmen. Seine Aufgabe war jetzt, den Getaway zum Stehen zu bringen und am Weiterfahren zu hindern.« Neumeyer drückte auf die Fernbedienung und der Film lief.

Man spürte förmlich den Ehrgeiz, mit dem der IC auf den anderen Wagen – diesmal ein silbermetallicfarbenes Fahrzeug, schwarz mit GA beschriftet – aufholte.

»Eigentlich sollte Ihr O. M. zu diesem Zeitpunkt versuchen, dem Interceptor den Weg abzuschneiden«, erklärte Neumeyer. »Also defensiv agieren.«

Stattdessen sah man, wie der GA kurz und heftig verzögerte, dann, als der IC ebenfalls bremste, nach links zog und das durch die Bremseinwirkung hochgereckte Heck des

IC zur Seite drückte, was den Wagen komplett querschlagen ließ. Sofort rammte der GA die Flanke breitseits und brachte den Interceptor dadurch dazu, sich mehrfach über das Dach abzurollen. Stiebende Funken, fliegendes Glas, flackerndes Blaulicht, alles wie gehabt.

»Wie gesagt: eigentlich«, meinte Neumeyer trocken. »Zwei Komplettabschreibungen an einem Vormittag. Haben wir auch nicht alle Tage, so was.«

»Wo ist Hufschmidt jetzt?«

»Den haben wir sofort danach ins Bundeswehrkrankenhaus Koblenz geflogen. Wie der behandelnde Arzt sagt, sind keine wirklich ernsthaften Verletzungen festzustellen und keine bleibenden Schäden zu befürchten.«

»Wie lange werden sie ihn dabehalten?«

»Meines Wissens nach will Ihr Kollege heute noch entlassen werden.«

Menden stieß einen Seufzer aus.

»Nun zu dem anderen Trainee.« Neumeyer nahm ein Datenblatt auf, überflog es flüchtig. »›Stockholm‹, richtig. Für die Kategorien Fahrzeugbeherrschung, Reaktionsgeschwindigkeit und Entschlossenheit des Handelns muss ich Ihrem O. M. die volle Punktzahl geben. Doch was Disziplin oder gar Subordination angeht, frage ich mich ernsthaft, ob Sie sich mit der Beauftragung dieses Mannes einen Gefallen tun.«

»Ja, das frage ich mich auch, und, glauben Sie mir, nicht zum ersten Mal. Doch das entscheiden höhere Stellen.«

»Was ist – abgesehen von den genannten Qualitäten – so Besonderes an ihm?«

»Es gibt ihn nicht.«

»Sie meinen, er existiert nicht?«

»Richtig.«

Neumeyer dachte einen Moment lang nach. »Das hört

sich für mich so an«, mutmaßte er dann vorsichtig, »als ob Sie einen verdammt heiklen Job vor der Brust hätten.«

»›Verdammt‹ trifft es genau«, sagte Menden.

*

Nach fast drei Stunden Fahrt unter einem tiefhängenden, drückend grauen Himmel passierten wir ein von Kugeln durchsiebtes Ortsschild und rollten mit reduziertem Tempo die Hauptstraße des Wüstenkaffs hinunter. Etwas sagte mir, dass wir uns unserem Ziel näherten. Zeit wurde es. Je weiter wir fuhren, desto länger zog sich der Weg zurück in die Zivilisation.

Die Bebauung des Ortes entsprach perfekt der sie umgebenden Landschaft in ihrer fast schon bedingungslosen Trostlosigkeit. Was auffiel, und nicht wirklich zur Aufhellung des Ambientes beitrug, war, dass die Häuser in diesem Landstrich keine Fenster hatten. Zumindest nicht zur Straße hin. Nur kahle Wände, mal rohes, nachlässig zusammengeklatschtes Mauerwerk, mal kratziger Putz, mal mit den Fingern gefurchter Lehm. Die Grundrisse der Bauten schienen fast alle u-förmig zu sein, der Blick in die Innenhöfe verwehrt von weit über mannshohen Toren, aus Holz die alten, aus Wellblech die jüngeren, aus Teilen grüner, militärischer Überseecontainer die neuesten.

Der Fahrer verlangsamte weiter, steuerte den Wagen in einen weiten Rechtsbogen und stoppte vor einem schwarzgestrichenen Stahltor, ohne Griff oder Klinke außen, die Oberseite gekrönt von Nato-Draht.

Ich wollte aussteigen, nur raus aus der stinkenden Karre, doch Ibrahim auf dem Rücksitz sprach sein erstes Wort an diesem Tag: »No.«

Irgendwo hinter dem Haus, weiter weg, wenn auch nicht

wirklich weit genug weg, explodierte etwas mit einem bis ins Mark gehenden Knall, und nur Sekunden später fauchte ein Kampfjet im Tiefflug über uns hinweg.

»Wellkomm in Dschihad«, sagte der Fahrer.

*

»Wo warst du gestern?«, fragte Ela, wuchtete ihre Schultasche in den Fußraum des Transporters, zog sich hoch in den Kindersitz und schloss die Tür. »Wir wollten dich besuchen.«

»Ich war mit meinem, äh, *Freund* Hufschmidt in der Fahrschule«, antwortete ich und schnackte ihren Sicherheitsgurt zu.

»Fahrschule? Aber du kannst doch Auto fahren.«

»Ich schon«, bestätigte ich versonnen und startete den Motor.

Sie musterte mich mit gerunzelten Brauen. »Warum hast du dir den Bart abrasiert?«

»Weil mittlerweile jeder Idiot mit Vollbart herumläuft. Da frage ich mich dann: Will ich dazugehören?«

»Wüll üch zu den ganzen Üdüoten gehören?«, äffte sie mich nach und grinste. »Wohin fahren wir?«, wollte sie dann wissen, Beine ungeduldig zappelnd.

»Zu Yesus? Mittagessen?«

»Ja«, bekräftigte sie mit fester Stimme.

Seit der baumlange Eritreer die Küche übernommen hatte, lief die TaxiBar immer besser. Er bereitete in erster Linie Tapas und Snacks zu, Pommes und Burger, lauter unkomplizierte kleine Happen für zwischendurch, doch wenn Ela zum Essen kam, erwachte in ihm der Sternekoch.

Einen Moment lang fuhren wir schweigend, aber nur einen Moment lang.

»Wenn er dein Freund ist, warum nennst du ihn dann ›Hufschmidt‹?«

»Na, weil er so heißt«, antwortete ich unschuldig. Ein Gespräch mit Ela zu führen bedeutet regelmäßig, sich einem Kugelhagel von Fragezeichen stellen zu müssen.

»Hat er etwa keinen Vornamen?«

»Doch, doch. Natürlich.«

Ela wandte mir pointiert langsam den Kopf zu für einen pointiert bohrenden Blick. Mit ausweichenden Antworten kommt man bei ihr nicht weit. Sie und Menden, denke ich manchmal, sind aus ein und demselben Holz. Angefangen bei den Köpfen.

»Aber du weißt ihn nicht«, stellte sie nüchtern fest.

»Unsinn«, widersprach ich.

»Wie heißt er denn? Los, sag's.«

»Er heißt, äh, Theophilus.« Wir näherten uns der Innenstadt und ich zog mir die Basecap tiefer in die Stirn und setzte die Spiegelbrille auf. Und fasste mich in Geduld. Zwangsweise.

»*Theophilus* Hufschmidt?«

»Ja, klar. Was gibt's da zu lachen?«

»Du spinnst«, meinte sie gutmütig.

Rote Ampel für rote Ampel für rote Ampel krochen wir voran, wieder und wieder überholt von einer rüstigen Achtzigjährigen am Steuer ihres Rollators. Autofahrer, kommst du nach Mülheim, vergiss das Diazepam nicht.

»Du hast also einen Freund, von dem du nur den Nachnamen kennst.«

»Eigentlich ist er nicht wirklich mein Freund. Mehr ein Lieblingsfeind.«

Sie überging das. »Dein anderer Freund heißt Pierfrancesco Scuzzi und du bist schon genervt, wenn du ihn nur siehst.«

»Nein, nein, das ist nicht richtig.« Ich blickte ihr gerade in die großen Smaragdgrünen. »Erst, sobald er den Mund aufmacht.«

Sie überging auch das. »Hast du sonst noch Freunde?«

»Sicher. Jede Menge. Eine ganze Gang«, sagte ich und dachte an die Stormfuckers, und wie lange ich sie nicht mehr gesehen hatte.

»Sag mal ein paar.«

»Charly, Hoho, Pit Bull …« Lange genug, auf alle Fälle, um bei den meisten nur noch schwammige Vorstellungen davon zu haben, was die inzwischen so trieben.

»Du hast Freunde, die *Hoho* heißen? Und *Pit Bull?*«

»Charly, nicht zu vergessen.«

»Das hast du dir doch wieder ausgedacht.«

»Nein, es stimmt.«

»Ho-ho?« Ela lachte, dann wurde sie wieder ernst. »Und warum triffst du dich nie mit denen?«

»Wir haben uns irgendwie aus den Augen verloren.«

»Du bist immer nur allein, oder genervt. Warum besorgst du dir nicht endlich wieder einen Hund?«

»Tja. So, wie es momentan aussieht, kriege ich einen Job, bei dem ich viel unterwegs bin und wohl keinen Hund mitnehmen kann.«

»Dann bringst du ihn so lange zu uns.«

»Ich denke drüber nach.«

»Das sagst du immer und tust es dann doch nicht.«

»Unsinn.«

»Das sagst du auch immer, wenn's eigentlich stimmt.«

»Unsinn.«

»Wann holst du Punky?«

»Punky?«

»Mein *Pfeeerd!* Tu nicht so dumm! Scuzzi hat ihm schon einen Stall gebaut.«

»Scuzzi hat *was?*«

»Einen Stall gebaut. Für Punky. Hinterm Haus.«

Bian-Tao hatte mit dem von mir geklauten und von ihr Schein für Schein durch die Kasse der TaxiBar geschleusten Drogengeld ein unauffälliges Zweifamilienhaus in Speldorf gekauft, einen Altbau mit drei Etagen, einer Wohnung für sie und Ela, einer für Scuzzi und einer für, tja, mich. Von der Straße führte eine Toreinfahrt in den dahinter gelegenen Garten, der an den Stadtwald grenzte. Punky von Portugal nach Mülheim zu holen war von Anfang an geplant gewesen, nur bei der Umsetzung hakte es nun schon eine ganze Weile.

»Ich hätte erhebliche Bedenken«, äußerte ich vorsichtig, »*irgendetwas,* geschweige denn ein lebendes Wesen, in einer Konstruktion unterzubringen, die Pierfrancesco Scuzzi zusammengefrickelt hat.«

»Yesus hat dabei geholfen.«

»Ah, das ist etwas anderes.« Mit dem jetzigen Koch hatte ich monatelang in Portugal auf einer Werft zusammengearbeitet. Monteyesus, so sein vollständiger Vorname, weiß um die Notwendigkeit der Aussteifung.

»Also, wann holst du Punky?«

»Bald. Willst du vielleicht mit? Jerusalé mal wieder besuchen?« Mit ›Jerusalé‹ meinte ich, dachte ich, aber sagte nicht: ›Das Grab deiner Mutter‹. Wir hatten Yara auf dem kleinen Friedhof oben auf der Klippe beerdigt, von wo aus man die Brandung hören und die Bucht und den Ozean überblicken kann. Ein Surfergrab, halt.

»Ich kann doch jetzt nicht wegfahren! Erst in den Ferien, ich bin doch jetzt ein Schulkind!«

»Ah, stimmt ja.« Ich ließ den Transporter die Rampe zur Tiefgarage hinunterrollen, öffnete das Rollgitter mittels Fernbedienung, fuhr in die dustere, kaum genutzte Katakombe mit ihren schauderhaften Erinnerungen und stellte den Wagen in eine Parkbucht nahe beim Treppenaufgang. Auf der Straße zu parken und die TaxiBar von vorn zu betreten verbot sich von selbst. Einer der Nachteile, tot zu sein ist der, dass man sich nirgendwo mehr blicken lassen kann.

»Vergiss deine Tasche nicht, Schulkind.« Wir stiegen aus, ich nahm ihr den Eastpak ab und schwang ihn über meine Schulter. Zusammen erklommen wir die Stufen hoch zum Erdgeschoss.

Egal ob ich Ela durch die Gegend fuhr oder sie mich in meinem neuen Zuhause besuchen kam, all diese Treffen blieben konspirativ. Es hatte seit Monaten niemand Fremdes mehr nach mir gefragt, schon gar nicht jemand Fremdsprachiges, doch ich traute dem Frieden nicht. Sobald dein Name einmal auf einer Todesliste steht, bist und bleibst du im Alarmzustand. Sie hatten mich schon mal gefunden, und so etwas vergisst man nicht.

»Wann ziehst du endlich zu uns? Dann können Scuzzi und ich dir abwechselnd auf die Nerven gehen.«

»Eine wirklich verlockende Vorstellung, Ela.«

»Du hängst immer alleine herum, und dir ist immer langweilig. Hol dir einen Hund. Los, hol dir einen Hund!«

»Erst mal hol ich dir dein Pferd.«

»Wann?«

»Nächste Tage.«

Ich klopfte an die Küchentür, den Hintereingang der TaxiBar, Yesus öffnete und strahlte Ela an. Tauche irgendwo mit der rastagelockten kleinen Krabbe auf und du erfährst aus erster Hand, wie es sich anfühlen muss, unsichtbar zu sein.

»Was gibt's heute?«, wollte sie wissen und hopste auf den Hocker neben dem Herd.

»Aah-ah-ah«, gurrte Yesus und gestikulierte geheimnistuerisch. Ich reichte ihm die Schultasche, winkte Ela, schloss die Tür und machte mich auf den Heimweg. Ins nahe, idyllische Bottrop.

Vorerst. Ich war *vorerst* nach Bottrop gezogen, weil mich dort niemand kannte, und nur solange bis …? Ja, genau. Bis wann ließ sich nicht definieren, an keinem Datum festmachen. Deshalb war zurzeit kein Ende von ›vorerst‹ in Sicht.

Das Viertel in der Nähe des Kanals ist symptomatisch für den momentan rasant ablaufenden zweiten Strukturwandel in Teilen des Reviers. Alles in meiner Nachbarschaft ist in letzter Zeit irgendwie ehemalig geworden: Nebenan eine aufgegebene Tankstelle, nun im Besitz eines libanesischen Luxusmarken-Gebrauchtwagenhändlers, ständiger Anlaufpunkt ganzer Wagenladungen von dunklen Gestalten mit noch dunkleren Sonnenbrillen. Ab und zu verkauft er sogar mal ein Auto, wie es aussieht. Aber vielleicht parkt er sie auch nur geschickt um.

Zwei Ecken weiter beginnt eine Zechensiedlung, leer gezogen, um einer Umgehungsstraße zu weichen, für die dann kein Geld mehr da war, nun zur Begeisterung des ganzen Viertels eine von Polizei, Müllabfuhr, Ordnungs-, Jugend-, und Gesundheitsamt in gleichermaßen enger Taktung frequentierte Durchgangsstation für konfliktfreudige Romasippen in ständigem Kommen und Gehen, rund um die Uhr. Dann ist da noch die frühere Friedrich-Fröbel-Grundschule, jetzt Behelfsunterkunft für Flüchtlinge aus allen Krisengebieten der Welt, schräg gegenüber die einst buntbemalte Stadtteilbücherei, inzwischen eine schwarzgestrichene, hauptsächlich von Salafisten genutzte Moschee, bis weit über die Landesgrenzen hinaus berühmt für ihre mitreißenden Predigten.

So ziemlich das einzige unveränderte Relikt vergangener Jahre, gleichzeitig letzte urdeutsche Bastion unter leicht fransig wehendem Schwarzrotgold, eingezäunt und stacheldrahtbewehrt, ist der Kleingartenverein Concordia 1914 Bottrop samt angeschlossener ›Gastwirtschaft mit durchgehend kalter und warmer Küche‹. Hmmm.

Tja, und dann hätten wir da noch die ohne Nachfolger gebliebene ›Autowerkstatt Wilfried Schultheiss, Meisterbetrieb, Reparatur und Wartung sämtliche Marken‹. Mein neues Zuhause hinter Stahltor und von klassischen Glasscherben gekrönten Mauern. Tisch, Bett, Sofa, Herd, Spüle, Kühlschrank, Hebebühne, Werkbank, Stahlspind, 77er Toyota Carina, alles untergebracht in den blassgrün gekachelten vier Wänden der Werkstatt. Ein perfekter Ort für jeden, der eigentlich immer schon in trauter Zweisamkeit mit seinem Auto zusammenleben wollte. Seit ich hier eingezogen bin, ertappe ich mich des Öfteren dabei, dass ich mit dem Toyota spreche, und sehe mit, na ja, *gemischten* Gefühlen dem Tag entgegen, an dem er anfängt, mir zu antworten.

Ich hatte gerade eine Maschine Buntes angeworfen und nach einem langen, nachdenklichen Blick auf das einsame Senfglas im Kühlschrank begriffen, dass es wohl mal wieder Zeit wurde, einkaufen zu gehen, als es draußen am Hoftor klopfte und eine Stimme »Polizei, aufmachen« … tja, ›bellte‹ wäre das absolut falsche Verb, ›befahl‹ ebenfalls, selbst ›forderte‹ würde den Tonfall übertrieben darstellen. Die Stimme sagte einfach »Polizei, aufmachen«, als ob ihr das Öffnen des Tores dabei kein wirkliches Anliegen wäre. Der müde Nachsatz ›Oder auch nicht, mir doch egal‹ schwang genauso atonal wie unüberhörbar mit.

Ich schlurfte raus zum Tor, zog es ein Stückweit auf, und aus einer hohlwangigen, knitterigen Magenfaltenvisage heraus starrten mich zwei blassgraue Hagelkörner an, wie sie es schon immer getan haben, seit unserem ersten Treffen vor vielen, vielen Jahren: verdrießlich. Bis in die tiefsten Tiefen eines unauslotbar tiefen Schachts hinab verdrießlich.

»Hauptkommissar Menden!«, rief ich in billig gemimtem Überschwang und zog das Tor zur Gänze auf. »Was für eine Freude, Sie mal wieder hereinbitten zu dürfen«, log ich mit einer Geschmeidigkeit, die einen Aal vor Neid gebleicht hätte.

Menden verzog keine Miene, sondern ging wortlos an mir vorbei in die Werkstatt, wo er stand und schwieg, bis ich das Tor und auch die drahtverglaste Eingangstür hinter uns geschlossen hatte. Und dann stand und schwieg er noch ein bisschen, während er sich umsah wie jemand, der sich zum Kauf gedrängt fühlt, aber nicht will.

»Und, wie ist die Arbeit bei Europol? Endlich raus aus dem Mülheimer Kleinstadtmief, was?«

Er legte den Kopf schräg, bevor er antwortete. »Der Apparat ist größer, die Wege sind länger, die Kompetenzen undurchsichtiger. Doch die wahre Prüfung ist die Kooperation mit bestimmten … Mitarbeitern.«

Mühsam rang ich den Impuls nieder, ihm freundschaftlich auf die Schulter zu klopfen. »Glauben Sie mir, den Mitarbeitern fällt das auch nicht leicht«, meinte ich tröstend.

Menden nickte ein Weilchen vor sich hin. »Sie fahren morgen Ihren ersten Transport«, erinnerte er mich schließlich und betrachtete mit gerunzelten Brauen das Dach des Toyotas. Und dort vor allem das etwa Zehncentstück große Loch über der Beifahrerseite, Blechrand scharf nach unten gewölbt. »Eine Bewährungsprobe. Also verbocken Sie's nicht. Ihr Verbleib im Programm hängt direkt von den Berichten ab, die ich über Sie verfasse.«

»Seien Sie unbesorgt«, sagte ich, was mir einen kurzen, ungläubigen Blick einbrachte. »Zur Not greife ich Ihnen bei der Formulierung ein bisschen unter die Arme.«

Menden nickte wieder in schmallippiger Resignation. »Warum ich hier bin«, rang er sich nach einer weiteren, schwangeren Pause ab: »Man hat mir aufgetragen, Ihnen im Anschluss einen zweiten, wesentlich heikleren Job anzubieten.« Er griff in die Innentasche seines Mantels und zog einen Kugelschreiber heraus, schob ihn durch das Loch im Autodach, beugte sich vor und folgte der Richtung des Stifts mit suchenden Augen. »Einen Job«, betonte er, »den anzunehmen ich Ihnen dringendst abraten muss.«

Ich spürte mein Interesse erwachen. »Gutbezahlt?«, fragte ich.

»Ein Himmelfahrtskommando«, antwortete Menden, öffnete die Beifahrertür und begann mit dem Stift im Sitz herumzuporkeln, »da ist die Bezahlung ja wohl irrelevant.«

»Ich bin dabei«, sagte ich, und sei es nur, um ihn zu nadeln.

»Sie hören nicht zu!« Menden richtete sich wieder auf, eine Gewehrkugel zwischen Daumen und Zeigefinger der Rechten, die er prüfend ins Licht hielt.

»Ich muss hier raus. Die Langeweile bringt mich um.«

»Die Langweile«, echote der Hauptkommissar und rollte die Kugel zwischen seinen Fingern hin und her.

»Bian-Tao möchte, dass ich sie heirate und mit ihr und Scuzzi zusammen Ela großziehe, aber …« Ich wusste nicht weiter, wusste nicht in Worte zu fassen, was mich abhielt.

»Bian-Tao ist eine wunderbare Frau«, stellte Menden fest, offenbar hingerissen von akuter Altersmilde.

Ich konnte mich nicht entsinnen, ihn jemals etwas vergleichbar Positives über einen Menschen äußern gehört zu haben.

»Auch wenn ich nie verstehen werde, was sie ausgerechnet in *Ihnen* sieht«, fing er sich wieder in bewundernswerter Manier. »Doch wenn Sie mich fragen, ist eine Heirat und die damit einhergehende familiäre Bindung und Verantwortung Ihre letzte, ihre allerletzte Chance, Ihr Leben noch mal in den Griff zu bekommen.«

»Haben Sie schon mal mit Pierfrancesco Scuzzi unter einem Dach gewohnt?«, fragte ich. »Der Mann redet über nichts anderes mehr als seine Nachtwächtertätigkeit.«

»Sie lenken ab. Sie hören nicht zu und Sie lenken ab.«

»Und er hört *Katy Perry!*«

Menden stutzte. »Ist das nicht diese Heulboje?«, entfuhr es ihm dann. »Ich hatte mal einen Song von der im Ohr … Morgens im Radio gehört, furchtbar … Gegen Mittag war ich nahe dran, mir meine Dienstwaffe an den Kopf zu halten und abzudrücken, nur damit es aufhört … Doch Sie *lenken ab*«, wiederholte er heftig. »Kryszinski, in Ihrem Umfeld türmen sich die Leichen. Erst rings um Ihre TaxiBar in Mülheim, dann auf diesem TrailerPark in Portugal. So kann es nicht weitergehen! Zinksarg oder Vollzug, wollen Sie wirklich unbedingt so enden? Haben Sie nicht gerade erst eine schwere Schussverletzung auskuriert? Und immer noch nicht genug? Ich werde Ihnen jetzt etwas sagen: Ich erkläre meinen Vorgesetzten, dass Sie den Auftrag aus gesundheitlichen Gründen ablehnen müssen, und Sie gehen los und bringen endlich Ihr Leben in Ordnung.«

»Wie viel, sagten Sie, zahlen die?«

»Kryszinski«, blaffte er und knallte die Gewehrkugel mit flacher Hand auf das Wagendach, »Sie mögen sich für die sprichwörtliche Katze halten, aber glauben Sie mir: Auch neun Leben sind irgendwann mal aufgebraucht.«

»Eigentlich sehe ich mich eher als Hund«, gestand ich.

»Ich dachte, du wärst noch krankgeschrieben?« Ich lehnte mich mit dem Arm auf die offene Tür des Taxis und versuchte besorgt zu klingen, bekam aber einen entnervten Unterton nicht wirklich aus der Stimme verbannt. Es hat wohl seine Gründe, warum sie mich an der Schauspielschule nicht genommen haben.

»All deiner aufopferungsvollen Bemühungen zum Trotz«, sagte Hufschmidt, zählte das Wechselgeld nach, faltete die Quittung ordentlich in der Mitte und verstaute alles in seiner Geldbörse, »bin ich ab heute wieder dienstfähig.« Dann erst stieg er ächzend aus, schloss die Tür und das Taxi brummte davon.

»Darf ich dich erinnern«, mahnte ich, »dass du es warst, der unbedingt einen zweiten Fahrversuch wollte?«

»Willst du die Wahrheit wissen?«, fragte er zurück. »Ich habe mich geopfert. Denn weißt du, was passiert wäre, wenn man *mich* zum Fahrer erkoren hätte? Sie hätten *dich* an der Schusswaffe ausgebildet.« Eine Vorstellung, die ihn eine ganze Weile schaudern ließ.

Hufschmidt, fiel mir auf, hätte Möbelpacker werden sollen. Der beigefarbene Overall stand ihm bombe, hundertmal besser als seine übliche diarrhöbraune Kunstlederjacke und diese Jeans, die an ihm grundsätzlich so wirken, als ob er sie aus dem Sanitätshaus beziehen würde. Mal abgesehen von Modefragen war ich mir obendrein sicher, dass Umzugskisten zu schleppen so ziemlich die einzige Tätigkeit darstellte, die ihm nicht schon im Ansatz die Grenzen seiner geistigen Fähigkeiten aufzeigte.

Fertig mit Schaudern, sah er sich suchend um. Wir standen zur verabredeten Zeit auf dem Parkplatz eines Aldi-Marktes in Duisburg-Duissern, und Frau Kaufmann war nicht da.

Unser Auftrag – unser erster gemeinsamer Auftrag für

Europol – war, sie sicher in ihr neues Domizil zu eskortieren, und um das möglichst unauffällig zu gestalten, fuhren wir ihr auch ein paar Möbel, die ich schon bei einer Spedition abgeholt hatte, und waren entsprechend kostümiert. Der Sprinter trug eh schon seit Langem die Aufschrift ›Internationale Transporte Husuf Acin‹. Sein Laderaum war fensterlos, doch die Trennwand hatte man entfernt und eine Sitzbank in zweiter Reihe montiert.

»Auf Weiber muss man doch immer warten«, murrte Hufschmidt, ein Mann mit reichlich entsprechender Erfahrung, ich war mir sicher.

Eine Türkin mit bodenlangem Rock, weiter, buntbedruckter Bluse und einem ihre Sonnenbrille umrahmenden Kopftuch kam tütenbepackt aus dem Laden, auf uns zu, blieb stehen und räusperte sich. Hufschmidt sah sie irritiert an, ich blickte rätselnd, bis sie ihre Einkäufe auf den Boden stellte, die Brille abnahm, uns aus hellblauen Augen ausgesprochen kühl musterte und »Können wir los?« fragte.

Hufschmidt half ihr mit den Tüten, wir stiegen ein, Hufschmidt zog die Schiebetür zu, nahm auf dem Beifahrersitz Platz und hantierte mit seinem Gurt. Frau Kaufmann ließ sich hinter uns in das Polster fallen und begann augenblicklich, regelrecht vehement, sich aus ihrer Verkleidung zu schälen. Was darunter zum Vorschein kam, war kinnlang aschblond, blass, nervös und möglicherweise etwas zu schlank. Ah, und vollständig bekleidet mit einem dunkelblauen Kaschmir-Pullover über einer weißen Bluse und einem karierten Rock, was zusammen an britische Schuluniformen erinnerte und den Dirty Old Man in mir beide Hände *tief* in die Hosentaschen schieben ließ. Sie begegnete meinem Blick im Rückspiegel und ein frostiger Hauch überzog das Glas.

»Wieso dieser plötzliche Umzug?«, wollte sie wissen und klang alles andere als begeistert dabei.

»Geänderte Gefährdungslage«, antwortete Hufschmidt. »Wir haben Experten, die so was einschätzen, und handeln dann entsprechend bestimmter Richtlinien.«

»Geht das auch ein bisschen konkreter?«

»In Ihrem Fall: Umzug unter strenger Geheimhaltung in eine völlig neue Umgebung.«

»Ich meinte die Gefährdungslage.«

»Ihre Aussage hat ein neues Gewicht bekommen. Die juristische Anfechtbarkeit schwindet, das Schutzbedürfnis der Zeugin wächst.« All das heruntergebetet in dem typischen Ordnungsbehörden-Monoton.

Ich startete den Motor.

»Bitte anschnallen«, sagte Hufschmidt, und ich trat das Gas und fädelte uns in den Verkehr Richtung Autobahn.

»Wer ist das?«, fragte sie und meinte mich.

»Unser *Fahrer*«, antwortete Hufschmidt betont. »Ein Künstler am Lenkrad, ein Virtuose. Sie sollten den Abschlussbericht seines Ausbilders lesen. Reine Poesie.«

»Damit gibt es dann bei wachsender Gefährdungslage gleich noch einen weiteren Mitwisser. Stehen Sie unter Eid?«, wandte sie sich mit einiger Schärfe an mich.

»Eher so was wie Bewährungsauflagen«, antwortete ich und fuhr mit Neunzig auf den Starenkasten an der Mülheimer Straße zu.

»Pass auf!«, kam es vom Beifahrersitz und *Fump!* kam der Blitz. »Ja, Scheiße«, murrte Hufschmidt, an dem der Papierkram hängenbleiben würde. Tot zu sein hat nicht nur Nachteile.

»*Bewährungs*auflagen?«, fragte Frau Kaufmann konsterniert.

»Wirksamer als jedes Gelübde, glauben Sie mir.«

»Wollen Sie damit andeuten, dass Sie *kriminell* sind?«

»Hufschmidt, erklär du's ihr.«

»Stockholm ist selber Teil des Programms, steht unter unserem Schutz. Allerdings«, fügte er mit einem Seitenblick auf mich hinzu, »nur solange er sich an sämtliche Auflagen hält.« Hufschmidt wirkte bei diesen Worten plötzlich so zufrieden wie eine fette, satte Katze.

»Augenblick, Augenblick, Augenblick! Ich hocke hier in einem Auto und werde chauffiert von jemandem, dem – genau wie mir – die Ermordung droht? Sind Sie *bescheuert*? Ist Ihnen nicht klar, dass sich damit das Risiko verdoppelt? Ich will hier raus!«

Wenn sie sprach, schmiegte sich ihre Oberlippe um die mittleren Schneidezähne, die größer ausfielen als die anderen, fast schon Hasenzähne, dabei aber eigenartig sexy. Doch das war's auch schon an erotischer Ausstrahlung. Das restliche Paket verströmte eine desinteressierte Höhere-Tochter-Kühle, die zum Bleiben entschlossen schien, bis sie eines schönen Tages nach langer und strenger Auswahl den in sämtlichen Kriterien vom Erscheinungsbild über Bildungsgrad bis zum Einkommen absolut Richtigen gefunden hatte, vermutlich bei Elite-Partner.

»Stockholm ist offiziell für tot erklärt. Dem droht momentan gar nichts. Absolutes Wohlverhalten vorausgesetzt.«

Ich fragte mich nicht das erste Mal, was für einen Scheiß-Deal ich da eingegangen war. Auf TauchStation von Hufschmidts Gnaden? Das nahm dem Gedanken, von einem Killerkommando niedergemäht zu werden, mit einem Schlag einen Gutteil seines Schreckens. Unsere Passagierin war allerdings noch nicht so weit. Na ja, sie kannte Hufschmidt ja auch erst seit Kurzem.

Eine Weile rollten wir schweigend dahin. Erst über die A2/A3 bis zum Kreuz Bottrop, dann weiter auf der A31

Richtung Emden. Fünfter drin und sturheil hoch nach Norden.

Frau Sibylle Kaufmann, so ihr neuer Name – den richtigen wusste ich nicht, bestimmte Details behielt man bei Europol strikt für sich –, kramte in ihren Einkaufstüten herum, ich hörte ein mir wohlbekanntes, blechernes *Knrk,* blickte in den Spiegel und sah, wie sie den Deckel von einer Cognacflasche schraubte, die sie sich ohne Umschweife an den Hals setzte. Einen langen Schluck aus der Pulle später keuchte sie kurz, tupfte sich den Mund mit dem Handrücken ab, begann zu reden und hörte nicht wieder auf.

»Ich schlafe nicht mehr, ich esse nicht mehr. Haben Sie eine Vorstellung davon, wie das ist, wenn einem eine zu allem fähige Organisation nach dem Leben trachtet?«

»Vage«, antwortete ich. »Lässt einen zärtlich an früher zurückdenken, was? An Tage der Selbstvergessenheit und Nächte des tiefen, ungetrübten Schlafs.«

»Verschonen Sie mich mit Ihrem Galgenhumor! Mein Leben ist im Arsch! Ich wollte eine Familie gründen, Kinder kriegen! Der Aufenthalt im Kongo sollte mein praktisches Jahr werden, anschließend wartete eine Stelle in Hamburg auf mich. Dann bin ich mitten im Dschungel Zeugin dieser … dieser Unmenschlichkeiten geworden, und seither …«

Das war jetzt, soviel ich wusste, etwa anderthalb Jahre her, doch sie schien es noch immer nicht richtig fassen zu können.

»Ich wünschte, ich hätte Jura studiert, oder sonst was Trockenes, – aber nein! Es musste ja Medizin sein, nicht nur das, sondern Tropenmedizin, mit vollkommen kindischen Vorstellungen von segensreicher Tätigkeit in einem Wellblechkrankenhaus im Urwald. Bloß hat sich dann schon im Studium gezeigt, dass Tropenmedizin hierzulande in den meisten Fällen bedeutet, tagein, tagaus Spinner zu behandeln, die zur Aufplusterung ihrer Facebook-Profile lauter möglichst exotische Reiseziele abklappern müssen, oder alternde Perverse, die schorfige, juckende, übelriechende und oft genug multiresistente Souvenirs von ihren Sexreisen in schwülwarme Elendsgebiete mit nach Hause bringen.« Mit angewidertem Gesicht setzte sie die Flasche für einen weiteren Schluck an. Keuchte. »Und um zu beweisen, dass ich trotz allem zu meinen Idealen stehe, musste ich dann losziehen, und nicht nur in den Urwald, sondern gleich mittenrein in die gottverdammte Steinzeit! Wenn ich geahnt hätte, was ich da …« Sie brach ab, und ich sah, wie sie sich mit zitternden Fingern eine Zigarette ansteckte.

»Es wäre mir lieber …«, begann Hufschmidt, doch sie fuhr ihm ins Wort.

»Das ist mir egal, was Ihnen lieber wäre. Ich rauche, weil das das Einzige ist, was mich davor bewahrt, einen Nervenzusammenbruch zu kriegen, und das, glauben Sie mir, wollen Sie nicht.« Sie nahm einen Zug, unterdrückte ein Husten und spie den Rauch mehr von sich als dass sie ihn ausatmete. »Doch vor allem wünschte ich, ich hätte mich niemals auf diesen Scheiß hier eingelassen«, fuhr sie unter Husten fort.

Damit sind wir schon zwei, dachte ich und schaltete die Wischer an. Ein leichter, beständiger Regen hatte eingesetzt und ließ die Reifen Schaumspuren hinter den Autos herziehen. Wie praktisch immer, wenn ich unterwegs bin, behielt ich die ganze Zeit unser Umfeld im Auge, mobil wie immobil. Fahrzeuge in den drei Rückspiegeln wechselten unregelmäßig, völlig natürlich, bogen von der Autobahn ab, fielen zurück oder holten auf und zogen vorbei. Niemand folgte uns, niemand lauerte im Vorder- wie im Hintergrund, ich war mir einigermaßen sicher.

»Dass die Mafia so agiert, dass marodierende Banden und

Milizen in rechtsfreien Räumen sich so verhalten, das erwartet man heutzutage ja schon nicht mehr anders – aber ein Konzern wie Asturias?«

Bis zu dem Briefing im Rahmen des Fahrtrainings für Hufschmidt und mich hatte ich, ehrlich gesagt, noch nie von diesem Laden gehört. Und doch war es den Beamten ernst gewesen, als sie Asturias als den möglichen ›Gefährder‹ dieses Transports einstuften. Noch gab es keine belastbaren Fakten, aber es sah ganz so aus, als ob der angestrengt um ein positives, ›faires‹ Image bemühte Mischkonzern unter der strahlenden Oberfläche ein verflochtenes Gewirr von obskur arbeitenden Tochterfirmen unterhielt. Offiziell ganz auf politische Korrektheit gebürstet, befanden sich in seinem Portfolio ökologisch ausgerichtete Landwirtschaftsbetriebe, Müllentsorger mit Blauem Engel, Handelsgesellschaften im Fairtrade-Verbund und so weiter. Der Auftritt war so überzeugend, dass es regelrechte Fanclubs mancher dieser Firmen gab. Trotzdem hielten sich hartnäckige Gerüchte, das ganze, in Monaco beheimatete Konglomerat sei in Wahrheit eine riesige Geldwaschanlage für mafiöse Strukturen. Asturias, so wurde vermutet, investierte Gewinne aus der organisierten Kriminalität im Ausland, und da, dank inniger Beziehungen zu einigen dortigen Regierungskreisen, vor allem in Afrika. Landkauf, Schürfkonzessionen, Suche und Förderung von Seltenen Erden, Mineralien, Gold. Finanziert wurde der ganze Segen augenscheinlich vor allem aus der Südhälfte Europas. Größere Klarheit über die Umstände und Strukturen wollte sich nicht recht einstellen, da allzu neugierige Rechercheure sich immer mal wieder als ausgesprochen glücklose Autofahrer, fatal ungeschickte Fensterputzer oder plötzlich und mit unbekanntem Ziel verzogen erwiesen. Und zu guter Letzt hatte man uns noch eingeschärft, dass Asturias zweifellos verhindern will, ausgerechnet mit einem

Verbrechen gegen die Menschlichkeit weltweites Aufsehen zu erregen.

Es blieb also ein angespanntes Gefühl, vor allem, als sich ein dunkler Mercedes der R-Klasse an uns heranrobbte und dann in unserem Windschatten verblieb. Der Wagen wirkte vollbesetzt, Genaueres ließ sich wegen der trüben Sichtverhältnisse nicht sagen. Ich wartete auf eine Gelegenheit, bog dann scharf und im letzten Augenblick auf einen Parkplatz ab und ging vom Gas. Die R-Klasse setzte ihren Weg unbeirrt fort, ein älteres Ehepaar auf den Vordersitzen, ein noch älteres dahinter.

»Was machen wir hier?«, kam es vom Rücksitz.

»Taktisches Bremsmanöver«, erklärte ich. »Reine Routine.«

»Sie sollten sich entspannen«, riet Hufschmidt. »Wir von Europol wissen, was wir tun.«

Wir, dachte ich. Wir von Europol, Hufschmidt und Kryszinski. Weia. So weit ist es mit mir gekommen.

»Wir folgen sämtlichen Hinweisen gegen Asturias«, fuhr Hufschmidt fort. »Doch bisher hat es nie zu einer Anklage gereicht.«

»Und ob es diesmal dazu kommt, steht in den Sternen«, sagte Sibylle resigniert. Das erste Mal während der Fahrt beugte sie sich plötzlich nach vorn, blickte mit gerunzelten Brauen durch die Windschutzscheibe. Abgesehen von Cognac und Zigaretten roch sie nach einem mir nur vage bekannten, zurückhaltenden, aber sicherlich teuren Parfüm. »Sagen Sie mal, wo sind wir hier eigentlich?«

»Friesland«, antwortete ich und wies großzügig um mich. Ungetrübte Sicht bis zum konturlosen Horizont in sämtlichen Richtungen. Eine fantastische Gegend für jeden, der seine Landschaft gern möglichst gradlinig geordnet und frei von Erhebungen und anderen unnötigen Reizen hat.

»Oh, mein Gott«, entfuhr es ihr, und mein Verständnis hatte sie.

Das Navi in Hufschmidts Notebook bugsierte uns von der Autobahn auf eine schnurgerade, nasse Landstraße nach der anderen, durch ununterscheidbare Dörfer, die obendrein originellerweise alle ›Moor‹ im Namen zu haben schienen, bis wir schließlich vor einem Einfamilienhaus in einer endlos langen Reihe täuschend ähnlicher Bauten anhielten.

›*Sie haben Ihr Ziel erreicht*‹, quäkte es, und Frau Kaufmann wiederholte: »Oh, mein Gott.«

»Moment noch«, sagte Hufschmidt, stieg aus und sah sich mit finsterer Miene nach möglichen Attentätern um, bevor er die Schiebetür für unsere Schutzbefohlene aufzog. Wir traten hinaus in einen dünnen, hartnäckigen Niesel, der keinen Zweifel daran ließ, dass er vorhatte, noch Tage so weiterzumachen.

Das Haus war eineinhalbstöckig mit Gauben im Dach und hatte die typisch friesische ziegelrote Klinkerfassade und zur Straße hin bleiverglaste Fenster wie die einer Fünfziger-Jahre-Kneipe.

»Oh … mein … Gott.«

Vor der Garagenausfahrt war ein Spiegel auf einem Pfosten montiert, zur sicheren Einfädelung in den Verkehr. Den es praktisch nicht gab. Aber … man kann halt nie vorsichtig genug sein.

Auf der Straßenseite gegenüber wartete ein Neubau auf seine Vollendung. Zwar hatte man das Dach bisher nur mit Planen eingedeckt und noch fehlten Fenster und Teile der Fassade, aber es war trotzdem schon zu erkennen, dass das Haus nach Fertigstellung genauso aussehen würde wie alle andern ringsum auch. Exhibitionistischer Individualismus scheint dem Friesen nicht unbedingt im Blut zu liegen.

Hufschmidt öffnete das Gartentörchen und ging vor uns her zur seitlich gelegenen Haustür.

Das Grundstück war rechtwinklig, die Beete im Vorgarten waren rechtwinklig, der Weg zum Eingang war rechtwinklig und mit roten Klinkerziegeln gepflastert.

Unterm Vordach hing ein Windspiel aus Bügelbierflaschen, denen jemand wie auch immer den Boden rausgesägt hatte. Sehr geschmackvoll, und in ungefähr gleichem Maße wohlklingend.

»Oh – mein – Gott«, sagte Sibylle wieder und wieder.

Mit großer Geste bedeutete Hufschmidt uns, Abstand zu wahren, während er die Tür aufschloss, für eine Weile nach drinnen verschwand und uns dann erst mit einem gewichtigen »Alles sauber« einließ. Ganz der typische Möbelpacker. Er ist ein Klotzkopf und wird für immer einer bleiben.

Drinnen war's nicht unbedingt hell, was zum Teil am Buntglas lag, zum Teil am braunen Fliesenboden in sämtlichen Zimmern, sicherlich aber auch an den überschwänglich über Decken und Wände verteilten Holzvertäfelungen aus Profilbrettern. Waren eine Zeit lang sehr en vogue, doch das waren Vokuhila-Frisuren auch mal.

Während Sibylle sich staunenden Auges vom Ambiente ihres neuen Domizils verzaubern ließ, gingen Hufschmidt und ich zurück zum Transporter und schnappten uns als Erstes den Ohrensessel, brachten ihn ins Wohnzimmer, wo draußen vor der verglasten Schiebetür der Neunzig-Grad-Winkel die Terrasse und den topfebenen Rasen fest im Griff hatte. Die Gestaltung des gesamten Anwesens gehorchte augenscheinlich der Vorgabe ›pflegeleicht‹, so wie die vorhandene Möblierung der Auflage ›rustikal‹. Eiche, das meiste. Viele Troddeln und schmuckes Brokat.

Sibylle trat ans Fenster und ließ den Blick bis zur Kulisse langsam rotierender Windräder am fernen Horizont schweifen. »Wenn der Prozess nicht bald beginnt«, sagte sie tonlos, »habe ich mich bis dahin dem Alkohol ergeben oder mir die Pulsadern geöffnet.«

Wir holten noch den rollbaren Kleiderständer mit ihrer in Folien verpackten Garderobe, eine neue Matratze und ein gutes Dutzend Kartons ins Haus. Vom Einladen wusste ich noch ganz genau, welche der Kisten leicht und welche schwer waren, und überließ Hufschmidt jeweils großzügig die Letzteren. Er ächzte.

Es bleibt mir ein Rätsel, wieso niemand jemals auf die Idee kommt, dass man Umzugskartons auch halb voll schwere und halb voll leichte Dinge packen kann. Es sind grundsätzlich immer dicke Bücher bis zum obersten Rand im einen und zwei Daunenkissen und ein Plüschtier im anderen.

Die Heizung lief im ganzen Haus und brachte die eingelagerten Aromen von Jahrzehnten friesischer Cuisine und Lebenskunst erst so richtig zum Erblühen.

Sibylle hatte inzwischen ihren Pullover ausgezogen und schien sich nicht recht von der fantastischen Aussicht losreißen zu können. ›Windkraftanlagen über verregneter Moorlandschaft‹ ist aber auch ein Motiv, man möchte es in Öl auf Leinwand bannen.

»Wohin mit der alten Matratze?«, fragte ich.

»Irgendwohin. Scheißegal«, antwortete sie, ohne sich umzudrehen.

Also lehnten wir das Ding im unmöblierten Kinderzimmer an die Wand. Als wir zurück ins Wohnzimmer kamen, hatte Sibylle den Kopf gesenkt und nestelte an der Front ihrer Bluse herum.

»Wir wären dann so weit«, sagte Hufschmidt, als ob er auf ein Trinkgeld hoffte. Ich sag's doch, er ist dazu geboren.

»Ich bin eine einsame und verängstigte Frau«, sagte sie

unvermittelt. »Könntet ihr beiden nicht noch eine Weile bleiben? Ich würde euch den Aufenthalt …« Sie drehte sich zu uns um und ließ ihre offene Bluse von den Schultern gleiten. Die Spitzen ihrer kecken kleinen Brüste schielten leicht nach außen, eine auf mich, die andere auf Hufschmidt. »… so angenehm wie möglich gestalten.«

Hufschmidt schluckte hörbar, räusperte sich und schluckte erneut. Wischte sich mit dem Ärmel über die Stirn. Es war aber auch warm in der Bude.

»Der Herr Kommissar ist leider im Dienst«, brach ich schließlich das Schweigen, »und muss umgehend zurück in seine Behörde, Berichte tippen. Ich dagegen …«, es zog mich ganz von allein nach vorn, meine rechte Hand hob sich und hielt der auf Hufschmidt gerichteten Titte sanft das Auge zu, »ich, als Operativer Mitarbeiter, habe jetzt Feierabend und bleibe gerne noch ein bisschen.«

»Das darf doch nicht wahr sein«, murmelte Hufschmidt, ich warf ihm die Autoschlüssel zu und er ging.

»Und fahr schön vorsichtig«, schickte ich ihm noch hinterher und schraubte den Verschluss von der Cognacpulle.

Ich hörte ihn die Haustür zuschlagen, hörte, wie er sich klirrend am Windspiel vorbeischulterte, die Autotür ins Schloss knallte, den Diesel startete, und dann war er fort.

Sibylle schlang mir die Arme um den Hals, zog mich an sich, presste ihren Mund auf meinen und grub mir die Zähne in die Unterlippe, dass wir beide Blut schmeckten.

*

Das schwarze Tor schwang von innen auf und drei Pick-ups kamen nacheinander heraus, Fahrerkabinen wie Ladeflächen voll schwerbewaffneter Vermummter unter schwarzen Fahnen. In der Ferne ratterte Trommelfeuer, Rauchwolken waberten gen Himmel, und der Konvoi jagte in direkter Linie darauf zu. Wir rollten durchs Tor und stoppten im Innenhof, halbdunkel unter einem Tarnnetz in beigebraunem Wüsten-Camouflage. Außer unserem Landcruiser parkte noch ein Nissan Pick-up im Geviert, davon abgesehen war der Hof leer bis auf einen u-förmigen Sandsackwall, über dessen Rand ein Maschinengewehr auf die Toreinfahrt zielte.

Der Fahrer, Ibrahim, Mombassa und ich stiegen aus, während zwei Frauen das Tor wieder zuzogen, was das Licht weiter abdimmte und meiner Beklemmung nicht unbedingt Flügel verlieh. Bisschen klaustrophob, ich, denke ich manchmal. Es war drückend heiß unter dem Netz, und es stank, mal wieder. Die eine der beiden Frauen verschwand irgendwohin, während die andere trotz Burka behände über die Sandsäcke flankte und sich dahinter sehr lässig in einen Campingstuhl lümmelte, Füße in Chucks auf den Säcken, eine Hand auf dem MG mit eingelegtem Patronengurt. Sie kam mir sehr jung vor und ohne Zweifel europäisch. Auf Abenteuerurlaub, vermutete ich.

Ein Deutscher nahm uns in Empfang, stellte sich in knappen Worten und mit wichtiger Miene als Abdul Hassan Omar Al-Almani vor.

Noch einmal ›Ibn‹ und zweimal ›Hadschi‹ eingeflochten, und wir sind bei Karl May, dachte ich.

Eine AK 47 hing von seiner Schulter und aus der Scheide an seinem Gürtel ragte das geriffelte Aluminiumheft eines Tauchermessers. Er war nicht groß, dicklich mit schmalen Schultern, einem dünnen, mausigen Flusenbart ums Kinn und einer zum Mäkeln neigenden Stimme. Seine – sagen wir: kulturell herausfordernde – Garderobe aus einem weißen, flachen Käppi und einem ebenfalls weißen, langen, vom Gürtel abwärts immer breiter werdenden Häkelkaftan ließ ihn wie einen Federball mit umgehängtem Sturmgewehr wirken. Ein einziger Blick genügte, und ich kannte seine ganze Vorgeschichte: Lange, lange Jahre, bevor er sich den arabischen Kampfnamen überstülpte wie eine Darth-Vader-Maske, war da die kurzgeratene unsportliche Kartoffel an einer Schule mit achtzig Prozent übermaskulinisierten Türken und anderen, meist in ethnisch vorsortierten Gruppen auftretenden Ausländern. Von der in Kevinismus bewanderten Mutter mit einem Namen versehen, der sich später mal gut auf Bewerbungsschreiben machen sollte, sagen wir: *Janus,* war und blieb er ein Außenseiter, tagein, tagaus herumgeschubst von den Migranten-Cliquen und verlacht von den Mädchen. Doch wie so viele Opfer wurde er mit der Zeit ein guter Beobachter. Und ihm entging nicht, wie kleinlaut die harten Jungs wurden, wenn ihnen von den Langbärtigen ihrer Gemeinde auf offener Straße der Kopf gewaschen wurde. Und so überbekam den kleinen Janus eines schönen Tages Religion wie ein Fieber. Er schrieb sich an der Koranschule ein, wurde Musterschüler, weithin gefeierter Konvertit, Eiferer. Seine ehemaligen Peiniger kuschten bald vor seinen Anprangerungen ihrer gottlosen Freizeitvergnügungen, und die Mädchen wagten es nicht länger, über ihn zu lachen. Das erste Mal in seinem Leben schmeckte Janus Macht, wie spätere Kettenraucher ihre erste Zippe schmecken, angehende Alkis ihren ersten echten Schluck: eine Offenbarung. Er wurde Prediger, Salafist, und dann, fast schon zwangsläufig, Dschihadist. Klein-Janus wollte Macht, mehr Macht, absolute Macht. Über Männer, über Frauen, über Leben und Tod.

»Wieso schickt man uns einen Kuffar?«, meckerte er, was mich kurz verwunderte, schließlich waren wir zu zweit, dann bemerkte ich aus dem Augenwinkel die langsam, Perle für Perle durch Mombassas wurstige Finger wandernde

Gebetskette. »Wir hatten ausdrücklich auf Entsendung von Muslimen bestanden.«

»Moslems ist nicht zu trauen«, sagte ich, und hörte Mombassa nach Luft schnappen. Ein Moment nahezu vollkommener Stille folgte.

»Das sind doch nur Vorurteile«, entgegnete Janus-Abdul dann mit großem Ernst. Und Mombassa atmete wieder.

*

»Werden wir uns wiedersehen?«, fragte sie, ein kleines, aber doch spürbares Stück von mir weggerückt auf dem Rücken liegend, Augen starr zur dunklen Holzdecke gerichtet. Nach einer kurzen Phase intensiver Hitze wollte die Kühle in unsere Beziehung zurückkriechen, wie Zugluft unter ein zu knapp geratenes Hemd.

»Was? Wiedersehen?«, tat ich überrascht. »Ich dachte, wir bleiben von jetzt an für immer zusammen.«

Sie drehte sich auf die Seite und verpasste mir einen leichten Boxhieb auf den Arm. Zum ersten Mal seit unserer Begegnung sah ich sie lächeln.

»Ich verlange, ernst genommen zu werden«, forderte sie.

»Also«, sagte ich langsam. »Ich habe zwei hoffentlich kurze Auslandsreisen vor der Brust. Sobald ich zurück bin, melde ich mich, und dann entscheiden wir, wie es mit uns weitergeht, okay?«

»Wie heißt du eigentlich richtig?«

»Kristof. Und du?«

»Nadine.«

Schwer zu sagen, wieso, aber ›Sibylle‹ passte irgendwie besser zu ihr.

»Und wo lebst du?«, wollte sie wissen.

»Bottrop.«

»Ist es da schöner als hier, in Friesland?«

Ich ließ die Frage lange genug in der Luft hängen, um als Antwort in sich verstanden zu werden.

»Erzähl mir, was genau passiert ist, im Kongo«, sagte ich stattdessen. Und spürte, wie sie ruckartig versteifte.

»Willst du wissen, was das Schlimmste war?«, fragte sie nach einer Weile tonlos. »Die Hilflosigkeit, die absolute Hilflosigkeit in den Mienen dieser kleinen Menschen angesichts dieser schwerbewaffneten Söldnertruppe.« Plötzlich lag Nadine wieder in meinem Arm und rückte, stockend zuerst und dann immer flüssiger, mit der ganzen Geschichte heraus. Es hatte ein bisschen was von einer Therapiesitzung.

»Eigentlich war ich Stationsärztin in einem Krankenhaus in Patanaville, einer kleinen Provinzstadt …«

Doch dann wurde sie gebeten, einen Pygmäenstamm in einem Schutzgebiet im Dschungel zu untersuchen. Es hatte dort eine Anhäufung von rätselhaften Erkrankungen vor allem bei Neugeborenen gegeben.

Ein Guide in einem Kajak mit Außenbordmotor brachte sie zu dem Dorf am Ufer eines Urwaldflusses. Bis sie dort ankamen, war es beinahe Nacht.

»Wir haben trotzdem noch ein paar der Patienten untersucht. Abgemagerte Kinder und Erwachsene, die sich kaum auf den Beinen halten konnten, Säuglinge mit erschreckenden Missbildungen. Allerdings kein Fieber, keine Parasiten, nichts, was man normalerweise erwarten würde. Ich stand erst mal vor einem Rätsel.«

Trotzdem bestand natürlich die Gefahr der Ansteckung, deshalb übernachteten sie und ihr Guide ein Stückweit außerhalb des Dorfes, in Hängematten im Wald.

Das Rattern von Schnellfeuergewehren riss sie aus dem Schlaf.

»Es war noch dunkel, als sie am frühen Morgen in vier großen Schlauchbooten ankamen. Etwa zwei Dutzend Söldner, fast alles Afrikaner, viele sehr jung, eine ziemlich abgerissene Truppe, aber alle vermummt und bewaffnet. Schusswaffen, Knüppel und Macheten. Sie haben das Dorf umstellt, die Bewohner gewaltsam aus den Hütten geholt und zusammengetrieben. Dann haben sie alle, egal ob jung oder alt, in die Schlauchboote gedrängt und sind mit ihnen davongefahren. Nur ein paar Mann sind zurückgeblieben, um die Hütten niederzubrennen, eine nach der anderen. Mein Guide und ich haben uns hinter einen umgefallenen Baum geduckt und kaum zu atmen gewagt. Stunden später sind die Schlauchboote zurückgekommen. Ohne die Pygmäen. Niemand hat seitdem auch nur eine Spur von ihnen gefunden. Sie sind weg. Verschwunden, ausgelöscht.«

»Aber wozu?«, fragte ich.

Nadine setzte sich auf. »Ich habe Fotos gemacht, heimlich. Die vom eigentlichen Kidnapping des Stamms sind nichts geworden, zu dunkel. Aber die Bilder vom Abzug der Truppe sind scharf, und auf einem davon habe ich etwas entdeckt.« Sie griff nach ihrer Handtasche, zog einen Umschlag mit Fotos heraus, ging sie rasch durch und reichte mir schließlich eins davon. Es zeigte ein paar zumeist junge, schmächtige Schwarzafrikaner in uneinheitlichen Militärklamotten und unterschiedlicher Bewaffnung, Schlapphüte auf den Köpfen, Flip-Flops an den Füßen. Sie waren dabei, ein großes Schlauchboot vom flachen Ufer ins tiefere Wasser eines Urwaldflusses zu schieben. Ein Filzstiftkringel markierte eine Beschriftung auf der Flanke des Bootes. Ich musste die Augen zusammenkneifen, um sie entziffern zu können.

United Mine Co.

Mit fragend gehobenen Brauen sah ich auf, doch Nadine ging nicht darauf ein.

»Als alles vorbei war, blieben vom gesamten Urwalddorf nur qualmende Aschekreise auf dem Boden zurück. Und dann, gerade als wir aufbrechen wollten, zurück nach Patanaville, hatte ich eine Eingebung.«

Sie deutete auf das Foto in meiner Hand. »Die Pygmäen lebten direkt am Fluss. Natürlich haben sie gefischt. Fisch war ihre einzige sichere Nahrungsquelle. Bevor ich also ins Boot gestiegen bin, habe ich ein wenig in den Trümmern herumgesucht und ein paar Gräten aus dem Müll gezogen und eingetütet. Zurück in Patanaville hab ich sie toxikologisch untersuchen lassen. Damit war dann die Ursache für die Erkrankungen wie die Missbildungen mit einem Schlag geklärt. Mercurialismus.« Sie sah mich ernst an und erkannte dann wohl, dass mir ›Hä?‹ auf der Zunge lag. »Quecksilbervergiftung, ausgelöst durch den Verzehr von extrem hoch belastetem Fisch. Aus dem Fluss, an dessen Oberlauf die United Mine Company eine Goldmine betreibt.«

»Du willst sagen …«, begann ich, und sie unterbrach mich mit einem ungeduldigen Nicken.

»Doch es geht noch weiter. Mit dem Gutachten in Händen habe ich dann den Fehler gemacht, die Polizei in Patanaville zu informieren. Wenn mein Guide nicht daraufhin in Panik geraten wäre und mich quasi mit Gewalt zum Flughafen geschleift hätte, ich wäre schon lange tot. So wie er.«

Sie reichte mir ein Foto eines sportlichen jungen Mannes mit strahlendem Lächeln und einem verblichenen Johnny-Hallyday-T-Shirt.

»Zwei Tage nach meinem Abflug hat man seine Leiche in einem Straßengraben gefunden. Erschossen. Angeblich Raubmord.«

Sie stemmte sich in eine sitzende Position, zog die Knie an und schlang ihre Arme darum. Mir fiel auf, wie überaus gleichmäßig blass sie war. Arme, Beine, Brüste, Gesicht – alles im gleichen, bleichen Ton, für den man normalerweise eine längere Zeit eingesessen haben muss.

»Ich habe die Unesco über alles informiert.«

Wieder rang ich mit einer einsilbigen Frage.

»Das Schutzgebiet für diesen Stamm war auf Initiative der Unesco eingerichtet worden. Sie betreute diese Menschen. Sie hat Beauftragte losgeschickt, nach den Verschwundenen zu suchen, sie hat Druck auf die Bezirksregierung ausgeübt. Alles gestützt auf meine Aussagen.«

»Und alles ohne Ergebnis«, mutmaßte ich.

»Nicht nur das. Da die Pygmäen – so die offizielle Version – ›weitergezogen‹ seien, beantragte United Mine die Aufhebung des Schutzgebietes und eine Genehmigung, dort zu schürfen.«

»Hört sich logisch an«, meinte ich. »Wenn auch perfide.«

»Die Beauftragten haben Messungen vor Ort vorgenommen und meine Aussagen bestätigt. Dadurch bin ich im Zeugenschutzprogramm gelandet. Und ich habe weiterrecherchiert, während ich die letzten anderthalb Jahre allein zu Hause rumhängen musste.« Sie nahm einen Schluck aus der Pulle und keuchte. »United Mine gehört, über die übliche Vielzahl von Verästelungen, dem Asturias-Konzern.«

Wir schwiegen eine Weile.

»Doch soll ich dir sagen, was das Allerschlimmste war?«, flüsterte sie dann, warf sich auf die Seite und legte ihren Kopf auf meine Brust. »Wie sich die kleinen Kinder an ihre Eltern geklammert haben. Und die konnten sie nicht beschützen. Und ich auch nicht.«

Heiße Tränen fielen auf meine Haut und rannen meine Rippen hinab.

»Und was ist das Ergebnis?« Mit einem Ruck richtete sie sich wieder auf und wischte an ihren Augen herum. »Was ist das einzige wirkliche Resultat bisher? Ich, die letzte lebende aussagewillige Zeugin, hocke allein und ohne vernünftige Existenz in einem Tausend-Seelen-Kaff in Friesland.«

Ich sah auf die Uhr. Es wurde Zeit, mir eine Bushaltestelle zu suchen, die nächste Stadt mit einem Bahnhof anzusteuern, wollte ich es heute noch zurück nach Bottrop schaffen, also begann ich, meine Sachen zusammenzukramen.

»Du willst schon los?«

»Ich muss. Termine«, erklärte ich.

Nadine seufzte resigniert.

»Es gibt noch einen weiteren Zeugen«, sagte ich, zog mir die Hose hoch und schloss den Gürtel. »Er weiß angeblich, wer den Auftrag zur Ermordung des ganzen Stammes gegeben hat, und wo genau die Leichen verscharrt wurden.«

»Sie sind also tatsächlich alle tot?«

»So, wie er sagt, ja.«

»Und wer soll das sein, dieser Zeuge?«

»Ein Söldner. Einer der Männer, die an der Tat beteiligt waren.«

Sie dachte einen Moment lang nach und machte dann: »Ah. Deshalb also musste ich plötzlich umziehen. Bis jetzt konnte Asturias gelassen sein. Konnte meine Aussagen als Hirngespinst abtun. Konnte mich leben lassen. Doch nun … Wo ist er?«

»Er sitzt in Geiselhaft nicht weit hinter der libanesisch-syrischen Grenze. Ich soll ihn auslösen und nach Den Haag bringen.«

Ich erwartete, dass sie mir Glück wünschte oder mich ermahnte, vorsichtig zu sein, doch sie sank nur zurück in ihr Kissen, starrte hoch an die dunkle, holzgetäfelte Decke und flüsterte: »Bitte beeil dich.«

*

»Das hier ist das Frauenhaus.« Aus Janus-Abdul sprach etwas wie Besitzerstolz, als er uns den Innenhof hinunterführte. Die Fenster des außerordentlich schlichten Anbaus waren bis auf schmale Schlitze im obersten Bereich zugemauert, eine Art architektonischer Interpretation der Burka, deren Anmut der des Kleidungsstücks in nichts nachstand. »Das ist das Haus für die Kämpfer. Und die Verheirateten.« Er verwies auf das zentrale Herrenhaus der Anlage, das mit seiner aufwendig gestalteten Mosaikfliesen-Fassade wie ein auf links gezogenes Türkisches Bad aussah. »Scheißhaus.« Eine Reihe von Kabinen mit Loch im Boden, Gießkanne, Perlenvorhang. »Und dies hier ist unser Schlachthaus.« Wir stoppten vor der mehrfach verriegelten Tür zu einem fensterlosen Stallgebäude. »Hier lehren wir unsere Feinde Demut und Reue.« Er sagte das so, als ob er sich sicher wäre, ihnen damit einen langgehegten Wunsch zu erfüllen.

Ibrahim folgte uns in einigem Abstand, Sturmgewehr in der Armbeuge, Finger am Abzug, Haltung abwartend.

Nicht zwei der fünf Riegel glichen einander, doch alle gebärdeten sich widerspenstig, was Janus-Abdul den Schweiß und die Röte gleichzeitig auf die Stirn trieb. Aus dem Inneren des Gebäudes kam nicht ein Ton.

Eine plötzliche Verkrampfung packte mich, ganz ähnlich der in dem Augenblick, wenn der Zahnarzt den Bohrer ansetzt, und mir wurde bewusst, dass ich nicht wollte, dass diese Tür aufging, dass ich nicht wissen, nicht sehen wollte, was sich dahinter verbarg. Mein einziger Wunsch in diesem

Augenblick war, die Sporttasche unter meinem Arm gegen unseren Zeugen auszutauschen und dann auf dem kürzesten Weg zurück zur Grenze zu stochen und so schnell wie möglich auf die andere Seite.

Nachdem er den letzten Riegel mit dem Kolben seiner AK 47 bezwungen hatte, zog Janus-Abdul die Tür auf und bestrich den dahinter liegenden, fensterlosen Raum drohend mit dem Lauf seines Gewehres, wohl um sicherzustellen, dass alle Insassen auf ihren Plätzen blieben. Dann winkte er uns herein, aufmunternd wie der Inhaber eines Teppichgeschäfts.

Der Gestank war unvorstellbar. Wir betraten einen niedrigen, düsteren, ehemaligen Viehstall mit einer Ablaufrinne im Boden, nackten Wänden und keinerlei Installationen oder Mobiliar. Ringsum, möglichst weit weg von der Tür, saß oder hockte ein gutes Dutzend entweder vor Angst schlotternder oder aber schon vollkommen apathischer Gefangener. Das Licht fiel durch die Türöffnung auf eine unregelmäßige, blauschillernde Kugel, die in der Mitte des Raums in einer braunen Lache auf dem Boden lag. Janus-Abdul verpasste ihr einen beiläufigen Tritt und eine surrende Wolke von Schmeißfliegen stieg auf und gab damit den Blick frei auf einen aufgedunsenen Männerkopf, schon ganz schwarz vor Verwesung.

»Eine Warnung an alle Brüder, die Verrat in ihren Herzen tragen.« Der wandelnde Federball schien mir nicht nur seinen Namen, sondern gleich auch noch den Duktus der edlen Wilden bei Karl May abgekupfert zu haben.

Meine Instinkte trieben mich an, das ganze Prozedere hier zu beschleunigen, also folgte ich Mombassa ein paar Schritte in den Raum hinein, bemühte mich, flach zu atmen und sah mich rasch um, bis mein Blick am einzigen Europäer hängenblieb. Meine Größe, meine Statur, mein Alter, meine

Augenfarbe, gravierendster Unterschied eigentlich nur, dass ich keinen Bart mehr trug.

»Willkommen in der Hölle«, sagte Nepomuk Blaumanis.

*

Vier Tage. Ich hatte vier Tage bis zum Abflug nach Beirut, das Ticket schon in der Tasche.

Pferdeanhänger im Schlepptau, ließ ich den Sprinter gen Süden rollen, Südwesten, um genau zu sein, und hing meinen Gedanken nach, wie man das so macht, auf der Autobahn, wenn Auge, Hand und Fuß in Eigenregie agieren.

›Es gibt Sie nicht und es gibt somit auch keinen Auftrag an Sie‹, hatte es beim Treffen mit der Kommando-Ebene der Transaktion geheißen. Was immer mir zustieß, die Bundesregierung, Europol, Den Haag würden leugnen, etwas damit zu tun zu haben. ›Wir zahlen kein Lösegeld an Terroristen‹, hieß es. Grundsätzlich nicht. Bis ich zurück wäre auf europäischem Boden, blieb ich auf mich allein gestellt. Danach sollte mich dann Hufschmidt unterstützen, worauf ich liebend gern verzichtet hätte.

Ich sagte: »Gut, aber ich brauche einen Soldaten an meiner Seite.«

Was denn, Bundeswehr? Ausgeschlossen.

»Nein«, sagte ich. »Einen Söldner. Ich kenne den Mann. Ich habe schon mit ihm gearbeitet. Er ist zuverlässig, professionell und verschwiegen.«

Ja, aber die Kosten …

»Es ist doch nur Steuergeld«, sagte ich. »Außerdem hat er einen unschätzbaren Vorteil: Er kennt die Geisel persönlich, kann sie zweifelsfrei identifizieren.«

Und mir helfen, den Typen auch tatsächlich abzuliefern, dachte ich, so für mich. Denn eine umfassende Aussage vor dem Gerichtshof war die Bedingung für seinen Freikauf. Schlau eingefädelt von seiner Seite, doch gerade bei den Schlauen muss man immer mit Überraschungen rechnen.

»Sie haben geschickt verhandelt«, kommentierte Menden nach der Sitzung, im Treppenhaus, unterwegs zum Ausgang.

»Vor Antritt eines Himmelfahrtskommandos kann man so ziemlich alles verlangen«, erklärte ich. »Es ist der moralische Druck, der auf der Auftraggeberseite lastet. Die verkappten Schuldgefühle.«

»Ich frage Sie das nur ungern, aber haben Sie Ihre, tja, Dinge geregelt? Nachlass und so weiter?«

Ich blieb stehen, sah ihm in die grauen, immerzu Unterkühlten, und begriff einigermaßen jäh, dass Menden tatsächlich befürchtete, mich nicht wiederzusehen. Zumindest nicht lebend.

»Die meisten«, versicherte ich ihm, und unsere Wege trennten sich.

Auf halber Strecke nach Jerusalé verließ ich die Autobahn für eine Pause, machte einen kleinen Abstecher zur Küste.

Ich stellte den Sprinter mit dem Pferdeanhänger auf dem Dünenparkplatz ab, stieg aus, und fröstelte. Nicht so sehr der Temperatur wegen, die war mild, es war mehr ein Frösteln aus Erinnerung. Hier, an diesem Strandabschnitt, hatte ich die fünfundzwanzig Kilo Heroin gefunden, die mich schließlich auf der Todesliste einer eng mit einer französischen Polizeieinheit verbundenen Marseiller Mafia-Clique hatten landen lassen. Bis zu meinem tragischen Hinscheiden in den Flammen eines portugiesischen Trailers. Selbstinszeniert. Und gar nicht mal übel, auch wenn ich es bin, der das feststellt. Seither befand ich mich im Programm, Zeugenschutz für einen Prozess, der dann nie stattfinden sollte. Mangels Beweisen, wie es hieß, die meisten davon, wenn mich je einer fragen sollte, vom französischen Staat beseitigt, der kein Interesse daran hatte, eine Einheit seiner Elitepolizei CRS vor Gericht zerren und wegen Drogenschmuggels anklagen zu lassen.

Na, egal. Ich hatte einen neuen Namen, ein paar Tage frei, und Klein-Ela wollte endlich ihr Pferd. Ich stieg zurück in den Sprinter und startete den Motor. Weg hier. Dieses Kapitel meines Lebens war abgeschlossen.

Dachte ich.

*

»Mombassa! Welch eine Überraschung! Hattest du nicht endgültig Adieu gesagt zu dem Geschäft?« Nach dem kurzen Willkommensgruss auf Deutsch sprach Nepomuk nun mit seinem Söldnerkollegen ein simplifiziertes, ›afrikanisches‹ Französisch. »Komm, hilf mir mal hoch«, forderte er.

Mombassa streckte seine Hand aus und zog unseren Kronzeugen mühelos in die Senkrechte. »Du weißt, wie es ist«, antwortete er.

»Ja, ja, und wie ich das weiß. Was meinst du wohl, wie ich hier gelandet bin?« Kaum auf den Beinen, drängte es Nepomuk zur Tür. »Raus hier«, keuchte er. »Ihr habt das Geld?«

Mombassa nickte, bot Nepomuk seinen Arm als Stütze, doch der wehrte das ab, quetschte sich raus ins Freie, wo er tief einatmete, in das fahle Licht blinzelte und mit Trampeln versuchte, etwas mehr Festigkeit in seine unsicheren Schritte zu zwingen. »Zigarette, jemand?«

Ibrahim warf ihm eine Packung Camels und ein Feuerzeug zu und legte dann sofort wieder beide Hände um Lauf und Kolben seines Gewehrs. Er stand zwischen uns und den beiden Fahrzeugen, breitbeinig, kerzengerade, die Miene gelassen, die Augen dunkel und hellwach. Ich fragte mich, wo unser Fahrer abgeblieben war, und mit wem hier sonst noch zu rechnen war, sollten die Dinge nicht so laufen, wie geplant.

Nepomuk rauchte gierig, hielt die Packung und das Feuerzeug dabei in der Hand wie jemand, der es kaum erwarten kann, sich die Nächste anzustecken. »Na, damit ist unser gemeinsamer Videodreh wohl geplatzt, was?«, wandte er sich an Janus-Abdul, strich sich wohlig über die Kehle und lachte rau.

Ich teilte seinen Optimismus nur bedingt. Noch waren wir nicht mal aus dem Hof heraus, geschweige denn aus dem Dorf, dem Land. Noch gab es nichts, was diese Leute daran hindern könnte, das Geld zu greifen, uns ins Loch zu stecken und dort verfaulen zu lassen.

»Ist das euer Mann?«, wollte Janus-Abdul von mir wissen, und ich nickte.

»Das ist Nepomuk Blaumanis«, bestätigte ich und fühlte mich so unter Spannung, dass ich zu knistern glaubte. Dies war der Austausch, jetzt. Die nächsten Minuten waren entscheidend. Alles entscheidend. »Und hier ist das Lösegeld«, sagte ich fest, wie jemand, der voller Zuversicht auf Einhaltung der Regeln pocht, ließ den Trageriemen von meiner Schulter gleiten und warf die Tasche zwischen uns auf den Boden. »Zählt es, aber macht ein bisschen voran. Wir müssen los.«

Es ist immer ein spezieller Moment, wenn das Geld die Bühne betritt. Ein paar Frauen in schwarzen Burkas kamen aus ihrem Haus und näherten sich zögernd. Janus-Abdul warf ihnen einen herrischen Blick zu, der sie stoppte, und nickte dann gnädig. Er fühlte sich großartig, man sah es ihm an. Vorbei die Zeit, als die Mitschülerinnen ihn ›Glühwürmchen‹ nannten und sich schier bepissten, wenn ihm daraufhin die Birne rot anlief. Der Verspottete hatte sich zum Gebieter gewandelt, und Mann, er watete in diesem Gefühl wie ein Labrador in einem Entenpfuhl.

Die Frauen knieten sich neben die Tasche, zerrten den Reißverschluss auf und begannen, die Bündel herauszunehmen und zu Stapeln zu ordnen. Es waren alles druckfrische, durchnummerierte und sicherlich registrierte Fünfhundert-Euro-Scheine, was aber niemanden im Geringsten zu stören schien. Als ausgewiesenes Mitglied einer terroristischen Vereinigung kannst du der Frage ›Wie sind Sie in den Besitz dieses Geldes gelangt?‹ wahrlich gelassen entgegensehen, und wenn sie noch so bohrend gestellt werden sollte.

»Würde mal einer dem Fahrer Bescheid sagen?«, forderte ich laut. Das Geld war inzwischen gezählt und zu zehn ordentlichen kleinen Stapeln arrangiert. Zehn Stapel à Hunderttausend. Es gab nichts mehr zu bereden oder zu verhandeln, die Vereinbarungen waren erfüllt, bis auf das sichere Geleit zurück zur Grenze. »Wir wollen unseren Flug nicht verpassen.«

»Moment noch«, sagte Janus-Abdul, und ich spürte, wie Ungeduld meine Laune Richtung Keller zerrte. »Das muss Mohammed entscheiden.«

»Was?« Ich blickte ratlos nach oben, gen Himmel, irgendwo über dem Tarnnetz. »Wie lang soll das denn dauern?«

Doch dann wurde sehr schnell klar, dass nicht vom Propheten die Rede gewesen war.

Ich weiß nicht, wie viele seiner Sorte ich schon erlebt habe, an Straßensperren, Grenzen, bei Passkontrollen, auf Polizeistationen, in Botschaften und Behörden, aber schon der erste Blick verriet mir: Hier kam der archetypische, von klein auf verhätschelte arabische Erstgeborene in einer Machtposition, gelangweilt, arrogant, herausfordernd, fest entschlossen, es jedem um ihn herum so schwer wie nur eben möglich zu machen. Verspiegelte Pilotenbrille in den ölglänzenden Locken, Palästinensertuch locker über die Schultern seines makellosen Kampfanzuges drapiert, näherte er sich gemessenen Schrittes, der allgemeinen Aufmerksamkeit gewiss. Nicht mehr wirklich jung, aber noch ohne Grau in seinem Bart, hatte Mohammed die gerade Haltung und schroffe Attitüde eines befehlsgewohnten Militärs, und an den Reaktionen der anderen konnte ich ablesen, dass mit seinem Auftauchen der Zeitpunkt gekommen war, sich wirklich Sorgen zu machen. Eine Pistole steckte locker, Gangsta-Style, vorn in seinem Hosenbund.

Er besah sich das Geld von oben herab, befahl den Frauen in harschem Arabisch, es zurück in die Tasche zu packen, und scheuchte sie dann mit einer ungeduldigen Handbewegung weg. Ohne Mombassa und mich auch nur eines Blickes zu würdigen, wandte er sich an Janus-Abdul, der vor meinen Augen eine rasante Wandlung vom großen Gebieter zurück zum kleinen dicken Jungen machte. Die beiden tauschten ein paar Sätze, barsche Fragen von der einen, gestammelte Antworten in hörbar holprigem Arabisch von der anderen Seite, gefolgt von einem kurzen, lastenden Schweigen.

»Es ist ihm zu wenig«, erklärte uns Janus-Abdul schließlich zögernd. »Das Geld«, schickte er fast schon entschuldigend hinterher.

»Das ist exakt die Summe«, sagte ich langsam und mit vorsichtigem Nachdruck, »auf die sich beide Seiten geeinigt hatten.«

Mohammed zückte ein Smartphone, tippte es an, hielt mir das Display direkt vor die Nase und schnauzte einen kurzen Satz. Das Display zeigte eine Zwei, gefolgt von sechs Nullen.

»Wir haben jemanden, der das Doppelte bietet«, erläuterte Janus-Abdul. »Das Doppelte allein für seinen Kopf.«

Nepomuk zeigte keine Reaktion, er rauchte ungerührt, als ginge ihn das alles nichts an.

»Wir werden also doch noch ein Video mit dir drehen«, meinte Janus-Abdul zu ihm, spürbar bemüht, die Oberhand zurückzugewinnen, griff nach dem Tauchermesser an seinem Gürtel, zog es heraus und zeigte stolz die Schneide auf der einen, Sägezähne auf der anderen Seite der Klinge. »Nur brauchen wir dazu besseres Licht«, entschied er und steckte das Messer zurück. »Wir brauchen Sonne. Jeder soll wissen, dass im Reich der Scharia immer die Sonne scheint.«

Mohammed befahl, weiterhin auf Arabisch, trotzdem unmissverständlich, uns alle ins Schlachthaus zu sperren.

»Ich sag's doch, Moslems ist nicht zu trauen«, meinte ich, von der plötzlichen Wendung wie vor den Kopf geschlagen.

In wachsender Irritation begriff ich, dass ich mir die ganze Sache im Vorfeld regelrecht schöngeredet hatte. Mit einer Eskorte rein, Geld gegen Geisel getauscht, mit einer Eskorte raus, Flug Beirut-Frankfurt, wo eine ganze Reihe von Geheimdienstlern ein Wörtchen mit Herrn Blaumanis wechseln wollte, dann weiter nach Den Haag und Tschüss und Feierabend. Und unter Aufwallen von Selbsthass wurde mir bewusst, was für einen idiotischen Deal ich da eingegangen war. Kein Finger würde sich rühren, im nahen und doch so fernen Europa, nichts, rein gar nichts würde unternommen werden, sollte ich nicht zurückkommen, sollte ich hier verrecken.

»Na los, bewegt euch«, forderte Janus-Abdul und schwenkte seine AK 47.

Da sagte Nepomuk etwas auf französisch, er sagte es leise,

ruhig und gefasst, dabei unüberhörbar entschlossen, und was er sagte, richtete mir die Nackenhaare auf: »Ich gehe da nicht wieder rein.«

*

»Du lebst«, stellte Céline fest und schien sich nicht sicher zu sein, ob sie das freuen sollte oder nicht. »Bier?«, fragte sie schließlich.

Ich nickte, ließ mich an einem Tisch nieder und sah mich um. Das kleine Bistro-Restaurant in der Altstadt von Jerusalé hatte sich im letzten halben Jahr nicht verändert und würde es wahrscheinlich nie. Es gab keinen Grund dafür. Das ganze Ensemble aus Wirtin und Lokal verströmte den leicht abgegriffenen Charme eines Lieblingsledersessels, in dem man mit innerem Behagen Platz nimmt. Na ja. Normalerweise.

Céline zapfte einen Halben und betrachtete mich aus zusammengekniffenen Augen, eine Gauloise im Mundwinkel.

»Du hast ihn mir gebracht«, sagte sie und stellte das Bier vor mich hin, »und jetzt bist du gekommen, ihn mir wieder wegzunehmen.«

»Ich will mir Mombassa nur ein paar Tage ausleihen«, beschwichtigte ich.

Sie sog an ihrer Zigarette, sah nachdenklich auf mich herab. »Mein Mann ist ein Krieger, Nepomuk.«

»Eigentlich heiße ich Kristof.«

Sie wischte das beiseite. »Ein Krieger. Es ist in seinen Genen. Er wird mit dir gehen, egal wohin, einfach, weil er spürt, dass du ihm seine Droge verschaffen wirst.«

»Weißt du, wo er ist? Ich muss gleich ein Pferd verladen und …«

»Ihr werdet euch schon finden.«

»Du schuldest diesem Hauptkommissar nichts«, sagte Bian-Tao. »Weder ihm noch dem deutschen Staat und schon gar nicht Europol. Du musst nicht gehen.« Sie ist eine kluge Frau, recht klein, wie viele Vietnamesinnen, dabei stark, nicht zuletzt, was ihren Willen angeht. Ich verdanke ihr viel, unter anderem mein Leben.

»Du hast vollkommen recht«, sagte ich und stopfte noch ein paar T-Shirts in den Seesack. »Aber ich muss etwas tun. Ich gehe sonst die Wände hoch.« Mombassa wartete in der TaxiBar auf mich und hielt dabei Yesus auf Trab. Wir hatten Pferd und Kind glücklich wiedervereint, und es wurde nun Zeit, zum Flughafen zu fahren, unseren Job anzutreten.

»Du kannst auch hier eine Beschäftigung finden«, beharrte Bian-Tao. »Wenn du nicht wieder als Privatdetektiv arbeiten willst, könntest du eine zweite TaxiBar aufmachen.«

»Ich bin ein lausiger Wirt, Bian-Tao, und du weißt es. Die Leute, die am Tresen herumhängen, diese ganzen Säufer und Schwätzer, sie machen mich krank. Ich kann nicht länger Abend für Abend, Nacht für Nacht so tun, als ob das Zeugs, das sie reden, und die Filmchen, die sie auf ihren Handys herumzeigen, mich auch nur einen müden Furz interessieren.«

»Und du könntest auch endlich zu uns ziehen, anstatt hier allein in einer Autowerkstatt zu hausen. Ela würde sich freuen.«

»Mach ich, mach ich alles, wenn ich zurückkomme.«

»Wenn«, echote sie, die Arme vor der Brust verschränkt.

»Sobald«, korrigierte ich mich.

»Was soll das heißen«, wütete Scuzzi und sah von seinem Smartphone auf, »im Notfall soll ich sie heiraten?«

Ich konnte mir nicht helfen, aber in seiner Dienstuniform sah er für mich aus wie ein Stripper, der an den

Wochenenden von Haus zu Haus fährt und Mädelspartys zum Kreischen bringt. »Bian-Tao liebt *dich*, du Arsch. Wie lange willst du sie noch hinhalten?« Er ging seine abendliche Runde durch die Elenor-Nathmann-Stiftung in Duisburg-Mündelheim, und ich ging widerwillig mit. Die Zeit bis zum Abflug wurde knapp, doch das musste jetzt sein.

»Ich meinte ja nur, für den Fall, dass … dass es Schwierigkeiten bei Elas Adoption gibt.«

»Nein, nein, nein.« Scuzzi schüttelte energisch den Kopf, zog seinen Scanner über einen Magnetstreifen an einer Tür, mit einer Sorgfalt, als ob das Schicksal der Welt davon abhinge. »Was du meinst, ist: Für den Fall, dass du nicht zurückkommst. Für den Fall, dass es dir entweder einfällt, dich komplett aus der Verantwortung zu stehlen, oder …« Er zögerte. »Oder«, fuhr er dann fort, »für den Fall, dass man dich in einem Leichensack nach Hause schickt. Hab ich recht?«

»Unsinn«, sagte ich.

*

»J'y vais pas retourner«, wiederholte Nepomuk, nun fast schon beiläufig, doch eindeutig an Mombassa gerichtet.

Er nahm rasch noch eine Zigarette aus der Packung, steckte sie sich hinters Ohr und schlenderte dann rüber zu Ibrahim, Camels und Feuerzeug in der ausgestreckten Hand, Miene bedauernd. »Voilà«, sagte er, durchaus freundlich, doch in meinen Ohren, und nicht nur in meinen, kam es an als ein Startsignal in einen Kampf auf Leben und Tod.

Ich fühlte mich überrumpelt, wie in den Ring geschickt, ohne vorher die Regeln geklärt zu haben. Nepomuk und Mombassa schienen sich wortlos, instinktiv zu verstehen, ich blieb dabei außen vor und meine einzige spontane Idee war, irgendwie von ihnen abzulenken.

»Ich will das Geld zurück!«, schrie ich Mohammed an, der augenblicklich einen Fuß auf die Tasche stellte. »Und dann will ich sofort zur Grenze gefahren werden«, forderte ich, mit ausgestrecktem Arm die Richtung vorgebend. »Geisel oder Geld, aber nicht beides!« Und ich machte Anstalten, nach der Tasche zu greifen, was mir einen Stoß in die Rippen mit dem Kolben von Janus-Abduls Gewehr einbrachte. Reflexartig packte ich zu und riss an der Waffe, brachte sie zu meiner Überraschung mit einem einzigen Ruck in meinen Besitz. Mohammed bekam große Augen und griff nach der Pistole in seinem Hosenbund.

Nepomuk hatte inzwischen Zigaretten und Feuerzeug hoch in die Luft geworfen, sich auf Ibrahim gestürzt und ihm beide Daumen mit aller Kraft in die Augenhöhlen gepresst. Kreischend in purer Agonie versuchte der, Nepomuks Arme zu packen zu kriegen, stoppte auf halbem Weg und sackte dann einfach um, ohnmächtig vor Schmerz.

Mohammed machte einen Moment panischer Unentschlossenheit durch, wusste nicht, auf wen zuerst zu schießen – auf mich mit Janus-Abduls Waffe in Händen, oder auf Nepomuk, der sich gerade nach der von Ibrahim bückte –, da schlang Mombassa ihm von hinten eine Nylonschnur um den Hals und zwirbelte sie mit aller Gewalt zu.

Eine Nylonschnur mit zwei vorbereiteten Schlaufen, rätselte ich, wie in einem wirren Traum, dann sah ich die Perlen der Gebetskette verstreut auf dem Boden liegen, begriff, und Mombassa nahm mir geschmeidig die Waffe ab, was einem Weckruf gleichkam. Rasch sah ich mich um, sah das MG in unsere Richtung schwenken, rannte los, warf mich in einem Hechtsprung über die Sandsackbarriere, gerade als das Biest losratterte, und landete auf der Schützin. Der Campingstuhl brach unter uns zusammen und das Geratter erstarb.

Sie kämpfte wie eine Furie, mit Klauen und Zähnen, mit Tritten und Kreischen. Plötzlich hallte der ganze Hof vom abgehackten Feuer automatischer Waffen wider und ich wurde rüde beiseite geremp elt, weil Nepomuk und Mombassa sich gleichzeitig hinter die Barriere flüchteten. Ein Knall, direkt neben meinem Ohr, die MG-Schützin erschlaffte unter mir, und Rauch kräuselte aus einem Loch in der Stirn ihrer Burka.

Sand peitschte über uns, als Kugeln in die Säcke schlugen. Nepomuk schmiegte sich rücklings neben die Tote und richtete den Lauf seiner Waffe auf den oberen Rand des Sackwalls, während Mombassa das MG packte wie ein Pilot einen Steuerknüppel, hochkonzentriert, dabei völlig vertraut mit der Handhabung. Fast augenblicklich stoben uns heiße Patronenhülsen um die Ohren, begleitet von beißendem Abgas und betäubendem Getöse. Zwei, drei, vier kurze, gezielte Feuerstöße, dann Stille, und Mombassas Haltung entspannte sich. Er tippte Nepomuk auf die Schulter, nickte ihm zu und beide standen auf. Langsam zog ich mich ebenfalls in die Höhe, musste mich auf den Säcken abstützen, ein Zittern in den Knien wie seit dem kalten Entzug im Wuppertaler Knast nicht mehr.

Rings um die Tür des Frauenhauses war der Putz abgeplatzt, das Mauerwerk pockennarbig. Im Halbdunkel des Durchgangs erkannte ich vier Fußsohlen, unnatürlich verdreht, dahinter einen zerrupften Haufen schwarzen Stoffs, obendrauf eine Maschinenpistole. Blut rann die Eingangsstufe hinab und sammelte sich zu einer Lache.

Mohammed lag im Hof, die Augen riesig und blicklos, der Mund aufgerissen mit weit nach vorn gestreckter Zunge. Ihm zur Seite wand sich Ibrahim in Krämpfen, Hände vor dem Gesicht. Eine Männergestalt hing bäuchlings über einem Fenstersims des Haupthauses, Blut tropfte von seinen

Händen auf die Waffe vor ihm im Staub. Erst beim zweiten Hinsehen erkannte ich ihn als unseren Fahrer.

Nepomuk beugte sich runter zu dem toten Mohammed, zog ihm das Smartphone aus der Brusttasche und steckte es ein, bevor er, fast schon beiläufig, dem stöhnenden Ibrahim in den Kopf schoss.

»Wir dürfen keine Zeugen zurücklassen«, erklärte er mir. »Niemand soll wissen, was genau sich hier abgespielt hat.«

Er hat recht, er hat recht, er hat vollkommen recht, sagte ich mir wieder und wieder. Um mich herum wurde gestorben, gemordet, floss das Blut, doch ich stand da, kalt und gerade wie ein Bolzen und fragte mich, wann sich diese Fühllosigkeit in mir wohl wieder lösen würde, und unter welchen Begleiterscheinungen.

»Pas de témoins«, wiederholte Nepomuk, an Mombassa gerichtet, und die beiden begannen, Waffen im Anschlag, Türen aufzustoßen und Räume zu durchsuchen. Schweigend, sich nur durch Handzeichen verständigend, leisen Schrittes arbeiteten sie sich vor. Der eine agierte, der andere deckte, dann umgekehrt.

Hinter einer Stahltür fanden sie ein Regal voll Benzinkanister und bedeuteten mir, den Landcruiser für die Rückfahrt zu betanken. Da war keine Herablassung in ihrer Haltung, die Aufgabenverteilung war einfach nur nüchtern, qualifikationsbezogen. Für sie war ich ein Zivilist, ein Amateur. Sie waren die Schützen, die Kämpfer, Soldaten, erfahrene, abgebrühte Söldner in ihrem Metier, in ihrer eigenen Welt.

Das machte mich zum Fahrer. Also.

Ich schnappte mir zwei Kanister, trug sie zum Wagen, schnackte den Deckel auf, schraubte den Verschluss ab und ließ Sprit in den Tank gurgeln, versuchte nicht daran zu denken, dass ich dabei die ganze Zeit schutzlos mitten auf dem Hof stand.

Nepomuk war im Haupthaus verschwunden, Mombassa sicherte den Eingang, als Schreie aus einem der Zimmer drangen, gefolgt von Schüssen, und dann einem Moment der Stille, bevor Nepomuk wieder zum Vorschein kam, fluchend, wankend, taumelnd, humpelnd, eine Hand auf seinen Oberschenkel gepresst, in der anderen seine Waffe und, unter dem Arm, ein Notebook. »Das verkaufen wir den Amerikanern«, presste er hervor und versuchte sich an einem Grinsen mit vor Schmerz zusammengebissenen Zähnen. »Die Amerikaner zahlen immer am meisten.«

Mombassa zog die Heckklappe des Landcruisers hoch und Nepomuk ließ sich ächzend auf der Ladefläche nieder. Gemeinsam rissen sie den Stoff seines Hosenbeins kreuzförmig auf und inspizierten die Wunde. Ein rundes Loch, seitlich im Oberschenkel, das Fleisch ringsum blass und wulstig, aber seltsamerweise kein Blut.

»Beirut«, entschied Nepomuk. »Los, lasst uns abhauen. Doch wartet …« Er sah mich an. Und ich ihn. »Wo ist eigentlich Abdul?«, fragte er, was ich mich auch gerade fragte.

Ein Anlasser wimmerte, ein Motor sprang an, ein Kopf mit weißem Käppi hob sich über den Lenkradkranz des Nissan Pick-ups, der Wagen startete mit jaulenden Reifen, rammte das Tor auf und jagte davon.

»Hinterher!«, schrie Nepomuk mich an, schnappte sich seine Waffe, sprang auf und humpelte zur Beifahrertür des Landcruisers, doch ich zögerte. Ich wollte nicht hinterher, nicht wirklich, wollte in kein weiteres Scharmützel geraten. Alles, was ich wollte, war nach Hause. *Heim*. Und mich die nächsten vierzehn Tage unterm Bett verkriechen. Die Fühllosigkeit war dabei, mich zu verlassen und heilloser Bestürzung Platz zu machen.

»Er hetzt uns die ganze verfluchte Bande auf den Hals! Willst du das?«

Im nächsten Augenblick saß ich hinterm Steuer, er daneben, und der Motor drehte hoch.

Die Straße war asphaltiert, aber sandig, sodass der Pick-up eine Staubfahne hinter sich herzog, in die sich mein Blick bohrte, während mein rechter Fuß das Pedal ins Bodenblech drückte.

Der Nissan schien nur irgendeine billige Basismotorisierung zu haben, denn wir kamen ihm sehr schnell näher. Die Gegend war wie gehabt flach, konturlos, ohne Bewuchs bis auf ein paar dröge Gräser und kleine, unansehnliche, stachelige Büsche. Abdul versuchte offensichtlich, seine kämpfenden Brüder zu erreichen, denn er hielt auf den westlichen Horizont zu, wo weiterhin schwarze Wolken gen Himmel waberten, in dem die Sonne hing wie ein hingeschmierter, blassroter Punkt.

Lange vorher holten wir ihn ein.

Nepomuk lehnte sich mit seiner Kalashnikov aus dem Fenster, ich hielt meine Flossen am Lenkrad ruhig, er gab einen Schuss ab, der erst mal nichts bewirkte, schüttelte dann irritiert seine Waffe, rutschte zurück in seinen Sitz, rupfte das Magazin ab und fluchte. »Leer.«

Nun war es an mir. Ich setzte zum Überholen an, doch als wir durch die Staubfahne stachen, sah ich, dass uns ein Lkw entgegenkam, und bemerkte obendrein in Janus-Abduls linker Armbeuge den Lauf einer Pistole. Er lauerte darauf, dass wir neben ihn zogen.

Ein Tritt auf die Bremse, ich scherte hinter dem Pick-up ein, der Lkw schoss vorbei und ich gab Gas, bis sich die Front des Landcruisers knirschend ins Heck des Nissans drückte. Dann lenkte ich forsch nach rechts, nahm das Heck mit, was den Pick-up nach links ausscheren ließ. Kurz vom Gas, um den Kontakt zu brechen, dann wieder voll drauf, so schob ich mich jetzt rechts neben ihn, bis knapp hinter die Fahrerkabine, sicher außerhalb von Abduls Schussbereich, und begann, ihn vom Asphaltband zu drängen. Er wehrte sich mit heftigen Lenkbewegungen, doch ein Landcruiser ist vorn wesentlich schwerer als ein Pick-up hinten, sodass er nie eine wirkliche Chance hatte. Sobald der Nissan mit allen Rädern auf dem losen, sandigen Untergrund war, ließ ich mich ein winziges Stückchen zurückfallen, bis auf Höhe seiner Hinterachse, riss mein Lenkrad nach links in einen heftigen seitlichen Rammstoß, der den Pick-up komplett querstellte, und bremste. Der Nissan schleuderte vor uns her, bis sich die Reifenflanken plötzlich in den weichen Boden gruben und, begünstigt durch seinen hohen Schwerpunkt, den Pick-up in eine ganze Reihe hauben- und türenwirbelnder seitlicher Überschläge warfen.

Irgendwann kam das Wrack in einer Staubwolke zum Stillstand.

Wir stoppten und stiegen aus, Nepomuk auf sein Gewehr gestützt, ächzend. Der Pick-up lag, die Räder noch in wilder Rotation, auf der Seite, das Dach plattgedrückt, die Beifahrertür abgerissen. Ich warf einen Blick durch die zerborstene Windschutzscheibe ins Innere der Fahrerkabine. Niemand mehr an Bord.

Sobald sich der Staub legte, fanden wir Janus-Abdul ein paar Meter weiter in gekrümmter Haltung hinter einem Stachelbusch auf dem Boden liegend. Es hatte ihn rausgeschleudert. Er stöhnte vor Schmerzen, was hieß, er war bei Bewusstsein.

›Keine Zeugen‹, erinnerte ich mich und ließ Nepomuk den Vortritt.

»So«, sagte der mit etwas wie finaler Entschlossenheit, stieg über den Stöhnenden, wälzte ihn auf die Seite, bis er an das Messer kam und zog es aus der Scheide. Ohne auch nur zu zögern packte er mit der freien Hand Abduls Flusenbart, zerrte daran das Kinn in die Höhe, wiederholte »So«, setzte die Sägeklinge am Hals an und …

Ich erbrach mich in hohem Bogen in den Wüstensand.

»Er wollte mir den Kopf abschneiden.«

Ich fuhr, doch ich bekam es kaum mit, war noch meilenweit davon entfernt, meine Fassung zurückzuerlangen, die Bilder und Geräusche aus dem Kopf zu bekommen.

»Drei Monate lang hat dieser kleine schmierige Hund jeden Tag damit gedroht, mir den Kopf abzuschneiden. Jeden gottverdammten Tag. Ha!« Nepomuk wirkte aufgekratzt und auf eine eiskalte Art befriedigt, konnte aber nicht damit aufhören, sich die blutigen Hände an einem Lappen abzuwischen. »›Morgen drehen wir mit dir ein Video.‹ Drei Monate lang. Jeden gottverdammten Tag.«

Mombassa saß hinter dem MG und kaute auf etwas, das aussah wie eine zusammengerollte türkische Pizza, als wir zurück in den Hof rollten. Ich stoppte, er erhob sich, Pizzarolle zwischen den Zähnen, flankte über die Sandsäcke, lud mehrere Waffen, Kartons mit Munition und ein Bündel schwarzer Stoffschals in den Wagen und stieg dann hinter mir ein.

»Was ist denn das?«, fragte Nepomuk und zeigte auf die Tür zum Schlachthaus. Sie stand sperrangelweit offen. »Hast du sie etwa alle laufenlassen?«, herrschte er Mombassa an.

So viel zum Thema ›Solidarität unter Mitgefangenen‹, dachte ich.

»Falsche Fährte«, erklärte Mombassa mit vollem Mund.

Nepomuk wirkte nicht begeistert, nickte dann aber, sah mich an und sprach die erlösenden Worte: »Los. Weg hier.«

Ich klopfte den Rückwärtsgang rein, ließ ihn jaulen, wendete auf der Bremse und wir waren unterwegs.

Es begann zu dämmern, und mein Herz schlug bis zum Hals in einer Mischung aus Beklemmung und Erleichterung, der Gewissheit, entkommen zu sein, zumindest fürs Erste. Ich trat das Gas, konzentrierte mich voll auf die Aufgabe des Fahrens. Wir hatten überlebt, wir waren unterwegs, nur ein paar Stunden und ein bisschen Glück, und wir waren außer Landes. Nur ein paar Stunden … Ein bisschen Glück …

»Sag mal, wie heißt du eigentlich?«, fragte Nepomuk plötzlich.

Erst wollte ich ›Stockholm‹ antworten, doch dann kam mir das albern vor. »Kristof. Kristof Kryszinski.«

Nepomuk betrachtete mich mit Interesse. »Du lebst also.« Es klang beinahe bewundernd. »Ich hatte anderes von dir gehört. Hast meinen Pass gekauft und dich eine Zeit lang als mich ausgegeben, richtig?«

»Und zwar so überzeugend, dass ich beinahe für dich gekillt worden wäre«, sagte ich.

»Na, einen Versuch war's wert«, meinte Nepomuk mit entwaffnender Offenheit.

»Was ich mich seither frage, und heute erst recht: Wieso? Wieso bietet jemand zwei Millionen nur für deinen Kopf?«

»Es ist das Wissen darin, Kristof. Genozid, ganz hässliche Sache. Ich bin Zeuge der Liquidierung eines ganzen Pygmäenstamms geworden, Männer, Frauen, Kinder. Waren einer Minengesellschaft im Weg. Gold, Kristof. Es holt irgendwie die Niedertracht aus den Menschen heraus, weiß auch nicht, warum das so ist. Auf alle Fälle, ich war dabei, ich hab's nicht verhindert, obwohl ich es vielleicht gekonnt hätte, denn ich war der Ausbilder dieses Haufens. Für solche Gräuel nehmen sie fast nur noch Halbwüchsige, gerne Kriegs- oder Aidswaisen, verrohen sie systematisch, pumpen sie voll Alk und Drogen und dann heißt es ›Hey, jetzt zeigt mal, was ihr draufhabt‹.« Nepomuk steckte sich eine Zigarette an, drehte dann Mohammeds Smartphone in seinen Händen.

»Wollen wir geortet werden? Nein? Na, ohne Netz kann das eh nicht funktionieren. Trotzdem ziehen wir mal lieber die Karten.« Zigarette im Mundwinkel, hantierte er mit Handy und Notebook. »Eine Million«, sagte er und klappte den Deckel hoch. »Vorausgesetzt, hier ist irgendwas drauf außer Pornofilmchen mit kleinen Jungs, werden wir es den Amis für eine Million anbieten, am besten gleich noch in Beirut. Doch sagt mal …« Er sah auf. »Was ist eigentlich mit dem Lösegeld passiert?«

»Keine Sorge«, sagte ich und klopfte mit der Hand auf die Reisetasche unter meinem Sitz. Ich hatte beinahe draufgekotzt, denn sie war ebenfalls aus dem Pick-up gewirbelt worden.

»Sobald ich das Notebook verhökert habe, schmeißen wir alles in einen Topf und teilen.«

»Das wird nicht ganz einfach werden«, gab ich zu bedenken. »Die Scheine sind registriert. Wir werden uns damit etwas einfallen lassen müssen.«

»Machen wir, oder, Mombassa?«

»Erst mal müssen wir raus aus diesem Scheißland.«

»Doch zurück zum Kongo«, fuhr Nepomuk fort. »Es war ein Gemetzel, scheußlich. Als alles vorbei war, wurde mir klar, dass es für mich keine Zukunft in diesem Job gibt. Also habe ich die Firma um …«, er suchte nach der richtigen Formulierung, »um eine Abfindung gebeten.«

»Du hast sie erpresst«, korrigierte ich.

»Na ja, ich hab's versucht. Hab versucht, mein Wissen zu Geld zu machen. Ich wusste ja, dass Asturias der Mutterkonzern ist. Nur, was ich nicht wusste …« Er seufzte. »Ein Rat fürs Leben, Kinder: Legt euch nicht mit der Mafia an.«

Danke, dachte ich, aber das wusste ich schon.

»Wie kann das sein, dass du von allen Beteiligten der einzige Zeuge bist?«, fragte ich dann.

»Oh, das ist so nicht ganz richtig. Da gibt es ja noch diese verrückte Ärztin … Es gibt sie doch noch, oder?«

Ich nickte.

»Die ging doch tatsächlich in Patanaville zur Polizei. Zur Polizei! In Patanaville!« Er drehte sich kopfschüttelnd zu Mombassa um, der allerdings nicht reagierte. »Patanaville ist eine Minenstadt«, erklärte er mir dann. »Mitten im Dschungel. Und United ist da das Gesetz. Sie haben ein Kommando hinter ihr hergeschickt, doch als das am Flughafen ankam, war ihre Maschine gerade gestartet.«

»Und der Rest?«

»Tot. Alle tot, Kristof. Nachdem ich gedroht hatte, an die Öffentlichkeit zu gehen, sind sie bei Asturias durchgedreht. Wer von den Beteiligten im Kongo geblieben ist, hat die zwei Wochen nach dem Massaker nicht überlebt. Ein Großteil meines Trupps ist angeblich in einen Hinterhalt einer Rebellengruppe geraten, von der noch nie einer was gehört hat. Andere sind erschossen aufgefunden worden, oder geköpft. Zum Glück war ich vorher schon untergetaucht, und außer Landes. Ah, verflucht, jetzt fängt's an zu bluten. Ist hier irgendwo in dieser Karre ein Verbandskasten?«

Mombassa kramte suchend herum, förderte einen zutage und reichte Mullbinden nach vorn. »Wir müssen nach Straßensperren Ausschau halten«, knurrte er. »Also quatscht nicht so viel.«

»Ich kann beides«, versicherte ich. Ich wollte, ich musste reden, musste irgendetwas Normales tun.

»Und ich hab gerade andere Sorgen«, entgegnete Nepomuk und riss die Kunststoffverpackungen mit den Zähnen auf. »Außerdem, wer ist denn der Scharfschütze unter uns?

Das Adlerauge? Wenn irgendetwas auf uns lauert, siehst du es ja sowieso als Erster.« Er klappte kurzerhand die Fetzen seines Hosenbeins beiseite und begann, sich einen Druckverband anzulegen.

Wie alles, was ich ihn bisher hatte tun sehen, wirkte auch das routiniert, wie hundertmal geübt.

»Scheiß-Steckschuss«, keuchte er. »Durch den Hosenstoff hindurch, das heißt, Dreck und Flusen in der Wunde. Ich werde also vermutlich noch lange Spaß daran haben.«

Ein zäher Hund, unser Nepomuk, und gar nicht mal unsympathisch, wenn man vergessen konnte, dass er keine Stunde zuvor noch einen wehrlosen Schwerverletzten abgeschlachtet hatte. Und im Kongo noch nicht mal den Versuch unternommen hatte, ein Massaker zu verhindern. Doch, wenn man darüber mal großzügig hinwegsah, schien er ganz okay.

»Danach hab ich mich von den Amis für den Kampf gegen die Islamisten anheuern lassen«, fuhr er fort. »Noch so eine Schwachsinns-Idee, wenn auch gutbezahlt. Aber ihr habt ja gesehen, was es mir eingebracht hat. Doch mit alldem ist jetzt Schluss. Ich sage in Den Haag aus und …« Er ließ das Satzende in der Luft hängen, schien selbst nicht zu wissen, wie es danach weitergehen sollte.

Eine Ortschaft tauchte am Horizont auf, die Straße eine gerade Linie darauf zu.

»Okay«, entschied Nepomuk. »Zeit, uns zu maskieren.« Mombassa reichte zwei schwarze Schals nach vorn, Nepomuk gab mir einen davon und begann, sich selbst den anderen wie einen Tuareg-Turban um Kopf und Kinn zu wickeln. Meiner war seltsam schwer und nass an einem Ende. Ich drückte ihn mit den Fingern, hob die Hand und sie war rot. Rot vor Blut.

»Willkommen im Krieg«, meinte Nepomuk.

»Was machen wir, wenn man uns anzuhalten versucht?«, fragte ich.

»Du hupst, wir schreien und fuchteln. Wenn sie uns trotzdem nicht durchlassen, musst du draufhalten und wir feuern.« Er griff zu seiner Waffe und ließ sich von Mombassa ein volles Magazin geben.

Ich schluckte trocken und schaltete einen Gang runter, hob die Drehzahl in einen lebhafteren, reaktionsfreudigeren Bereich.

Schwarzvermummt und mit je einem aus dem Fenster gehaltenen Sturmgewehr auf beiden Seiten des Fahrzeugs rollten wir mit verhaltenen achtzig durch den Ort, kaum beachtet und völlig unbehelligt.

Unter Aufatmen ließen wir das Dorf hinter uns und ich beschleunigte auf rund hundertsechzig. Es wäre schneller gegangen, doch wurde die Sicht mit abnehmendem Licht nicht besser, und ich wollte auch den Spritverbrauch im Auge behalten. Links und rechts erstreckten sich die Mohnfelder, verlassen im abendlichen Dämmerlicht.

»Sieh dir das an«, meinte Nepomuk und wies um sich. »Was für Flächen! Da fragt man sich unweigerlich, wie viele Junkies es eigentlich gibt, und über wie viel Geld die verfügen. Ich meine, um gleich zwei Kriege zu finanzieren, einen hier und einen am Hindukusch. Kennst du viele Junkies, Kristof?«

»Eigentlich nur einen«, antwortete ich. »Und der ist …«, ich suchte nach einem Wort, »im Ruhestand.«

»Ja«, sagte Nepomuk und sog versonnen an seiner Zigarette, »so einen kenne ich auch.«

Es wurde jetzt sehr rasch dunkel, also schaltete ich die Schweinwerfer ein und musste feststellen, dass sie wohl den Rammstoß ins Heck des Pick-ups nicht überlebt hatten. Ein Glücksfall, wie sich wenig später herausstellen sollte.

»Woher kannst du so gut Deutsch?« Ich wollte das Gespräch in Gang halten, noch half es, die Bilder in meinem Kopf abzudimmen.

»Deutsche Schule in Riga. Meine Eltern fanden Deutsch als zweite Sprache irgendwie … sinnvoller als Russisch. Trotzdem hab ich natürlich auch Russisch gelernt, musste man ja, später dann noch Englisch, Französisch, und ein bisschen Swahili, Lingala und Kikongo. Ich bin Ausbilder, Kristof. Wenn du Leuten den Umgang mit Waffen und Sprengstoff beibringst, das Überleben im Dschungel, den Häuserkampf, das Töten mit Waffen und mit bloßen Händen, dann sollte es dabei möglichst keine Missverständnisse geben.«

Unter einem verhangenen, sternenlosen Himmel wurde es dunkel, noch dunkler, stockdunkel. Ich musste das Tempo weiter und weiter reduzieren, denn von der Hinfahrt wusste ich natürlich noch, dass die Straße immer wieder mal halb, mal ganz blockiert wurde von den Überbleibseln des seit Jahren tobenden Bürgerkriegs. Man möchte nicht – egal mit welcher Geschwindigkeit – ungebremst in einen liegengebliebenen Panzer krachen. Oder in einen Bombenkrater.

Mombassa rückte in die Mitte, Ellenbogen auf den Rückenlehnen, und gemeinsam starrten wir alle schweigend in die Schwärze vor uns. Ein paarmal versuchte ich, zu einem vorausfahrenden Fahrzeug aufzuschließen, mich dranzuhängen an jemanden mit Scheinwerfern, und musste abbrechen. Zu riskant. »Da liegt was«, sagte Mombassa wieder und wieder und kurz darauf sah ich es dann auch. Ohne ihn, musste ich mir eingestehen, hätte es wahrscheinlich längst gescheppert.

Je länger wir stillsaßen, desto weiter baute sich das Adrenalin ab, machte Platz für Depression, Müdigkeit und – in Nepomuks Fall – Schmerzen.

»Novocain, Novocain, Novocain«, flüsterte er. »Was würde ich nicht geben für ein paar Ampullen von dem Zeug. Wo bleibt eigentlich die verdammte Grenze?«

Plötzlich glommen Bremslichter vor uns auf, färbten die Nacht rot, Autos stoppten und standen Schlange.

»Halt sofort an!«, schnappte Mombassa, und ich brachte den Landcruiser schlingernd am Straßenrand zum Stehen. Wir stießen die Türen auf und kletterten erst auf die Motorhaube, dann aufs Dach.

Pick-ups mit auf den Ladeflächen montierten Maschinengewehren versperrten die Straße in enger Verzahnung, andere lauerten startbereit an den Rändern. Fahrzeug für ankommendes Fahrzeug wurde durch den Zickzack-Parcours gewinkt und von Bewaffneten durchsucht. Niemand blickte auch nur in unsere Richtung, was ganz einfach daran lag, dass wir sie im Scheinwerferlicht der angehaltenen Fahrzeuge sehen konnten, sie aber uns nicht.

»Straßensperre, richtig?«, fragte Nepomuk, der im Wagen sitzen geblieben war.

»Kein Durchkommen«, bestätigte Mombassa. Wir sprangen runter und stiegen wieder ein.

»Okay, Änderung des Plans, Leute. Die Grenze zum Libanon ist wohl dicht, Beirut können wir damit vorerst vergessen. Also versuchen wir, uns zum Flughafen von Damaskus durchzuschlagen. Weiß einer, wie man da hinkommt?«

»Ein paar Kilometer zurück war ein Abzweig«, antwortete Mombassa. »Aber von da sind es bestimmt noch dreihundert Kilometer.«

»Egal. Bring uns zum Flughafen, Kristof. Ein Paar Stunden halte ich es schon noch aus.«

Richtung Damaskus war die Straße etwas freier, wenn auch schmal. Entgegenkommender Verkehr hielt sich meist an die Straßenmitte, was, unbeleuchtet, wie wir nach wie vor waren, ein paar haarige Begegnungen zur Folge hatte.

Gleichzeitig wurde die Gegend hügeliger. Wir querten einen dieser Buckel, und eine ganze Kette schmaler Lichter kam uns entgegen.

»Runter mit den Turbanen!«, schrie Mombassa, »und aus dem Fenster damit! Waffen unter die Sitze! Fahr langsam!«

Es war ein Konvoi, ein Militärkonvoi. Lkws, einer dicht hinter dem anderen, die Scheinwerfer bis auf schmale Schlitze zugeklebt. Ich wich in den Graben aus und ließ die Kolonne passieren.

»Regierungstruppen«, meinte Nepomuk. »Viele Wehrpflichtige. Unerfahren und schießwütig.«

Hinter den Fahrerkabinen standen Schützen, die ihre Gewehre, einer nach dem andern, auf uns gerichtet hielten, bis ihr Fahrzeug vorbei war. Wir saßen da wie die Wachsfiguren, Augen starr geradeaus, Hände gut sichtbar vorgestreckt auf Lenkrad, Armaturenbrett, Sitzlehnen.

Der letzte Lkw rumpelte vorbei und ich holte Luft wie ein Freitaucher nach einem Rekordversuch. Angst, fiel mir auf, hinterlässt einen metallischen Geschmack auf der Zunge. Als ob man Messing gelutscht hätte. Oder Cadmium.

»Pumpenmann bei den Estrichlegern«, sagte ich und ließ den Landcruiser aus dem Graben krabbeln, »das werde ich, sobald ich zurück bin. Ein Haufen Sand, eine Palette Zement, deine Schüppe, deine Pumpe, eine kalte Zigarre im Mundwinkel und irgendwo im Schatten, muss ja nicht jeder sehen, ein schöner Kasten Bier. Und am Fünfzehnten hast du dein Geld auf dem Konto, ohne dass den ganzen Monat über irgendjemand auch nur auf dich angelegt hätte.«

»Wir sind alle verrückt«, knurrte Mombassa.

»Nie mehr, nie mehr wieder. Ich will gar nicht wissen, wie oft ich mir das schon geschworen habe«, murmelte

Nepomuk und klang erschöpft. »Und trotzdem hocke ich hier in einer nach Leiche stinkenden Karre, eine Kugel im Bein, mitten in einem gottverdammten Bürgerkrieg.«

»Verrückt«, wiederholte Mombassa.

Es dauerte nicht lang, und schon in der nächsten Ortschaft gerieten wir an eine Straßensperre der syrischen Armee, improvisiert aus Sandsackbarrieren, einem Schützenpanzer, einem Hummer, einem Flutlichtmast und einer ganzen Reihe schwerbewaffneter Uniformierter. Ich schaltete den Warnblinker an, um nicht so zu wirken, als ob wir uns anschleichen wollten, verzögerte auf Schritttempo, hielt dabei meinen Pass aus dem Fenster, reagierte folgsam auf jedes Handzeichen, stoppte an der vorgegebenen Stelle und schaltete die Zündung aus. Gleich mehrere Soldaten in Splitterschutzmonturen hielten uns in Schach. Alle um uns herum wirkten äußerst nervös, dabei abgekämpft, rotäugig vor Übermüdung. Nach einer mehrminütigen Wartezeit, vermutlich um zu sehen, ob wir vorhatten, uns in die Luft zu jagen, kam ein älterer Soldat mit einem schneidigen Béret und grauen Bartstoppeln hinter einer Barriere hervor, nahm mir meinen Pass ab und fragte, wohin wir wollten.

»Damascus Airport«, antwortete ich, ahnte die nächste Frage voraus und beschloss instinktiv, bei der Wahrheit zu bleiben.

»Was machen Sie in Syrien?«

Er sprach ein passables Englisch, also antwortete ich: »Hostage rescue operation«, und zeigte auf Nepomuk, der nun wirklich elend und verfilzt genug aussah, um glaubhaft eine frisch befreite Geisel abzugeben.

Der Soldat wirkte mehr als skeptisch. Er kratzte sein Stoppelkinn mit meinem Pass, öffnete ihn schließlich und der Schein fiel raus, den ich zwischen die Seiten geklemmt hatte. Er bückte sich danach, hielt ihn ins Flutlicht, und alle Skepsis verflog und machte einem Wohlwollen Platz, das an Zuvorkommenheit grenzte. Ich bekam meinen Pass zurück, weitere Fragen hatten sich offensichtlich erübrigt, der Hummer setzte ein Stück zurück, und wir waren frei, unseren Weg fortzusetzen.

Je näher wir an Damaskus herankamen, desto weiter verflüchtigte sich der mittelalterliche Charakter der Wüstengegend. Wir gerieten auf eine gut ausgebaute Schnellstraße und ich steuerte die erste Raststätte an, tauchte ein in das nie zuvor als so heimelig empfundene Neonlicht. Wir mussten tanken und ich brauchte eine Pause. Die letzten vierundzwanzig Stunden hatten mich ausgelaugt. Ich stoppte an der ersten von zehn Reihen Zapfsäulen, und wir waren das einzige Auto weit und breit.

Mombassa sagte: »Ich mach das«, und stieg aus.

Ich lehnte mich zurück und schloss die Augen.

Etwas riss mich aus dem Schlaf. Ein Geruch.

»Ich dachte schon, du kommst gar nicht wieder«, sagte Nepomuk.

»Musste erst die Bedienung wecken«, knurrte Mombassa mit vollem Mund.

Kaffee. Es roch nach Kaffee.

»Wie lange habe ich geschlafen?«

»Halbe Stunde?«, mutmaßte Nepomuk und drückte mir einen warmen Plastikbecher in die Hand.

»Gut.« Aus meinen Rund-um-die-Uhr-Schichten in der TaxiBar wusste ich, dass mich dreißig Minuten Schlummer fit machten für die nächsten drei, vier Stunden.

Der Becher enthielt nur wenig mehr als einen Bodensatz dunkler Flüssigkeit von geringer Viskosität, doch nur ein kleiner Schluck davon, und mein Puls schlug aus wie die Drehzahlmessernadel eines Superbikes. Plötzlich hatte ich einen irren Hunger, und einen tollen Durst. Mombassa reichte mir eine gekühlte Plastikflasche und es zischte in meinen Ohren, als ich mir einen halben Liter im Hieb einfüllte. Der beste Kaffee, den ich je gekostet hatte, des beste Wasser, was ich je getrunken hatte, musste ich feststellen, und dann hob Mombassa noch ein Stück Honigfäden ziehendes Gebäck von einem vollen Tablett und ich schlang es runter wie ein blindbekiffter Teenager.

Noch zwei Becherchen von der schwarzen Miege und ich vermisste die Scheinwerfer nicht länger, meine Augen durchdrangen die Nacht wie Laser.

»Weiter«, sagte ich und drehte den Zündschlüssel.

Wir hatten die Straße praktisch für uns, und es wurde nur allzu bald klar, warum. Sie führte direkt in einen komplett im Dunkeln liegenden Vorort von Damaskus. Zerbombte Häuser, manchmal ganze Häuserzeilen, säumten unseren Weg. Heulende Sirenen in den Straßen und auf den Dächern, in der Peripherie blitzartig aufsteigende Fontänen von Feuer, gefolgt von selbst auf größere Distanz noch körperlich spürbaren Detonationen, und über allem der rollende Donner von Kampfbombern. Gerade als ich so weit war, umzukehren, führte uns ein halbzerfetztes Schild auf den Airport Motorway. Ich gab Gas, und das Kriegschaos wurde erst zu einer Art bewegter Kulisse, so wie alles während einer Autobahnfahrt, und blieb dann hinter uns zurück, während eine zunehmende, zunehmend bunte Zahl von anderen Fahrzeugen – Taxis, Pkws und Lieferwagen, Kleinlastern, Allradlern und Dreirädern mit Mopedmotoren – sich zu uns gesellte und uns fortzuspülen schien in eine Welt von Normalität und Ordnung.

Der Damascus International Airport war auch um vier Uhr morgens hell erleuchtet und dazu ein wahrer Hort des Friedens. Zumindest drinnen. Bis dahin hatten wir allerdings erst mal drei von Menschentrauben mit Bergen von Koffern und Kartons umlagerte Kontrollposten zu passieren, keine ganz billige Angelegenheit, doch andererseits vereinfacht und beschleunigt so ein Schein die Abfertigung deutlich, vor allem ohne die eigentlich obligatorischen, gültigen Flugtickets.

Wir hatten den Landcruiser auf einem Parkplatz stehen gelassen, Pässe und Handys aus dem Handschuhfach gekramt, uns unser Gepäck geschnappt und eine letzte Kontrolle vor den Glastüren von Departures überwinden müssen. Das Vorzeigen der Pässe sowie der nötigen Mittel zum Erwerb von Tickets, und man ließ uns ein in die grell ausgeleuchtete Schläfrigkeit eines Terminals in der letzten Stunde vor der morgendlichen Aufnahme des Betriebes.

In kürzester Zeit setzten wir den Waschraum unter Wasser, leerten die Seifenspender, schrubbten uns mit manischer Sorgfalt von Kopf bis Fuß, rupften die Papierhandtücher fäusteweise aus den Kästen. Nepomuk schor sich den Bart und anschließend teilten er und ich meine sauberen Klamotten unter uns auf, Mombassa hatte seine eigenen. Es ist erstaunlich, was eine gründliche Wäsche und eine saubere Unterhose in bestimmten Situationen für einen Unterschied machen. Von einem Moment auf den anderen fühlte ich mich wieder wie ein Mensch, nicht länger wie ein verängstigtes, gehetztes Tier.

Wir stopften die alten Plörren in den Seesack und ließen ihn zurück. Von nun an nur noch Handgepäck.

Mit der Reisetasche unterm Arm trat ich raus in die Schalterhalle, bereit für die nächste Hürde. Tickets.

Egal, wohin. Nur raus aus diesem Land. ›Von Damaskus

nach Frankfurt über Auckland, Ushuaia und Wangerooge? Mit dem größten Ver… – Augenblick. Gibt es eine Alternative zu Wangerooge? Wladiwostok? Wunderbar.‹

Die Anzeigentafeln begannen leise zu klappern, adrett geschminkte und frisierte Frauen in adretten Uniformen mit adretten Halstüchern öffneten ihre Schalter, von Gongtönen angekündigte Durchsagen ertönten und übernächtigte Reisende schälten sich aus ihren Sitzen.

Alle Flüge waren ausgebucht. Für Wochen.

Ich ließ meinen Charme spielen. Ich erklärte unsere Notsituation mit einer schwerverletzten und traumatisierten Geisel, ich verwies auf die ungeheure Wichtigkeit unserer Mission für die Verfechtung der Menschenrechte und die Verfolgung jeglicher Verstöße dagegen, eklatanter Verbrechen im Besonderen.

Alle Flüge waren ausgebucht. Für Wochen.

Mit einem resignierten Seufzer ließ ich mir einen Umschlag geben, bückte mich kurz und reichte den Umschlag zurück, um ein Vielfaches schwerer als zuvor.

Und drei völlig zu Recht aufgebrachte Fluggäste würden wegen einer überbuchten Maschine heute Morgen nicht nach Mailand fliegen. Schon bald sollten sie ihrem Schöpfer dafür danken.

Es ist so eine Sache mit Bestechung. Mal holt sie dich aus der Bredouille, mal reitet sie dich mittenrein. Man braucht ein Gespür.

Die Zollbeamten an der letzten Passkontrolle vor dem Wartebereich machten einen überaus korrekten Eindruck, ob freiwillig, oder weil sie unter der Beobachtung ihrer in zweiter Reihe postierten Vorgesetzten standen, war dabei ohne Belang.

Ich entschied mich, es gar nicht erst zu versuchen.

Unser Flug wurde bereits aufgerufen, also nahm ich die Handschellen aus meiner Reisetasche und verband mein linkes mit Nepomuks rechtem Handgelenk. Wir ließen Mombassa den Vortritt, er wurde abgeklopft und durchgelassen.

»Passport«, hieß es, dann: »Ticket.« Ich zog Nepomuk mit mir, händigte meinen Pass aus und dann ein von der lettischen Botschaft an Europol geschicktes Fax mit Nepomuks Personalien samt Foto, und schließlich den internationalen Haftbefehl in seinem Namen. Natürlich winkte ihm in Den Haag der Kronzeugenstatus, aber erst mal war er Untersuchungshäftling, in Gewahrsam zu überführen.

Die Papiere wurden an die zweite Reihe weitergereicht, ein paar Köpfe zusammengesteckt, ein paar Fragen gestellt, die ich mit der knappen Unerschütterlichkeit eines Diplomaten beantwortete, und wir waren durch, gerade, als der zweite Aufruf an die Passagiere nach Mailand kam.

Das Geld hatte uns drei Sitze nebeneinander gekauft, nur ein paar Reihen hinter dem Notausstieg auf Höhe der rechten Tragfläche, mit mir am Fenster. Schon auf dem Weg zur Maschine hatte ich die Handschellen wieder abgenommen, sie waren nur dazu da gewesen, meinen vorgeblich offiziellen Status zu unterstreichen, und ab unserer Ankunft auf europäischem Boden sollte eh Hufschmidt für den Rest des Weges den Part des Bewachers übernehmen.

Eigentlich hätte ich mich entspannen können, doch mir war unangenehm bewusst, dass wir uns nach wie vor auf syrischem Grund befanden. Angeschnallt, mit der Tasche auf den Knien saß ich da und wartete und wartete, etwas, für das ich noch nie ein Talent hatte.

Endlich setzte sich das Flugzeug in Bewegung, rumpelte die übliche Weile vor sich hin, beschrieb ein paar Kurven, nur um irgendwo mitten auf dem verfluchten Rollfeld anzuhalten und sich nicht mehr zu rühren. Nach ein paar Minuten dimmte das singende Geräusch der Turbinen ab und verstummte. Man hatte sie ausgeschaltet.

Die Sonne hob sich grell über den Horizont und begann sofort, die Kabine aufzuheizen. Das Flugzeug stand. Nie der Ruhigste in engen, verschlossenen Räumen, wurde ich von Minute zu Minute rappeliger.

Was war der Grund für diese Verzögerung? Warum wurden wir nicht informiert? ›Terroranschlag auf wartendes Flugzeug‹ erschien vor meinem geistigen Auge und ich sah schon eine Kabinentür aufspringen und ein schwerbewaffnetes Kommando den Gang heruntergestiefelt kommen, jeden einzelnen Passagier genauestens musternd. Es dauerte nicht lang, und mein T-Shirt klebte mir am Leib.

»Wahrscheinlich müssen sie ihre Flugbewegungen mit denen des Militärs abstimmen«, vermutete Nepomuk, »und die lassen sich Zeit.«

Endlich summten die Turbinen wieder auf, *Bingbong, Fasten seatbelts*, die Stewardessen gingen die Gänge auf und ab und kontrollierten, ob auch alle brav den gebingbongten Anordnungen folgten, die Turbinen begannen zu pfeifen, zu fauchen, zu grollen, zu donnern, und wir rollten an, wir nahmen Fahrt auf, wir hoben ab.

Grenzenlose Erleichterung überschwemmte mich. Je länger und je unkontrollierbarer Gefahrensituationen sind, umso mächtiger ist das anschließende Gefühl von Befreiung, dieser Rausch, noch mal davongekommen zu sein. Man möchte lachen, weinen, juchzen.

Das Flugzeug stemmte sich höher und höher in den Himmel.

Und fickt euch, dachte ich, blickte triumphierend aus dem Fenster, und erstarrte. Unter uns erstreckte sich ein nichtssagender, graubrauner Vorort von Damaskus, eng und verwirrend angelegt. Noch stand die Sonne nicht besonders hoch, lagen die Gassen in tiefem Schatten. Doch in einer dieser dunklen Spalten flammte etwas auf, als ob ein großes Streichholz angefacht würde. Das dann rasant zu steigen begann. Auf uns zu. Ich vergaß das Atmen.

Die Rakete kam rasend schnell näher, wie hochgepresst von der Säule ihres eigenen Abgases, beschleunigte unaufhörlich, korrigierte ein paarmal wankend ihren Kurs, bevor sie sich direkt vor meinen Augen mit einem wuchtigen Schlag durch die rechte Tragfläche bohrte und danach in einer Wolke von Metallfetzen außer Sicht gerissen wurde.

Leute schrien.

Die Maschine kippte kurz nach rechts, doch der Pilot griff ein, richtete die Flügel wieder waagerecht aus und setzte den Steigflug scheinbar unbeirrt fort.

Aus irgendeinem Grund war die Rakete beim Aufprall nicht explodiert, doch sie hatte ein erhebliches Loch in die Tragfläche gerupft, und auch in den darin befindlichen Tank, aus dem Kerosin in einem weißen Strahl nach hinten sprühte, bis es mit dem Abgas der Turbine in Berührung kam und sich – *Wuumpf* – in einen Feuerschweif verwandelte, dessen Hitze bis ins Innere zu spüren war.

Jetzt schrien alle.

Einer der Piloten erschien in der Kabine, die Augen weit, hastete den Gang herunter, beugte sich vor, um aus dem Fenster zu sehen, erbleichte und rannte zurück ins Cockpit.

Ende Steigflug, verriet mir mein Magen, gefolgt von Rechtsschräglage. Wir flogen eine endlos lange Kurve, eine Runway wurde in der Ferne sichtbar, so gerade auszumachen die Markierung 01, dahinter tausend Reifenspuren. Weiter rechtsrum, rechtsrum, rechtsrum, dann links, gefolgt von Sinkflug, dass einem die Innereien aus dem Ohren rauszukommen drohten.

Aus diesen Minuten hilfloser Panik habe ich nur ein Bild nach wie vor glasklar vor Augen: In einem der Hinterhöfe dort unten saß ein dicker, stark behaarter Mann in seiner Unterhose, biss stillvergnügt in ein großes Stück Melone, blickte hoch, ließ den Melonenschnitz fallen, sprang auf und rannte ins Haus.

Mittlerweile riss es immer mehr Verkleidungsteile vom Flügel, was den Auftrieb auf dieser Seite weiter und weiter verringerte. Man konnte fühlen, wie der Pilot gegenzusteuern versuchte, spürte den Kampf, den zerbröselnden Flieger in der Luft zu halten, dann, kurz vor der Landung, flog das nächste Blech weg, die Tragfläche sackte schlagartig ab, berührte den Boden, zerbrach in einem Feuerball und die ganze Maschine schlug unglaublich hart auf.

Der Rumpf schlitterte noch ein Stück über den Grund, Gepäckstücke flogen aus den Staufächern, Menschen kreischten, dann lag das Flugzeug endlich still. Draußen vor meinem Fenster tobte ein Inferno, drinnen in der Kabine herrschte panische Konfusion. Ich war die Ruhe selbst. Wind zerrte an meinen Haaren, jaulte in meinen Ohren Richtung Feuersbrunst.

Jim Morrison sang ›*This is the end …*‹.

»Kristof! Komm!« Nepomuk stand im Gang, gestikulierte wie wild mit, wie mir auffiel, dem Notebook in der Hand. Ich blickte ihn an, als ob er den Verstand verloren hätte. Wo wollte er damit hin?

Eric Burdon sang ›*There's no place left to go …*‹.

Dann sah ich den Himmel, direkt hinter unserer Sitzreihe, wo ein breiter Riss im Rumpf klaffte. Daher der Wind. Mombassa packte meinen Arm, zerrte daran, doch ich rührte mich nicht. Saß wie angewachsen.

Lou Reed sang ›*Run run run run run …*‹.

»Der Gurt! Mach deinen Gurt los!«

Ah. *Klick.* Und raus. Irgendwie arbeiteten wir uns durch die Stuhlreihen, kämpften uns durch die Panik, durch den Riss ins Freie, taumelten über den sandigen Boden, durch beißende Schwaden von Rauch und Kerosin.

Eine gewaltige Explosion warf uns nach vorn, platt auf die Erde, Trümmerteile schwirrten über uns hinweg, Flammen leckten überall. Augenblicklich waren wir wieder auf den Beinen, liefen, stolperten weiter, immer weiter, blindlings, kopflos, weg, nur weg.

Wir querten die Runway, schwarz vor Gummiabrieb, zäh und quietschig unter den Sohlen. Ein paar hundert Meter weiter ließen wir uns schließlich in den Staub fallen, keuchend, entkräftet, in diesem seltsamen, tranceähnlichen Zustand absoluten Nichtbegreifens. Eine Handvoll anderer Überlebender torkelte, kroch herum, manche blutend, andere halbnackt, halbverkokelt, alle bleich vor Schock, Augen und Münder weit wie die von gestrandeten Fischen, aber am Leben. Und wir hockten da, sahen den weniger Glücklichen beim Verbrennen zu, dann der Feuerwehr bei ihren Löschversuchen. Irgendwann tauchten Sanitäter auf, wickelten alle in goldene Folien und geleiteten uns zu einem Bus, der uns zurück zum Terminal brachte.

»Das da«, sagte Nepomuk mit einem Blick zurück auf die riesige Rauchsäule, »das da, das galt mir.«

In der Krankenstation des Airports wurden wir hastig sortiert, die schwerer Verletzten in Krankenwagen verfrachtet, die leichter Verletzten auf verschiedene Behandlungszimmer verteilt. Abgesehen davon, dass mir mein rechtes Bein kürzer vorkam als das linke, hatte ich eine Bisswunde an der rechten Schulter und einen langen, gezackten Schnitt im linken Arm davongetragen, keine Ahnung, woher.

Ein Arzt und eine Schwester kümmerten sich, wanden

mir vorsichtig die Reisetasche aus den Händen, wischten an den Wunden herum, verpassten mir Spritzen, nähten, sprühten und verbanden.

Offizielle kamen, fragten nach Namen und Nationalitäten, gingen wieder.

Arm verbunden, Schulter verpflastert, fand ich mich draußen wieder, vor dem Gebäude, im Schatten des Vordachs, blinzelte in das gleißende Licht eines Wüstenvormittages, lauschte dem An- und Abschwellen von Sirenen und wartete auf das Einsetzen irgendeiner Form von Empfindung.

Mombassa und Nepomuk gesellten sich nacheinander zu mir, beide, wie ich, abgerissen, schmuddelig, Mombassa als Einziger unverletzt, Nepomuk mit einer geschorenen und vernähten Platzwunde am Hinterkopf, und plötzlich waren wir umringt von Menschen, Menschen mit Ringblöcken und Stiften, Kameras und Mikrofonen. Fragen stürmten auf uns ein, bliesen vorbei.

Ein Linienbus hielt am Bordstein, pessimistisch dreinblickende Reisende quollen heraus, sahen hoch in den Himmel, weiterhin durchzogen von Rauch. Der Busfahrer kurbelte die Zielanzeige von ›Airport‹ auf ›Bus-Terminal‹, und wir stiegen ein, wortlos wie die ganze Zeit schon.

Ziemlich genau vierundzwanzig Stunden später betraten wir das Abfertigungsgebäude des Internationalen Flughafens von Beirut, wo Mombassa und ich drei Tage zuvor gelandet waren. Nur drei Tage?

Mein Arsch fing allmählich an, in Regenbogenfarben zu schillern, mein Becken stand eindeutig schief, weshalb ich das rechte Bein nachzog, irgendein Schaden im oberen Teil meiner Wirbelsäule zwang mich in eine gebeugte Haltung. Ich fühlte mich gestaucht, wie mit einem Schlag zehn

Zentimeter kleiner geklopft. Mein Spiegelbild sah aus, als ob es eigentlich eine mit Tüchern verhangene Laterne tragen müsste, eine Schaufel auf der Schulter, leise pfeifend unterwegs zum Stadtfriedhof.

CNN lief auf einem Bildschirm über unseren Köpfen, das Bild zeigte, wie mir verblüfft klar wurde, uns drei, umringt von Reportern. ›Survivors of Damascus Airplane Disaster‹, stand darunter.

Nepomuk hieb seine Stirn gegen eine Säule und fluchte lange und gehaltvoll.

Die Anzeigentafel klapperte, zog meinen Blick an und ich stutzte. »Soll ich euch was sagen? Wir sind gerade noch rechtzeitig angekommen für unseren Flug nach Frankfurt.« Ich holte die Tickets aus der Tasche und verteilte sie. Wir standen, und keiner sagte ein Wort. »Also, lasst uns einchecken.« Keiner rührte sich.

Unser Flug wurde aufgerufen. Wir sahen einander an, standen, unbeweglich.

»Nein«, sagte Nepomuk schließlich.

»Non«, sagte Mombassa.

»Ich auch nicht«, musste ich zugeben. Der Gedanke, jemals wieder ein Flugzeug zu besteigen und mich in dieser engen Röhre an einen Sitz zu ketten, hatte etwas Absurdes und – erste sich zurückmeldende Emotion, ausgerechnet – schweißtreibend, herzrasend Beängstigendes. »Eher laufe ich nach Hause.«

Nach Hause, ja. Mein Leben in Ordnung bringen, wie Menden es mir geraten oder, seien wir ehrlich, von mir verlangt hatte. Genau, nach Hause und noch mal ganz von vorn anfangen, dieser fantastischste aller Träume.

Guter Plan, hehrer Vorsatz, doch lag da noch ein Hindernis im Weg. Man nennt es ›das Mittelmeer‹.

»Was soll das heißen?«, maulte Hufschmidt. »Erst jagst du mich nach Mailand, dann zurück nach Frankfurt, und jetzt soll ich auf der Hacke kehrtmachen und nach Genua fahren? Hättest du mir das nicht sagen können, als ich noch in Italien war?«

»Keiner kann dich zwingen«, sagte ich, immer noch angefressen, weil Hufschmidt den Abschuss des Flugzeugs und unser knappes Überleben mit nicht viel mehr als ›Du wolltest ja unbedingt nach Syrien‹ kommentiert und den Verdacht, dass Asturias dahinterstecken könnte, als ›Hirngespinst‹ abgetan hatte. Ich gab ihm noch Datum und Ankunftszeit durch und hängte ein.

Die Reise wurde allmählich teuer. Und dafür noch nicht mal besonders komfortabel. So hatten wir in einer Art Bieter-Wettbewerb aller finanzieller Aufwendungen zum Trotz nur eine Zweibettkabine an Bord einer Lkw-Fähre ergattern können, doch mir war eh nicht nach schlafen, ja, ich fürchtete mich, auch nur die Augen zu schließen, mir graute vor den Bildern, die dann kommen würden, also machte ich mich, just als die Diesel hochdrehten, energisch auf die Suche nach der Bar.

Der Rest der Überfahrt ist etwas, tja, fragmentös abgespeichert.

Jeder hat wohl so seine eigene Art, mit den unmittelbaren Folgen von Nahtoderfahrungen umzugehen. Mombassa schlief – der Mann kann schlafen, sagenhaft – *ass* –, noch so ein Talent – oder er trainierte an Deck, um sich anschließend wieder schlafen zu legen.

Ich trank, trank, trank, und trank, unterhielt mich mit jedem, der die Geduld dafür aufbrachte, und, wenn sich niemand mehr finden ließ, mit mir selbst.

Nepomuk rauchte. Er rauchte und trank. Er rauchte, trank Whisky und Wasser separat, und dozierte. Irgendwie schien er sich in den Kopf gesetzt zu haben, dass ich über ein nicht näher definiertes, vor allem aber nicht ausgeschöpftes soldatisches Potential verfügte, und an diesem vermeintlichen Manko arbeitete er mit ungesundem Eifer, all meiner Versuche der Entmutigung zum Trotz.

»Was verstehst du von Waffen, Kristof?«

»Nichts«, gestand ich rundheraus, was ihn den Kopf schütteln ließ.

»Du bist Personenschützer bei Europol und nicht an der Waffe ausgebildet?«

»Ich bin Fahrer, Nepomuk. Für den Schutz deiner Person wird, sobald wir anlegen, Kommissar Hufschmidt zuständig sein. Mit Waffe und allem.«

»Ja, aber …«

»Ich bin auch kein Söldner, Nepomuk. Werde nie einer sein. Man kann mich nicht anheuern und in einen Krieg schicken. Die Kämpfe, die ich in meinem Leben geführt habe, dienten allein dazu, mich meiner Haut zu erwehren. Hätte ich dabei jedes Mal eine Schusswaffe eingesetzt, wäre ich, nüchtern betrachtet …«, ich blickte in mein Glas – leer – und winkte Sandro, dem Barkeeper, »nüchtern betrachtet auch kein bisschen, kein Stück lebendiger, als ich es hier und heute bin.«

Doch Nepomuk ließ nicht locker.

»Du brauchst keine Schusswaffe, Kristof. Nur etwas Fantasie. *Alles* ist eine Waffe. Eine Socke ist eine Waffe. Du glaubst es nicht? Schieb sie jemandem weit genug in den Rachen, und es wird ihn genauso sicher töten, als wenn du ihm die Kehle durchschneidest.« Ohne jede Vorwarnung schleuderte er mir ein Glas Wasser ins Gesicht. Bevor ich auch nur nach Luft schnappen konnte, hatte er mich bei der Gurgel.

»Sempre tranquillo«, mahnte Sandro.

»Wasser ist eine Waffe, Kristof.« Nepomuk ließ mich los und Sandro reichte mir ein Handtuch. »Spreng einen Damm und du löschst ein Camp aus, ein Dorf, eine ganze Stadt. Drücke jemanden mit dem Kopf in einen Eimer, eine Wanne, ein Spülbecken, und drei Minuten später ist er tot. Du brauchst nur einen Topf voll davon, und eine Hitzequelle, und die Hand eines Mannes, und er wird dir in kürzester Zeit alles erzählen, was er weiß. Denn Wissen, Information ist die wichtigste aller Waffen. Deshalb muss man«, er klopfte mit dem Fingerknöchel auf das Notebook, »medientechnisch immer, immer, immer auf der Höhe der Zeit bleiben.«

Er verbrachte viel Zeit mit dem Ding, doch so richtig zufrieden wirkte er nicht.

»Vieles ist verschlüsselt oder sonst wie geschützt, und auf den Dateien, die ich endlich geknackt habe, finde ich … Buchführung. Na, aber auch das ist eine Interpretationsfrage. Man staunt immer wieder, was für Informationen sich zu Geld machen lassen. Du sagst, wir stoppen in Frankfurt, damit mich ein paar Geheimdienste ausquetschen können? Na, mal schauen, was ich bis dahin noch finde.«

»Ich kenne jemand, der kann uns das alles schon vorher entschlüsseln«, sagte ich. »Ratzfatz.«

»Aha.«

»Er heißt Heckenpennes.«

»Interessanter Name.«

»Der kann uns das entschlüsseln, der Heckenpennes.«

»Ja, das hast du schon erwähnt.«

»Kann der, nämlich.«

»Du, komm, es ist Zeit für den Verbandswechsel.«

»Einen noch.«

Sie hatten eine Sanitätskabine an Bord, wohin Nepomuk mich – ich hatte ein wenig den zeitlichen Überblick verloren – in regelmäßigen Abständen mitzog.

Mein Arm suppte immer ein bisschen, vor allem, wenn ich mich mal wieder irgendworan gestoßen hatte – der Rahmen der Scheißhaustür selbst bei moderatem Seegang wie ein Magnet –, doch davon abgesehen verhielt sich die Wunde, genau wie die in der Schulter, unauffällig. Keine Rötung, Schwellung, Hitze, und, soweit ich das feststellen konnte, in meinem Zustand fortgeschrittener Anästhesie, auch kein Schmerz. Dafür zeigte Nepomuks Schussverletzung mittlerweile sämtliche Symptome, jedes für sich schon ein Alarmsignal.

»Sobald wir über die Alpen sind, lass ich mich aufschneiden«, entschied er. »Bevor nur noch Amputieren hilft.«

Am Morgen des … hmmhmmhmmten Tages hob ich den Kopf von der Reisetasche oben auf dem Tresen und etwas war anders. Die Bar war zu, das war das eine. Vergittert, direkt vor meiner Nase. *Tsä.* Doch das war noch nicht alles. Die Bar war nicht nur zu, sondern auch leer. Und – der Kahn lag ruhig, bewegte sich zwar noch vorwärts, wie das überall an Bord spürbare Vibrieren der Schiffsdiesel verriet, doch es gab keinen Seegang mehr. Das konnte nur bedeuten, dass wir in einen Hafen einfuhren. Waren wir etwa schon in Genua? Waren wir nicht.

»Was soll das heißen, ihr kommt nicht nach Genua?«, bölkte Hufschmidt, und ich hielt das Handy ein Stück von meinem Schädel weg. »Ich bin in einer Stunde da!«

»Unbefristeter Streik der italienischen Seeleute«, informierte ich ihn.

Mombassa goss Kaffee ein und schob mir den Becher über den Tisch zu. Das Personal war verschwunden, also ging man zur Selbstbedienung über.

»Unser Schiff bleibt fürs Erste in Ajaccio, und wir müssen jetzt schauen, wie wir weiterkommen.«

»Ajaccio?« Geographie war wohl nicht so Hufschmidts Ding.

»Korsika.« Ich nahm einen Schluck Kaffee. »Eine Insel im Mittelmeer«, fügte ich aus schierer Bosheit hinzu.

Wir konnten so lange an Bord bleiben, wie wir wollten, wollten aber nicht. Vor allem Nepomuk zog es mit Macht nach Norden, nach Frankfurt. »Das Problem ist die Zeit«, sagte er. »Informationen altern und verlieren an Wert.« Er scannte deshalb bereits das Netz nach Alternativen.

»Ja, und was soll ich so lange machen?« Hufschmidts vorwurfsvoller Tonfall kämmte mich, um es vorsichtig auszudrücken, etwas gegen den Strich. Ich wollte ihm gerade einen recht drastischen Vorschlag unterbreiten, wie er sich meiner Ansicht nach die Zeit vertreiben könnte, da schnippte Nepomuk mit dem Finger und deutete auf den Klapprechner.

»Wir können schon in zwei Stunden mit Corsica Ferries weiter nach Marseille«, meinte er.

»Marseille«, sagten Mombassa und ich wie aus einem Mund, und klangen beide nicht begeistert. Ich sah ihn fragend an.

»Tickets reservieren, ja oder nein?«, fragte Nepomuk, entschied »Ja« und hieb eine Taste. »Barzahlung bei Abholung.«

Ich sah Mombassa weiterhin an.

»Ich hab eine Zeit lang in der Stadt gewohnt«, erklärte er. »Im Norden. Doch … das war nichts für mich. Da hätte ich auch gleich im Kongo bleiben können.«

»Was ist jetzt?«, wollte Hufschmidt in meinem Ohr wissen.

»Ruf mich in zehn Minuten noch mal an.« Ich drückte ihn weg.

»Gibt es denn keine andere Fähre? Irgendwo anders hin?«, wandte ich mich an Nepomuk.

»Ohne die Italiener? Heute nicht mehr«, meinte er. »Was hast du gegen Marseille?«

Einen Moment lang suchte ich nach Worten. »Eine der lokalen Drogengangs«, antwortete ich schließlich, »hat mehrmals versucht, mich umzubringen. Ich habe es schließlich so aussehen lassen, als sei es ihnen gelungen. Wäre ein bisschen peinlich, wenn sie ihren Irrtum bemerkten.«

»Wir brauchen ja überhaupt nicht in die Stadt hinein«, wiegelte Nepomuk ab, als ob ich die Befürchtung geäußert hätte, lästige Verwandte könnten mich erkennen und anzupumpen versuchen. »Die Autobahn beginnt praktisch am Hafen. Also, was soll schon passieren?«

»Keine Katastrophe in der Geschichte der Menschheit«, sagte ich, »der nicht dieser Satz vorausgegangen wäre.«

Fallen. Das Gefühl, nach einem Schritt ins Leere haltlos in die Tiefe zu stürzen, verfolgte mich durch meine Träume, riss mich wieder und wieder wie ein Stromschlag aus dem Schlaf. Folgerichtig war ich bei unserer Ankunft in Marseille alles andere als ausgeruht, wenn auch zumindest ausgenüchtert.

Das Anlegemanöver dauerte, wie das immer so ist. Die Sonne knallte aus einem stahlblauen Himmel, doch die Leute draußen vor dem Fenster der Fähre rannten in Wollmützen herum, Schals, dicken Jacken, ja manche mit Fäustlingen. Bisschen blutarm, die Südfranzosen, dachte ich, bisschen arg verfroren, dann öffneten sich die Türen und die Fußpassagiere wurden aufgefordert, sich zum Zollgebäude zu begeben und ihre Papiere bereitzuhalten. Ich trat raus auf die Gangway und ein Eiswind fuhr durch mich hindurch wie durch einen Maschendrahtzaun. Wir hatten uns in Beirut neu eingekleidet, aber halt der Jahreszeit entsprechend. Sommerlich. Nur ein paar Schritte durch diesen schneidenden, stetigen, unaufhaltsamen Polarluftstrom, und ich konnte meine Lippen blau werden spüren.

»Mistral«, meinte Mombassa lakonisch.

»Wie seht ihr denn aus?« Hufschmidt klang geradezu vorwurfsvoll.

»Flugzeugabsturz, schon vergessen?«

Es folgte eine Verhaftung des zu Überführenden unter Einhaltung sämtlicher Vorschriften inklusive Erklärung der Rechte, in deren Verlauf Hufschmidt Nepomuk mit einer Handschelle an sich fesselte.

Anschließend mussten wir noch durch den Zoll, was mich ein wenig beunruhigte. An einem Riemen über meiner Schulter baumelte ein immer noch erheblicher Geldbetrag. Das könnte einige unangenehme Fragen aufwerfen, und wenn Hufschmidt davon Wind bekäme, dass ich das Lösegeld wieder mitgebracht hatte, würde der verbeamtete Schwachmat es natürlich konfiszieren. Doch ich hätte mich nicht zu sorgen brauchen.

Hufschmidt veranstaltete im Zollgebäude solch einen offiziösen Zirkus, dass die französischen Zöllner recht schnell genug hatten und uns nach kurzer Sichtung der Pässe durchwinkten.

In der Drehtür verhakten sich Nepomuk und Hufschmidt kurz ineinander, und als wir endlich alle draußen standen, mahnte ich eine gewisse, nötige Unauffälligkeit an.

»Wir haben ihn bis hierhin ohne Fesseln überführt«, sagte ich, »also denke ich, dass wir es auch bis Den Haag ohne schaffen können.«

Natürlich maulte Hufschmidt noch ein wenig herum, hatte aber schließlich ein Einsehen und löste die Handschelle.

»Nur dass du Bescheid weißt«, sagte er zu Nepomuk und klopfte auf das Holster unter seiner Jacke, »ich bin ...« Er stutzte, irritiert, riss seine Jacke auf, sah hinein und erbleichte.

Nepomuk lachte leise, hob sein T-Shirt und Hufschmidts Gesicht durchlief im Zeitraum eines Fingerschnippens eine Auffrischung von leichenblass zu flammendrot.

»Wenn das ein Scherz sein soll ...«, grollte er und rupfte seine Waffe aus Nepomuks Hosenbund, vervollständigte den Satz aber nicht. »Das fängt ja gut an«, meinte er düster, verstaute die Pistole im Holster und hielt mir die Schlüssel des weißen Sprinters hin.

»Bist du sicher, dass du fahren kannst? Ich meine ...«

»Ja.«

Ich schloss auf und wir beeilten uns, ins Auto zu kommen, nur raus aus der Eisbrise.

»Ich brauche sofort einen Arzt«, sagte Nepomuk, kaum dass er und Hufschmidt hinten Platz genommen hatten. »Am besten ein Krankenhaus.«

»Nicht in Marseille«, sagte ich, startete den Motor und drehte die Heizung hoch.

»Warum nicht?«, wollte Hufschmidt wissen.

»Zu gefährlich.«

»Wieso das denn?«

Ich ließ die Frage einfach unbeantwortet. Weshalb war ich noch mal im Programm? Neue Identität und alles? Manchmal denke ich, es braucht einen Dampfhammer, um bei Hufschmidt die Glocken zum Läuten zu bringen. Irgendwas ist in seiner Jugend gründlich schiefgelaufen. Angefangen bei der Berufsberatung.

»Mir gefällt das ja auch nicht«, räumte Nepomuk ein, »aber glaubt mir, es geht nicht anders. Mein ganzer Oberschenkel glüht. Wenn sich die Entzündung bis zum Knochen durchfrisst, hilft nur noch die Säge. Ich muss schleunigst unters Messer.«

»Bis Avignon sind es gerade mal …«

»Schluss«, schnappte Hufschmidt. »Der Gefangene braucht dringend ärztliche Hilfe, und die können wir ihm nicht verweigern.« Viel fehlte nicht, und er hätte uns den entsprechenden Paragraphen der Genfer Konvention vorgebetet. »Das Hôpital de la Timone ist das nächste von hier aus«, behauptete er nach kurzer Konsultierung seines Notebooks. Er aktivierte die Navi-Funktion und legte das Ding aufgeklappt vor uns aufs Armaturenbrett, bevor er sich und Nepomuk sorgfältig anschnallte.

Ich fügte mich einfach. Was sollte schon passieren?

»Ah, wo wir gerade beim Thema sind«, meinte Nepomuk. »Was ist mit dieser Ärztin? Wisst ihr, wo sie ist?«

»Warum willst du das wissen?«, blaffte Hufschmidt, noch deutlich angepisst.

»Ich wollte nur vorsichtig darauf hinweisen, dass sich ihre Gefährdung erheblich erhöht hat, jetzt, wo ich ebenfalls auf dem Weg zur Aussage bin.«

»Das lass mal unsere Sorge sein.«

»Sicher, sicher. Aber es ist halt auch meine. Nur wenn wir beide aussagen, haben wir die Chance, Asturias an die Wand zu nageln. Ist sie schon in Den Haag?«

»Noch nicht«, antwortete Hufschmidt. »Aber sie ist in Sicherheit, sei unbesorgt. Wir haben sie erst vorige Woche in ein neues Versteck gebracht.«

»Gut«, meinte Nepomuk und atmete tief durch.

Der Sprit war so gut wie alle, also setzte ich Hufschmidt und Nepomuk am Krankenhaus ab und machte mich auf die Suche nach der nächsten Tankstelle. Die Marseiller Verkehrsteilnehmer fördern und ermutigen eine anarchische Fahrweise, ja, sie provozieren sie regelrecht.

Nun denn, sagte ich mir. Ihr habt's nicht anders gewollt.

Die Straßen rings um den Hafen sind stellenweise fünfspurig, und wer flott vorankommen will, muss sämtliche Spuren nutzen und darf keine Rücksicht darauf nehmen, sollte der Beifahrer dabei Schnappatmung entwickeln.

»Tankstelle!«, rief Mombassa irgendwann mit kippeliger Stimme und deutete nach vorn, gerade als ich mal wieder auf die äußerste Spur gewechselt hatte, also wechselte ich wieder zurück auf die erste, obwohl das ein paar hupwütigen Südländern überhaupt nicht in den Kram passte und ein Motorradkurier, den ich besonders forsch geschnitten hatte, mir dafür einen Außenspiegel plattklopfte.

Ich stoppte an der Zapfsäule mit jaulenden Reifen und in selbstvergessener Heiterkeit.

»Erinnere mich dran, mir möglichst bald eine neue Gebetskette zuzulegen«, murmelte Mombassa und brauchte die Hilfe seiner Linken, um die Rechte von dem Haltegriff über der Tür zu lösen.

Ich tankte die Karre voll, zahlte mit einem Fünfhunderter, dessen Annahme die arrogante Zicke an der Kasse kategorisch verweigerte. Erst als ich ihr klarmachte, dass sie in dem Fall die achtzig Liter Diesel wieder aus dem Tank saugen müsste, gab sie nach, was, zusammen mit der Anschaffung eines Sixpacks Fahrbier, und scheiß drauf, ob Hufschmidt das passte oder nicht, meine Laune weiter hob.

Frohgemut hinkte ich zur Tür, ein Auto mit einem spotzenden Sportauspuff kam in die Tankstelle gebrabbelt, und meine Laune verflog wie mit einem Schlag ins Gesicht.

»Was ist?«, fragte Mombassa, eine Tüte Croissants und zwei Becher Kaffee in Händen.

Ich kannte den Wagen, einen halb zuschanden gefahrenen Mitsubishi Evo, ich hatte ihn schon mal gesehen, vor ziemlich genau einem Jahr auf einem Dünenparkplatz im französischen Aquitaine. Ich erkannte also den Wagen, wenn auch nicht unbedingt den Fahrer. Das heißt, ich war mir nicht sicher. Angeführt von einem jungen Rotblonden waren sie zu fünft gewesen, als ihr Chef damals ernsthaft vorgeschlagen hatte, mich mit dem Klappspaten zu erschlagen und meine Leiche anschließend in den Dünen zu verscharren. An den Rotblonden konnte ich mich erinnern, lebhaft sogar, an die anderen vier nicht mit Sicherheit.

»Geh schon mal vor«, sagte ich, und Mombassa ging.

Der Fahrer, jung, dunkelhaarig, von sportlicher Statur, pickeligem Gesicht und einer übellaunigen Ausstrahlung, stieg aus, schraubte den Tankverschluss auf, nahm eine Zapfpistole vom Haken, und ich nutzte den kleinen Moment, bevor der Sprit gurgelte und er aufsehen würde, wie es alle tun, und schritt möglichst gerade, möglichst ohne zu hinken, also möglichst ohne Aufmerksamkeit zu erregen durch die Drehtür und rüber zum Sprinter, warf Mombassa das Sixpack in den Schoß, schwang mich in den Sitz, knallte die Tür zu, startete den Motor und ließ die Kupplung schnackeln. Im rechten Spiegel sah ich, dass der Typ die Zapfpistole losgelassen hatte und nun ein Handy ans Ohr hob. Starrte er uns hinterher? Schwer zu sagen, und schwer zu deuten das Ganze. Die Leute telefonieren ja pausenlos.

Ohne auch nur vom Gas zu gehen stach ich in den Verkehr, dass es nur so schäumte.

Der linke Außenspiegel war immer noch eingeklappt, also kurbelte ich das Fenster runter, um ihn zu richten, während ich von den angebotenen fünf Fahrspuren der jeweils Flüssigsten den Vorzug gab. Kein Mitsubishi Evo folgte uns, doch dafür meinte ich, die örtlichen Mobilfunkfrequenzen schwirren zu hören wie Telegraphenleitungen in einem Gewittersturm.

»Nepomuk und du«, sagte Mombassa und biss in ein Croissant, »ihr habt niemals kleine Probleme, oder? Mit euch unterwegs zu sein heißt, von einem maximalen Desaster ins nächste zu geraten. Ihr zwei seid unglaublich.«

»Sag nicht, du kanntest den Typen gerade?«

»Nicht persönlich, aber ich kenne seine Gang. Die fahren alle solche Autos. Für Straßenrennen, nachts. Ein Clan aus zwei Familien, die eine algerisch, die andere französisch, kreuz und quer verheiratet. Sie nennen sich die ›Chiens du Nord‹. Und jetzt lass mich raten: Das ist genau die Bande, die dich töten wollte?«

»Die Hunde des *Nordens*? In Südfrankreich?«

»Des Nordens von Marseille. Da, wo ich gewohnt habe. Zauberhafte Gegend. Wenn man Nordafrikaner mag.«

Hufschmidts Navi war noch auf das Hôpital de la Timone eingestellt, und ich ließ mich jetzt dahin zurückleiten.

»Ich glaube nicht, dass der Typ mich erkannt hat«, sagte ich.

»Was, wenn doch?«

Dann fängt das ganze Theater von vorn an, dachte ich und hätte mir am liebsten etwas angetan. Marseille! Warum hatte ich mich darauf eingelassen?

»So oder so«, antwortete ich ausweichend, »müssen wir schnellstens aus der Stadt.«

Ich parkte auf dem Besucherparkplatz des Krankenhauses im Schatten einer Zypresse, schickte Mombassa rein, riss die Folienbuchstaben von den Flanken des Sprinters, wartete eine Weile im Wagen und tauschte dann, gerade als meine drei Mitfahrer aus dem Gebäude kamen, die deutschen Kennzeichen gegen die französischen von dem Auto neben unserem.

Nepomuk näherte sich langsam, vorsichtig, gestützt auf eine Krücke. Mann, er war blass. Nur Hufschmidt war wenn möglich noch blasser.

»Mir schneiden sie das Bein vom Knie bis zum Arsch auf«, grummelte Nepomuk, »und wer kippt aus den Latschen? Er.«

»Muss was Schlechtes gegessen haben«, mutmaßte Hufschmidt.

Fröstelnd verkrochen wir uns alle ins Auto.

»Okay, ich brauche eine Entscheidung«, sagte ich knapp. »Ich bin möglicherweise erkannt worden.«

»Was?«, fragte Hufschmidt entgeistert. »Doch nicht etwa von den Typen, die dir an den Kragen wollen? Ja, und jetzt?«

»Eijei«, machte Nepomuk. »Auch das noch.«

»Im Grunde brauchen wir ein anderes Auto«, meinte Mombassa. »Wenn es ist, wie befürchtet, werden die CdN jetzt alle auf der Suche nach unserem Sprinter sein.«

»Weiße Sprinter gibt's viele«, entgegnete ich. »Und Hufschmidt ist bewaffnet.«

»Augenblick, Augenblick«, protestierte er. »Was gehen mich deine privaten Querelen an?«

Ich wandte mich zu ihm um und gönnte ihm einen langen Blick liebevollen Verständnisses. Wenn Idiotie durch Anbrüllen zu heilen wäre, hätte ich mittlerweile eine Stimme wie Adriano Celentano und Hufschmidt den IQ eines Isaac Newton.

»Falls man auf uns schießt«, fragte ich sanft, »möchtest du dann gerne erst mal aussteigen und zu klären versuchen, wen genau man damit zu treffen beabsichtigt?«

»Falls man auf uns schießt …« Er tippte sich an die Stirn. »Jetzt mal im Ernst: Sollten wir tatsächlich in Schwierigkeiten geraten, rufen wir die französischen Kollegen, verstanden?«

»Gute Idee«, fand Mombassa und nickte ein paarmal öfter als nötig. »Wir sollten trotzdem das Auto gegen einen Mietwagen tauschen.«

»Das ist im Budget nicht vorgesehen«, warf Hufschmidt ein, der es, mit sehr viel wohlwollender Förderung, damals auch zum Buchhalter gebracht gehabt haben könnte. Oder, nein. Er ist der geborene Möbelpacker, und es bleibt eine Tragödie, dass das niemand rechtzeitig erkannt hat. »Außerdem ist das hier ein Dienstfahrzeug. Willst du es etwa zurücklassen?«

»Wenn es uns den Arsch rettet, ja.«

Einen Moment lang schwiegen wir, bis Nepomuk unruhig wurde. »Also. Was denkst du?«, wollte er von mir wissen.

»Sie suchen, wenn, einen deutschen Transporter mit schwarzer Beschriftung. Dies hier ist eine Millionenstadt und diese Typen haben einen begrenzten Apparat. Sollten wir den Sprinter behalten, müssen wir entscheiden, ob wir die A7 nehmen, jetzt, also im abendlichen Berufsverkehr mitschwimmen, oder ob wir es auf Nebenstrecken versuchen.«

Hufschmidt beauftragte sein Navi, mit dem Ergebnis, dass alles, was nicht A7 hieß, eine Verzögerung von mindestens drei Stunden mit sich brachte. Drei Stunden länger in Marseille.

»Ich sage, wir riskieren es und nehmen die Autobahn.« Ich kramte die Basecap hervor und setzte auch die Spiegelbrille auf, vermisste meinen Turban. Na ja, nicht wirklich.

»Dann los«, meinte Nepomuk.

»Ihr seid unglaublich«, fand Mombassa.

Es ist naiv, aber am Steuer, in Fahrt, erliege ich regelmäßig der Illusion, eine gewisse Kontrolle zu besitzen, die Dinge im Griff zu haben.

Keine fünf Minuten, und wir waren auf der Autobahn, dreispurig, pickepackevoll, trotzdem in lebhafter Bewegung. Ich hielt mich aus allem raus. Die Geschwindigkeit war auf einhundertzehn begrenzt, also fuhr man hundertzwanzig, nur die Bikes und Roller, die sich zwischen den Autos hindurchschlängelten, legten noch einen Zahn drauf. Ich wechselte, je nach Bedarf, von der mittleren auf die linke Spur und wieder zurück, ließ die Karre laufen. Mombassa hatte ich nach hinten zu Nepomuk gesetzt und dafür Hufschmidt nach vorn geholt, wo er nun hockte und aus dem Kopfschütteln nicht herauskam.

»Die fahren hier alle wie die Gestörten«, fand er, »und die mit den komischen Rucksäcken sind die Schlimmsten.«

»Motorbike couriers«, erklärte Mombassa. Da Hufschmidt kein Französisch kann, sprach er englisch mit ihm. »Die musst du im Auge behalten.« Mombassas Englisch war halbwegs passabel, Hufschmidts dagegen kratzte in den Ohren. Er hörte sich an wie ein Hollywood-Russe.

»Tell ssätt tu himm«, entgegnete er. »Hie is ätt sse wiel.« Wenn sie einander nicht verstanden, sprang meist Multilinguist Nepomuk als Dolmetscher ein.

»Nein, ich meine dich«, beharrte Mombassa geduldig. »Die Chiens du Nord beschäftigen eine ganze Reihe dieser Motorradboten. Meist für Drogengeschäfte, Heimlieferservice. Aber eben auch für Attentate.«

»Du willst mir erzählen, die transportieren hier Drogen und Waffen kreuz und quer durch die Stadt, und niemand kümmert es?«

»Sie sind schwer zu fassen«, meinte Mombassa, und ich musste ihm zustimmen. Die meisten fuhren Supermotos, auf Asphaltbereifung umgerüstete Geländemotorräder, spurtstark, wieselflink, mit hoher Sitzposition für guten

Überblick im Verkehr und langen Federwegen, sodass man damit auch mal durch eine Baustelle, über einen Trampelpfad oder eine Treppenanlage rauf- oder runter brettern kann. Perfekt für die Stadt. Und zu zweit, mit Fahrer vorn und einem Pistolero hinten, auch perfekt dafür, um jemanden quasi im Vorbeifahren umzunieten. Und alle Kuriere trugen Headsets, mit Mikros dicht vor den Lippen. Kurz, sie machten mich nervös. Sehr nervös.

Die Gegend stieg nach Norden leicht an, die Stadt mit ihr, nur die Autobahn hatte man über weite Strecken in die Hügel hineingeschnitten, mit steilen Wänden auf beiden Seiten und Tunneln, wo oben größere Verkehrswege kreuzten. Dazu verengte sich die Fahrbahn auf zwei Spuren. Und die ersten Plattenbauten wuchsen aus der Peripherie. Wir näherten uns unaufhaltsam den Quartiers Nord. Feindesland. Ich schaltete hoch, ich schaltete runter, und wieder hoch. Schluckte trocken. Mein Blick irrte durch die drei Spiegel, nach vorn, und wieder zurück. Der Verkehr verdichtete sich, erlahmte, Signaltafeln leuchteten auf, gaben die Standspur frei, was Ortskundige zu kurzen Vollgas-Sprints bis zur nächsten Ausfahrt nutzten.

Hufschmidt war damit nicht einverstanden. »Wie die Bekloppten«, fand er.

Trotz Freigabe der Standspur verlangsamte sich der Verkehr weiter, plötzlich leuchteten Bremslichter und Warnblinker vor mir auf, Dritter, Zweiter, Erster, Leerlauf. Stau auf sämtlichen Spuren. Kein Vor, kein Zurück, kein Ausweichen irgendwohin möglich. Scheiße, Scheiße, Scheiße, Scheiße.

Nur Zweiräder wieselten weiterhin durch die Reihen. Verbotenerweise, wie Hufschmidt es sich nicht nehmen ließ zu kommentieren.

»Irgendetwas stimmt hier nicht«, meldete sich Nepomuk

zu Wort, und ich löste meinen Gurt, gar nicht recht zu sagen, warum. Zäh, unglaublich schleppend, setzte sich der Verkehrsstrom wieder in Bewegung, ein paar Meter hier, ein paar Meter da, dann wieder anhalten, warten.

Die Autobahn beschrieb hier eine lange Linkskurve, bevor sie in einen weiteren Tunnel tauchte, und als wir am Scheitelpunkt ankamen, blinkte es uns in wildem Durcheinander gelb und blau entgegen.

»Unfall«, konstatierte Hufschmidt. »Vollsperrung.«

Der gesamte Verkehr wurde über eine sich aufwärts schwingende Abfahrt abgeleitet.

»Oh, non«, murrte Mombassa.

Meter für Meter arbeiteten wir uns voran, Spur auf Spur nach rechts. Jetzt sahen wir auch den Grund für die Sperrung. Ein Auto und ein Kleinlaster hatten sich so ineinander verkeilt, dass die Tunnelröhre komplett dicht war. Verletzt schien niemand, die Angelegenheit wäre also harmlos genug gewesen, wenn es sich bei dem Auto nicht ausgerechnet um den Mitsubishi Evo meiner Marseiller Freunde gehandelt hätte.

»Oh, non«, wiederholte Mombassa, der dieselben Schlüsse zog wie ich.

»Bin ich froh, dass sie mich so voll Schmerzmittel gepumpt haben«, hörte ich Nepomuk hinter mir. »Sonst würde ich mir jetzt Sorgen machen.«

»Könntet ihr mich mal an euren Gedanken teilhaben lassen?«, forderte Hufschmidt gereizt.

»Wann immer Mombassa in diesem Tonfall ›Oh, non‹ sagt«, antwortete Nepomuk und steckte sich eine an, »muss man sich auf was gefasst machen.«

»Der Unfall da vorn ist inszeniert«, erklärte ich und verriegelte per Knopfdruck die Türen. »Vermutlich, um uns von der Autobahn zu zwingen.«

Hufschmidt schwieg, doch seine Miene spiegelte die rasant abnehmende Begeisterung von jemandem, der sich ernsthaft zu fragen beginnt, in was er da eigentlich hineingeraten ist. »Ihr seid doch paranoid«, meinte er schließlich, wohl in der stillen Hoffnung, sich schon bald bestätigt zu sehen.

Die hätte ich gerne geteilt. Schweiß kitzelte in meinen Brauen, als wir langsam, langsam, langsam die ausgesprochen schmale Ausfahrtrampe hochkrochen. An ihrem Ende, im Bereich einer großen Ampelkreuzung, erweiterte sich die Fahrbahn wieder zu drei Spuren, zwei zum Abbiegen, und die mittlere, um geradeaus und damit hinter dem Tunnel zurück auf die Autobahn zu fahren. Der Rückstau auf dieser Spur war dabei, die gesamte Kreuzung lahmzulegen. Ich blieb trotzdem in der Mitte. Jeder an meiner Stelle hätte so reagiert, auch ohne spezielle Bedrohung. Die Alternativen, links wie rechts, waren wenig einladend, um es vorsichtig auszudrücken. So grau die Fassaden, so grau die Gesichter vieler der herumschlurfenden Gestalten. Es war völlig unübersehbar, dass wir uns im Schneckentempo durch ein Viertel bewegten, in dem sich alles, in den Köpfen wie auf den Straßen, um Drogen, ihren Verkauf oder ihre Finanzierung drehte. Nordafrikaner, Franzosen und Schwarzafrikaner bestimmten das Bild in schönster unfriedlicher Koexistenz. Beschimpfungen, Drohgebärden und Handgreiflichkeiten bestimmten den Ton, man mochte gar nicht darüber nachdenken, wie es hier wohl nach Einbruch der Dunkelheit abging.

»Mittenrein«, stöhnte Mombassa.

Hochaufragende, riesige Sechziger-Jahre-Sozialbauten verdüsterten den Horizont in fast jeder Richtung, während wir uns noch in einem älteren Stadtteil befanden, einstmals sicher ganz hübsch, doch inzwischen in der

Perspektivlosigkeit und damit einhergehenden Verwahrlosung aller No-go-Areas versunken.

Dealer hielten Plastikbeutel mit getrocknetem Grünzeug, diversen Pillen und Granulaten an die Seitenfenster der vor den Ampeln wartenden Autos, auch an unsere, zumindest bis sie Hufschmidts Gesichtsausdruck sprachloser Empörung mitbekamen.

Eine blondperückte, schwarze Nutte mit armlangen Gummihandschuhen und einer Sprühflasche unbekannten Inhalts bot ihre Dienste an, bei denen ich mich bis heute frage, worin genau sie – bedenkt man nur eine Sekunde lang die Ausrüstung – wohl bestanden haben mochten.

Hufschmidt hing das Maul offen. Ihm war deutlich anzusehen, dass er bisher Mülheim-Eppinghofen für eine Art Gomorrha gehalten hatte, und nun Schritt für Schritt begriff, wie vergleichsweise kuschelig unser Bahnhofsviertel doch noch ist.

Ein tiefergelegter und fett bereifter Toyota Celica GT parkte mitten auf einem Gehweg und zwar so, dass mögliche, wegen der extrem dunklen Folierung der Scheiben aber nicht sichtbare Insassen den von der Autobahn abgeleiteten Verkehr überwachen konnten.

Ich sah nicht hin. Als ob das etwas änderte. Fuhr ein paar Meter vor, musste anhalten, wartete.

Die Attacke erfolgte mitten auf der Kreuzung. Wir standen, gefangen im Rückstau, und ich sah das mit zwei Mann besetzte Motorrad im linken Außenspiegel heranrasen. Schwarze Lederjacken, Halbschalenhelme, bunte Tücher bis hoch über die Nasen gebunden. Der Fahrer stoppte punktgenau neben meiner Tür, beide sprangen ab, ließen das Bike auf die Seite fallen, der Fahrer zog ein Brecheisen aus seinem Ärmel, schlug damit meine Seitenscheibe ein … und starrte mich an. Ich starrte zurück. Er erkannte mich, und ich ihn, trotz des Tuchs. Es war mein rotblonder Freund aus den Dünen.

»Tu vives«, stellte er fest, in einer seltenen Mischung aus baffem Erstaunen und tiefem Groll. »Vraiment.« Es kam raus als ›Wrämang‹, in diesem harschen Marseiller Dialekt. Er probierte den Türgriff, scheiterte, und machte seinem Kollegen Platz, der mit einer Glasflasche ausholte, aus der oben ein Stück brennenden Stoffs ragte. Er wollte das Ding gerade in die Fensteröffnung schleudern, als ich die Tür aufstieß und ihm mit aller Gewalt knapp unterhalb des Kinns vor den Hals trat. Er taumelte, die Flasche fiel zu Boden, zerplatzte, und die beiden und ihr Motorrad fanden sich urplötzlich inmitten einer gelblich lodernden und außerordentlich rußig wabernden Lache chemisch angereicherten Treibstoffs wieder.

Minus zwei, dachte ich und sah sie rennen, die Hosen in Flammen. Tür zu, rückwärts bis Blech knirschte, Lenkrad nach rechts, Erster rein und Gas.

»Halt an! Die Täter müssen verhaftet werden, wir rufen die Kollegen, das … das ist Fahrerflucht«, stammelte Hufschmidt in schwindender Lautstärke.

Ich trat das Gas, jagte den Transporter unter Vermeidung des Bremspedals die zweispurige Vorortstraße hinunter, nutzte jede Gelegenheit zum Überholen, und sei es eine noch so kleine Lücke im Gegenverkehr.

Mein verbeamteter Kollege war selbstverständlich dagegen gewesen, also hatte ich den Motor ohne sein Wissen chippen lassen und sah mich mal wieder bestätigt. Es gibt Momente, da brauchst du Leistung.

Der Toyota mit den schwarzen Scheiben folgte, alle vier Scheinwerfer voll aufgeblendet.

Mein Herz schlug bis zum Hals, in einem stetig vorwärtstreibenden Takt, wie ein pulsierender Basslauf. Ich sah alles, hörte alles in einer Art Dreihundertsechzig-Grad-Wahrnehmung, meine Hände, meine Füße reagierten auf jeden Reiz, jede Anforderung, ohne dass ein Umweg über das Gehirn nötig geworden wäre.

Der Straßenverlauf wirkte seltsam planlos, kein Schema erkennbar. Aus dem zwei- bis dreistöckigen Altstadtviertel ging es übergangslos in Straßenzüge voller gigantischer Wohnblöcke in gnadenlosem Einheitslook. Dies waren allerdings keine ostdeutschen Plattenbausiedlungen, wo alles in Reih und Glied angeordnet und in der Mitte immer eine Menge Raum gelassen wurde, damit eine kilometerbreite Karl-Marx-Allee den Werktätigen den Weg in die Zukunft weisen konnte, dies war südfranzösische Hopplahopp-Stadtplanung, obendrein in Hügellandschaft, die Wohnklötze hingeknallt, wo es eben passte. Und noch ein Unterschied war das Leben auf den Straßen. Anstatt nur ab und an ein Rentner mit Pudel und an der Bushalte ein paar saufende Kahlschädel, wimmelte es hier überall von Menschen, gemächlich flanierend oder in Grüppchen herumstehend oder shisharauchend hingefläzt in Polstermöbel aller Art, zurzeit meist auf den windgeschützteren Seiten der Gebäude, mit Jogginghosen und Daunenjacken gegen die Kälte.

Der Verkehr dünnte etwas aus, was dem Toyota Gelegenheit gab, zu uns aufzuholen. An einem Kreisverkehr erschienen zwei weitere Motorräder in den Spiegeln, KTMs, wenn ich mich nicht täuschte, mit je zwei Mann besetzt, wobei die hinteren ihre Hände vor der Brust und damit vor Blicken versteckt hielten. Ich ahnte, was das bedeutete.

Bar jeder Ortskenntnis drehte ich erst eine, dann noch eine reifenjaulende Runde um den Kreisel, in der Hoffnung auf ein Hinweisschild zur nächsten Autobahn oder zumindest raus aus dem Dschungel der Vorstädte, doch sämtliche Richtungspfeile und sonstige Markierungen waren entweder niedergewalzt, abgerissen oder komplett überkritzelt von destruktiven Graffiti. Das eine Motorrad versuchte, uns außenrum zu überholen, also bog ich spontan rechts ab, was der Fahrer vorausgesehen haben muss, denn sein Wechsel von einer Schräglage in die andere geschah mit unglaublicher Geschmeidigkeit. Ich hörte seinen Zweizylinder aufbollern, als er am Gas riss, sah die Pistole im beidhändigen Griff seines Beifahrers und zwang die beiden mit einem einzigen Ruck am Lenkrad auf den Gehweg, wo sie einem Lichtmast denkbar knapp auswichen, nur um dann an einem herrenlosen Sofa zu scheitern.

Und noch mal zwei weniger, dachte ich kühl und sah sie fliegen.

Dieser Crash gab wohl der anderen Crew zu denken, denn sie fielen etwas zurück und überließen es dem Toyota, uns auf die Pelle zu rücken.

Hochhäuser säumten die zur Abwechslung einmal gerade Straße, doch schon an ihrem Ende ging es wieder in eines der Altbauviertel mit unvorhersehbar angeordneten Abzweigungen links und rechts in enge und auf den ersten Blick labyrinthisch angelegte Innenstadtstraßen.

Als uns gleich zwei Subaru Imprezas Seite an Seite entgegenkamen, riss ich den Sprinter in eine dieser Gassen, den Toyota nach wie vor an den Hacken.

Es war eine Einbahnstraße mit parkenden Autos dicht an dicht auf beiden Seiten, bis die Ladezone eines Supermarktes für eine längere Lücke in der linken Parkreihe sorgte. Ich ging vom Gas, verzögerte runter auf Schrittgeschwindigkeit, und der Toyota schob, wenn auch durchaus zögerlich, seine Nase in die freie Zone.

Darauf hatte ich gewartet. Ich wollte, ich brauchte ihn schräg zur Fahrtrichtung. Kurzentschlossen kickte ich das Bremspedal, klopfte den Rückwärtsgang rein, gab Vollgas, rammte die Front des Celica und schob ihn mit kreischenden Reifen gewaltsam zurück, bis der Wagen komplett quer stand, solide zwischen zwei parkenden Autos verkeilt.

Und weg. Erster, Zweiter, Dritter – im Spiegel sah ich die beiden Subarus heranrasen, gezwungenermaßen anhalten, ihre Fahrer herausspringen und gestenreich diskutieren – Vierter und dann kurz auf die Bremse, runter in den Zweiten und scharf abgebogen, außer Sicht unserer Verfolger.

Hufschmidt sagte nichts. Er wirkte mehr und mehr wie jemand, der ernsthaft erwägt, eher den Dienst zu quittieren als jemals einen Bericht über den Verlauf dieser Mission zu verfassen.

»In einem früheren Jahrtausend«, meldete sich Nepomuk vom Rücksitz, »würde ich jetzt vorschlagen, zusammen Banken auszurauben.«

Die zweite KTM erschien kurz in meinen Spiegeln – sie hatten den verkeilten Toyota wohl auf dem Gehweg umfahren –, bog dann aber in eine Querstraße ab. Nach rechts. Wenn sie uns in einer Parallelstraße überholten, müssten sie anschließend …

»Man wird uns gleich auf deiner Seite attackieren«, informierte ich Hufschmidt, der entnervt durchatmete, die Scheibe runtersurren ließ und dann in sein Schulterholster griff.

Sie kamen aus der übernächsten Gasse, der Fahrer stoppte in der Einmündung, der Beifahrer sprang ab, hob eine Schusswaffe, und Hufschmidt feuerte dreimal kurz hintereinander in seine Richtung.

»Raté«, meinte Mombassa lakonisch.

»Daneben«, übersetzte Nepomuk.

Der Schütze warf sich in Deckung, ich lenkte scharf nach links, riss die Handbremse und wischte Motorrad und Fahrer mit dem herumschleudernden Heck beiseite.

Und noch mal zwei weniger, dachte ich grimmig.

»Dienstwaffe abgefeuert«, konstatierte Hufschmidt. »Und schon wieder Unfallflucht.«

Dieser Bericht würde niemals geschrieben werden, ich war mir sicher.

Es dämmerte mittlerweile und ich spürte die Chance, gepaart mit einer unbändigen Lust, doch noch zu entwischen. Meine Augen und meine Scheinwerfer waren auf Fernlicht geschaltet, Gas, Gas, Gas, Hupe, Gas. Raus aus dem Gewirr, eine kurze Verbindungsstraße hinunter und dann … eine Art improvisierter Barrikade erwartete uns vor dem nächsten Hochhausviertel. Müllcontainer standen dicht an dicht auf der Fahrbahn, versperrten den Weg, doch soweit ich feststellen konnte, lauerten keine Schützen. Stattdessen lümmelte sich ein Typ in einem Sessel, Sonnenbrille auf, Daunenjacke an, darunter die unvermeidliche Trainingshose, Shisha zur Linken, Smartphone in der Rechten, und sah uns in träger Gelassenheit entgegen.

»Le ›Chouf‹ local«, erklärte Mombassa.

Ich ging vom Gas, ließ den Sprinter verhalten auf das Hindernis zurollen, besah mir die Situation. War das hier die Endstation oder eine komplett neue Weichenstellung?

»Chouf?«, fragte Hufschmidt.

»Eine Art … Bouncer«, antwortete Mombassa zögernd in Englisch, suchte nach einem anderen Wort.

»Türsteher«, sprang Nepomuk ein.

Ein paar Jugendliche drückten sich hinter den Containern herum, rauchten, blickten so herablassend und feindselig drein wie nur eben möglich. Die übliche Show, halt.

»Er bewacht die Zufahrt zum Viertel«, fuhr Mombassa fort. »Er entscheidet, wer hinein darf und wer nicht.«

Hufschmidt schüttelte den Kopf.

»Aber er gehört nicht zu den CdN«, mutmaßte ich.

»Zu den Mahmouts. Libanesen.«

»Verfeindet mit den Chiens du Nord?«

»Bis aufs Blut.«

Wundervoll, dachte ich, sah die beiden Subarus hinter uns auftauchen und trat aufs Gas, zielte auf den Spalt zwischen zwei Müllcontainern. Der Chouf stemmte sich aus seinem Fauteuil, eine Zornesfalte in der Stirn, ich bremste kurz, um den Schaden am Sprinter gering zu halten, und presste den Wagen dann sanft durch die Barrikade hindurch, begleitet von Geräuschen blechernen Schabens.

Hufschmidt wand sich. »Weißt du, was dieses Fahrzeug gekostet hat?«, fragte er.

Der Chouf brüllte etwas Empörtes, die Jugendlichen warfen sich uns in den Weg, ich gab Gas und sie überlegten es sich rasant anders.

»Das war keine gute Idee«, fand Mombassa.

Hinter uns wurden die Müllcontainer hastig wieder zusammengeschoben, gerade, als die Subarus angejagt kamen.

»Wieso nicht?«, fragte ich, eigentlich recht zufrieden mit mir selbst. Kerle stürzten aus der Tür eines Cafés, Handys an den Ohren, sahen uns alarmiert an und stürmten dann allesamt in Richtung der Straßensperre. Schüsse ertönten von dort, wurden mit jedem Meter leiser. Mir war zum Lachen zumute. Und fickt euch, dachte ich.

»Das ist eine Sackgasse«, kam es vom Rücksitz.

Ja, Scheiße. Das Viertel war tatsächlich kreisförmig angelegt. Hohe, schmale Wohnblocks umgaben die Ringstraße, in der Mitte eine riesige, rostige Skulptur, deren Schönheit, Sinn und Aussagekraft wohl einzig und allein in der Wahrnehmung ihres Erschaffers existierten.

Ich verringerte das Tempo, eine völlig natürliche Reaktion,

weil sich nur so das Unvermeidliche hinauszögern ließ, nämlich die Rückkehr zum Ausgangspunkt, einhergehend mit der Manifestation des Umstandes, dass wir jetzt sowohl die Chiens du Nord als auch die dieses Viertel hier kontrollierenden Mahmouts am Hals hatten. ›Was nun?‹, stand unignorierbar im Raum.

»Und es gibt wirklich keine andere Straße hier raus?«, fragte ich, was ich schon mal gefragt hatte, und bekam, nicht wirklich überraschend, die gleiche negative Antwort. Mombassa, muss man wissen, kannte sich hier aus. Er zeigte uns das Haus, in dem er gewohnt hatte, und ich wunderte mich, woran er es erkannte. Es sah aus wie alle anderen. Genauso wie das gesamte Ambiente denen glich, durch die wir bisher gekommen waren: die gleichen Polstermöbel vor den Häusern, auf denen sich wie geklonte Dealer oder Zuhälter fläzten, die üblichen Huren stöckelten an den Straßenecken herum, Kids auf plärrenden Motorrollern machten Stunts, cruisende, aufgemotzte Autos beschallten die Gegend mit stumpfsinnig wummernden Bässen oder onduliertem arabischem Singsang, Müllcontainer brannten, zugestaubte Autowracks gammelten vor sich hin. »Und hier bist du weggezogen?«, fragte ich staunend.

Keine Antwort.

»Wohin führt die?«, fragte ich als Nächstes und meinte eine schmale Seitenstraße.

»Nirgendwohin.«

Ich bog trotzdem ab.

»Ich werde euch sagen, was wir jetzt machen«, kündigte Hufschmidt mit fester Stimme an. »Wir rufen die französischen Kollegen und beenden diese Farce.«

Eine kleine Pause folgte, in der ich mich mit Halbgas in etwas vortastete, das wie ein schon länger verlassener Teil dieser Vorstadt wirkte, während es Hufschmidt aufging, dass er ohne Unterstützung gewisse Schwierigkeiten damit bekam, sein Ansinnen in die Tat umzusetzen.

»Na, dann tu's auch«, forderte Nepomuk in nach wie vor heiterer Gelassenheit.

»Äh, weiß einer die Notrufnummer …?«

»Google«, riet Nepomuk, und Hufschmidt griff zu seinem Smartphone.

»Äh, und wo genau …«

»Navi«, riet Nepomuk.

Natürlich behielt Mombassa recht. Die Straße führte ins Nichts, endete nach ein paar hundert Metern vor einem mindestens zwanziggeschossigen, leerstehenden Wohnblock, zu dessen Füßen sich ein umlaufender, brusthoher Wall aus zerborstenem Glas türmte. Irgendjemand hatte sich die Mühe gemacht, jedes einzelne Fenster zu zerdeppern, Hunderte davon.

»Okay, und wenn jetzt noch einer, vielleicht du …«

Hufschmidt wollte Mombassa sein Handy reichen, doch der winkte ab.

»Es hat keinen Sinn«, erklärte er kurz und knapp. »Die Polizei wird sowieso nicht kommen. Sie hat das Viertel aufgegeben.«

»*Was?*«, fragte Hufschmidt entgeistert.

»Du rufst sie an und sie sagen, sie kommen sofort. Doch das ist nur ein interner Scherz.«

»*Was?*«, fragte Hufschmidt.

Ich stoppte. Machte den Motor aus. Es wurde Zeit, den Tatsachen ins Auge zu blicken. Noch waren wir allein, keine Verfolger in Sicht. Doch das würde nicht lange so bleiben. Die Sonne war mittlerweile untergegangen, das Licht schwand zusehends. Jetzt bloß nicht zögern.

»Wir müssen zu Fuß weiter«, entschied ich.

»*Was?*«, fragte Hufschmidt.

»Na fein«, fand Nepomuk. »Hab ich ein Glück, dass die Betäubung noch wirkt. Jetzt bleibt nur zu hoffen, dass die Nähte halten.«

»Ich kenne einen Weg hinaus«, sagte Mombassa. »Packt eure Sachen und beeilt euch.«

»Das Schloss ist neu«, murmelte Mombassa irritiert.

»Lass mal sehen.« Ich trat vor und kramte in meiner Hosentasche. Über unseren Köpfen rauschte der Verkehr in kurzgetakteten Intervallen über die A7. Das Schloss hing vor einer niedrigen Tür, die den Zugang zu einem von Rohrleitungen durchzogenen Servicetunnel unter der Autobahn hindurch versperrte. Ich zog meine ständige Begleiterin, eine unscheinbare kleine Rolle Sägedraht, hervor und das Problem hatte sich innerhalb einer Minute erledigt.

»Ein Kriechtunnel«, bemerkte Nepomuk mit schräggelegtem Kopf, nachdem ich die Tür aufgezogen hatte. »Schick. Fragt sich nur, wie wir den Krüppel an den Krücken da durchkriegen wollen.«

»Die kann man niedriger einstellen«, erklärte ich, und zeigte ihm wie.

Nacheinander, mit Mombassa als Vorhut und Hufschmidt als Letztem, arbeiteten wir uns in tief gebückter Haltung durch die stockfinstere Röhre. Unablässig *fummfumm*ten Reifen über eine Fahrbahnfuge oberhalb der Tunneldecke. Morast schmatzte unter unseren Sohlen, kalte Tropfen fanden ihren Weg in unsere Kragen.

»Wird das lustig«, hörte ich Nepomuk hinter mir, keuchend vor Anstrengung, »wenn die Tür auf der anderen Seite ebenfalls von außen versperrt ist.«

Oder man uns dort auflauert, dachte ich. Wer auch immer.

Doch unsere Sorgen waren unbegründet.

Mombassa drückte die Tür mit der Schulter auf und wir

traten hinaus. Die Nacht zog herauf, ein südlicher Sternenhimmel funkelte über einem breiten, die Autobahn flankierenden Streifen postindustriellen Brachlands, aus dessen Mitte das turmförmige Betonskelett eines aufgegebenen Hochhaus-Bauprojektes ragte. Es hätte einmal das ›Hôtel du Nord‹ werden sollen, wie uns eine von Zeit und Wetter mitgenommene Werbetafel verriet. Auf dem gesamten Gelände gab es kein Licht außer dem vom Firmament, keine Bewegung außer der von Staub und alten Verpackungen, die der Wind vor sich hertrieb.

»Idyllisch«, fand Nepomuk. »Wenn auch schlecht beleuchtet.«

Ich für meinen Teil war recht dankbar für die Dunkelheit. Wir hatten uns alle aus Hufschmidts Koffer bedient, um der Kälte trotzen zu können, und, ich weiß nicht wie, ein einziger Moment der Unachtsamkeit, und die Drecksäcke hatten mir eine seiner affenscheißebraunen Kunstlederjacken angedreht.

Das Knurren eines Einzylinder-Motorradmotors übertönte das Rauschen der A7, ein einsamer Scheinwerfer suchte sich seinen Weg durch die überall herumliegenden Haufen von Bauschutt und Müll, und wir hasteten rüber zu dem Hotelturm, der einzigen vernünftigen Deckung weit und breit.

»Bin gespannt, ob sie eine Bar haben«, meinte Nepomuk.

Zumindest gab es ein Treppenhaus. Ohne jegliches Geländer wand es sich bis in schwindelnde Höhen um das Nichts, in dem einmal die Aufzüge montiert werden sollten. Der Mistral jaulte durch den nur sporadisch ausgemauerten, ansonsten völlig nackten Rohbau. Ab etwa halber Höhe gab es nur noch Säulen und Decken, doch so hoch wollten wir gar nicht, oder konnten nicht.

»Hier ist Schluss«, entschied Nepomuk, als wir die vierte Etage erreicht hatten. »Kein Schritt mehr, bis ich nicht ein paar Pillen nachgeworfen habe. *Und* die müssen erst mal wirken.« Dunkel drückte sich Blut durch den Stoff seines Hosenbeins. »Ah verdammt, und das ist meine einzige Hose.«

Der Motorradfahrer drehte ein paar Runden um eine über Schutthalden improvisierte Motocrosspiste und verschwand dann wieder.

Mombassa und ich beschlossen, uns zu vergewissern, dass wir allein waren.

»Macht bloß kein Licht«, mahnte ich noch. »Lasst eure Klapprechner aus, das Handy, und auch die Zigaretten!« Dann schlichen wir los. Im Treppenhaus drückte ich mich so dicht wie nur möglich an die Wand und hatte trotzdem mit nie gekannter Höhenangst zu kämpfen. Es war, als ob der leere Schacht in der Mitte eine Art Sogwirkung entwickelte, die mit jedem Stockwerk stärker wurde.

Auf den Etagen fanden sich vereinzelt Reste von Lagerfeuern, leere Flaschen, zerfetzte Mülltüten, doch der ganze Krempel dünnte aus, je höher wir kamen. Soweit feststellbar, befand sich außer uns keine Menschenseele im gesamten Bau, ja, auf der ganzen Brache.

Vom Dach hatten wir einen ungetrübten Rundumblick auf die nächtliche Stadt, von den warm und kostbar illuminierten Hügeln der Villenviertel im Süden bis zum kalten, billigen Neonschein der Quartiers Nord. Vor dem gänzlich unbeleuchteten Wohnklotz auf der anderen Seite der Autobahn brannte ein einsamer Transporter lichterloh.

Zurück auf der vierten Etage hatten sich Hufschmidt und Nepomuk inzwischen in das fensterlose Mauergeviert einer kleinen Abstellkammer zurückgezogen, abgeschirmt vor Wind und Blicken. Hufschmidt hockte auf dem Korb eines umgeworfenen Einkaufswagens und starrte auf den Bildschirm seines Notebooks, während Nepomuk an der Wand lehnte und rauchte.

»Die Pillen taugen nichts«, meinte er und klang müde und genervt. »So ein Haufen Geld für einen Schnitt, ein paar Stiche, einen Beutel voll Mullbinden und eine Handvoll Scheiß-Placebos.«

»Das nächste Hotel ist gar nicht weit von hier«, bemerkte Hufschmidt.

»Vergiss es«, sagte Mombassa mit vollem Mund und reichte seine Croissanttüte herum. »Jeder einzelne Empfangschef in Marseille hat eine Direktwahlnummer der CdN.«

Hufschmidt weigerte sich rundheraus, das zu begreifen, und als er es endlich kapiert hatte, weigerte er sich, das zu glauben. »Ihr wollt mir erzählen, ich rufe den Zimmerservice und sage, ich hätte gern das Frühstück hochgebracht, dazu einen Beutel Gras und ein paar Gramm Heroin und …« Er brach ab, ihm fehlten die Worte.

»… und zwanzig Minuten später klopft ein Motorradkurier an deine Tür, ja«, vervollständigte Mombassa den Satz. »Und der überreicht im Rausgehen an der Rezeption einen Umschlag. Wenn die CdN also bekannt machen, dass sie jemanden suchen, können sie sicher sein, Rückmeldung zu erhalten, sobald der Betreffende irgendwo in der Stadt absteigt.«

»Ganz egal, ob er jetzt Kryszinski heißt, oder Blaumanis«, erinnerte uns Nepomuk.

Ich hieß zwar nicht länger Kryszinski, doch durfte ich auf keinen Fall riskieren, dass die CdN hinter meinen neuen Namen kamen.

»Sieh mal nach, wo das nächste Formule 1 ist«, forderte ich Hufschmidt auf. »Diese Häuser sind vollautomatisiert.

Kein Empfang, kein Service, nichts. Alles, was es braucht, ist eine Kreditkar…«

»Seid still«, zischte Mombassa, zog ein horchendes Gesicht und glitt aus dem Raum. Ich folgte ihm. Und dann hörte ich es auch. Motoren. Widerhallend von den Fassaden des die Brache umgebenden Viertels. Hochdrehende Vier- und Sechszylinder, deren Röhren begleitet wurde von schrillem Turbopfeifen und lauthals poppenden Fehlzündungen beim Lastwechsel. Es waren einige, ein ganzer Pulk, wie es sich anhörte, und ihr Getöse kam näher.

Eine Ahnung beschlich mich, dass das kein Zufall war.

Im nächsten Augenblick bog das erste Scheinwerferpaar von der Straße ab und hielt direkt auf unsere Bauruine zu.

Ahnung bestätigt, wenn man so will. Hastig zogen wir uns hinter zwei Betonsäulen zurück, raus aus dem Fernlicht. Mehr und mehr Scheinwerfer folgten. Langsam und ruckelnd arbeiteten sich die hart gefederten Straßensportler über den unebenen Grund vor, die Motoren spotzend und motzig bei ungewohnt niedrigen Drehzahlen. Es waren mehr als ein Dutzend, und sie stoppten, angeordnet zu einem in der Mitte unterbrochenen Halbkreis, direkt vor dem Haupteingang. Mitsubishis, Subarus, Toyotas, Nissans, der eine oder andere Audi. Die Motoren wurden abgeschaltet, doch die Schweinwerfer nicht, sie leuchteten die unteren Etagen der nackten Treppenspirale taghell aus. Alle Türen, alle Fenster blieben zu, alle Insassen in den Fahrzeugen. Es war, als ob sie auf etwas warteten.

Worauf? Wenn sie hofften, dass ich freiwillig rauskäme, konnten wir uns alle auf eine lange Nacht einstellen.

Ich fuhr zusammen, als mir jemand in den Nacken atmete. Es war Hufschmidt. »Wir rufen jetzt die Kollegen«, raunte er. »Los, komm mit!«

Er zog mich in die fensterlose Kammer, wo sich auch

Mombassa einfand. Hufschmidt drückte ihm das Handy in die Hand, und wir umstanden ihn und hörten zu, wie er in leisen, aber doch eindringlichen Worten der Marseiller Notrufzentrale klarzumachen versuchte, dass ein Beamter von Europol mit drei Begleitern auf dem unfertigen Hôtel du Nord in erheblichen Schwierigkeiten steckte.

Anschließend lauschte er einen Moment, schickte noch »Et faites vite, c'est urgent« hinterher, ließ das Handy sinken und verzog das Gesicht. »›*Nuh vönnong tutt swiet*‹«, ahmte er seinen Gesprächspartner nach. »Irgendjemand im Hintergrund hat tatsächlich gelacht.«

Ein beklommenes Schweigen folgte, bis alle auf einmal anfingen, im Flüsterton Möglichkeiten des Entkommens vorzuschlagen, nur um letztendlich festzustellen, dass wir keine hatten. Ohne Seil oder Leiter oder vier Paar funktionstüchtiger Flügel blieb als einziger Weg runter, uns entweder der Schwerkraft anzuvertrauen oder dem Treppenhaus. In all seiner liebevollen Illumination. Hm.

Ein neues Motorengeräusch näherte sich von der Straße her. War das etwa doch die Polizei? Wir lauschten, bis es in den Ohren knackte.

Ein äußerst dezent tickender Achtzylinder brabbelte heran, gefolgt von einem robust nagelnden Saugdiesel. Keine Sirenen. Kein Blaulicht. Etwas sagte mir, dass die Versammlung da unten nur noch auf diese beiden Fahrzeuge gewartet hatte und die lauernde Inaktivität jetzt sehr rasch ein Ende haben dürfte. Es war wohl an der Zeit, wie man so sagt, sich zu wappnen.

»Wie viel Munition hast du?«, fragte Nepomuk, klopfte eine Zigarette aus dem Päckchen, drehte sie nachdenklich zwischen den Fingern und steckte sie sich schließlich hinters Ohr.

Hufschmidt rechnete nach. »Noch neun Patronen im

Magazin, plus ein voller Clip. Einundzwanzig Schuss, alles in allem.«

Nepomuk schnalzte missbilligend mit der Zunge. »Geh mal nachsehen, was die Opposition so zu bieten hat«, sagte er zu Mombassa. Der schlich davon, ich hinterher. Die Lichtkegel reichten nicht bis hier oben, trotzdem liefen wir geduckt und kauerten uns schließlich hinter ein etwa brusthohes Stück Außenmauer. Der Achtzylinder und der antiquierte Diesel verstummten. In der entstehenden Stille wurden zwei knarzende Türen aufgestoßen und scheppernd zugeworfen, bevor eine Schiebetür unwillig ihre Führungsschiene entlangkratzte. Jemand schluchzte flehend, und jemand anders lachte rau.

Urplötzlich überkam mich der Verdacht, dass der gesamte Aufmarsch überhaupt nicht mir galt.

Versteckt wie wir waren, konnte uns niemand sehen, im Gegenzug blieb aber alles, was da unten passierte, für uns ein Hörspiel. Die Köpfe über die Brüstung zu heben schien keine so gute Idee, deshalb robbten wir vor bis ans Ende der Mauer und linsten dort um die Ecke.

Ein Mercedes G-Modell in einem nicht näher zu definierenden, dunklen Farbton hatte die Lücke in der Mitte der parkenden Wagen eingenommen, dahinter stand ein uralter, verbeulter Renault Transporter in schmutzigem Weiß. Zwei maskierte Typen in Overalls waren damit beschäftigt, eine gefesselte Gestalt aus dem Laderaum des Renaults bis ins Zentrum des ausgeleuchteten Halbkreises zu zerren und dort zu Boden zu stoßen. Es war eine Frau, nicht sehr groß, schlank, und vor allem jung. Sehr jung, man sah es einfach. Sie wimmerte halberstickt durch den roten Schal, den man ihr um Mund und Augen gewickelt hatte. Mit stramm hinter dem Rücken zusammengebundenen Armen mühte sie sich, auf die Füße zu kommen.

Fahrer- und Beifahrertüren sämtlicher Autos wurden gleichzeitig aufgestoßen, nur die des G-Modells nicht. Dafür öffnete sich ein Faltdach über dem hinteren Teil des Wagens. Eine Frauengestalt in Schwarz saß in der Mitte der Rückbank. Ihr Gesicht bekam Konturen, als sie an einem Zigarillo sog. Lang, schmal, gerahmt von dunklem Haar.

»La Veuve«, sagte Mombassa, als ob mir das etwas sagen müsste. Tat es aber nicht. ›Die Witwe‹, übersetzt, doch das war's auch schon.

Alle Ausgestiegenen stützten sich auf den offenen Türen ab, blickten abwartend drein. Ihre Züge blieben gegen das Scheinwerferlicht betrachtet schemenhaft und im Dunklen, doch es war nicht zu übersehen, dass alle in Abendanzügen steckten, mit Bindern und Einstecktüchern, ausstaffiert wie für einen feierlichen Anlass, ein Bankett.

Die Gefesselte hatte es inzwischen tatsächlich auf die Beine geschafft und stolperte orientierungslos herum.

Zwei junge Typen lösten sich aus der halbrunden Phalanx, schnickten ihre Zigaretten fort. Beide waren dunkelhaarig, vom Typ her unentschieden zwischen südfranzösisch und nordafrikanisch, der eine ein bisschen größer, der andere dafür etwas stabiler. Sie packten die Frau bei den Armen und schleiften sie Richtung Treppenhaus. Zwei ältere Typen schlossen sich ihnen an, gelassen, in alle Richtungen sichernd, Schusswaffen in Händen.

Etwas Grauenhaftes bahnte sich an und flutete mein Hirn mit Panik. Die natürliche Regung, helfend einzugreifen, stritt vehement mit dem Selbsterhaltungstrieb, der nur ein einziges Argument ins Feld führte: Übermacht.

Die Stimme des Opfers kam Stufe um Stufe näher, weinend, halberstickt, flehend.

Mombassa und ich mussten uns zurückziehen in den tiefen Schatten in der Mitte der Etage, bis das Quintett unser

Stockwerk passiert hatte und seinen Aufstieg weiter und weiter fortsetzte.

Einundzwanzig Schuss, dachte ich und setzte mich geräuschlos in Bewegung. Einundzwanzig Schuss. Und nur eine Waffe. Viel zu wenig. Doch das wissen nur wir …

Ich schmiegte mich durch die Türöffnung des kleinen Raums und stoppte. Hufschmidt lag am Boden, reglos.

»Ich habe ihn ausgeknockt«, erklärte Nepomuk in ruhigem Flüsterton und rieb seine Faust. »Der Blödmann wollte den Helden spielen und hätte uns alle umgebracht.« Er klaubte Hufschmidts Dienstwaffe vom Boden auf, ließ das Magazin herausgleiten, steckte es in die Hosentasche und sah mich an. Wissend und herausfordernd.

So viel zu den einundzwanzig Schuss, dachte ich. Und zu impulsivem Heldentum.

Ein kurzer, schriller Schrei hallte durch den Rohbau. Ich hastete zurück Richtung Treppenhaus, und sah einen roten Schal wie verträumt abwärts taumeln ins Licht der Scheinwerfer. Sie hatten ihn ihr abgenommen. Sie sollte sehen, was ihr bevorstand.

Ich hielt den Atem an. Teile meiner Psyche wollten nicht wahrhaben, dass ich hier stand und geschehen ließ, was jetzt gleich geschehen würde.

Verzweifeltes, schluchzendes Flehen ertönte, höhnische Bemerkungen antworteten. Ein Moment atemlosen Schweigens folgte, dann kam dieser entmenschlichte Schrei, den nur das Angesicht des eigenen Todes zu lösen vermag. Die Hände nach wie vor auf den Rücken gefesselt, die Augen riesig in schierem Entsetzen fiel das Mädchen kopfüber an mir vorbei, sein Kreischen abrupt beendet von einem dumpfen, berstenden Aufschlag.

Ich zog mich zurück in die Kammer, wo meine Knie nachgaben und ich zu Boden sackte. Die Scham, total versagt zu haben, würde mich bis ins Grab verfolgen, ich war mir sicher.

»Wir konnten es nicht verhindern«, sagte Nepomuk. Falls er Emotionen besaß, hatte er sie fantastisch im Griff.

Hufschmidt rührte sich, stöhnte, das Weiß seiner Augen flackerte unter zuckenden Lidern.

»Wir hätten es versuchen können«, entgegnete ich leise.

Dröhnende Schritte trampelten die Treppen hinab, fröhliche Männerstimmen hallten, irgendjemand äffte den Schrei des Mädchens nach und erntete schallendes Gelächter.

»Dann wären wir jetzt auch tot«, stellte Nepomuk nüchtern fest.

Mombassa blickte in den Raum, streckte seine fleischige Hand vor, packte meine Rechte und zog mich in die Höhe. »Komm«, forderte er, und ich folgte ihm zurück zu unserem vorherigen Beobachtungspunkt.

Unten, im Licht der Scheinwerfer, stellten sich die beiden jungen Typen stolz in die Mitte, einen Schritt dahinter flankiert von den beiden Älteren. Erst nachdem die wohlwollend genickt hatten, brandete Applaus auf, und nacheinander, in einer Reihenfolge, die sich mir nicht erschloss, traten alle aus dem Halbkreis vor und umarmten die beiden Mädchenmörder innig, inklusive französischer Wangenküsschen und warmer Worte.

»Les Vingt«, raunte Mombassa, als ob er von einem allgemein bekannten Kulturgut spräche, einer Rockband etwa. ›Die Zwanzig‹, übersetzt. Nie gehört. »Die Führungsriege der Chiens du Nord«, fügte er hinzu.

Irgendwann waren sie dann fertig mit den Bussis und dem Schulterklopfen, woraufhin die Gefeierten sich gemessenen Schrittes zum Mercedes begaben. Die hintere Seitentür schwang auf, und die Witwe hielt huldvoll ihre

Rechte nach draußen, an deren Mittelfinger ein dicker Ring prankte. Einer nach dem andern knieten die beiden sich in den Staub und pressten ihre Lippen auf den Ring.

Dass keine hundert Meter weiter der Verkehr einer nächtlichen Autobahn in all seiner gleichgültigen, ignoranten Normalität vorbeirauschte, ließ das gesamte Geschehen der letzten halben Stunde noch irrealer erscheinen.

»Ab jetzt sind sie Teil der Zwanzig«, erklärte Mombassa.

Türen knallten, das Faltdach des Mercedes glitt zu, Motoren wurden gestartet, Auto auf Auto knirschte über die Schotterpiste davon. Zur Feier, zum festlichen Diner.

Die beiden Maskierten lösten sich von ihrem Transporter, wälzten die Leiche auf eine Plane, hievten sie hoch, trugen sie zum Fahrzeug, wuchteten sie in den Laderaum, schlossen die Türen und folgten den anderen.

Zurück blieb nur ein großer, dunkler, feucht schimmernder Fleck auf dem Beton am Fuß des Treppenschachts, die vage Silhouette eines menschlichen Körpers, und um das Kopfende herum ein unregelmäßiger Kreis aus weißen Punkten, funkelnd im Mondlicht. Ich brauchte einen Moment, um zu begreifen, dass es Zähne waren.

Hufschmidt verlangte eine Quittung, doch der Taxifahrer weigerte sich, ihn zu verstehen. Dann sollten wir uns an den Fahrtkosten beteiligen, doch wir ließen ihn vor die Pumpe laufen. Stattdessen schickten wir ihn vor, uns zwei Zimmer im Formule 1 zu besorgen.

»Du kommst mit!«, befahl er Nepomuk, der sich seufzend fügte.

»Kauft mir Zigaretten«, bat er.

»Und mir Eis«, schickte Hufschmidt uns hinterher. Ein blaurotes Ei zierte seine Schläfe und drohte, ungekühlt, schon bald sein linkes Auge zuzuschwellen. Was ihm allerdings mehr zu schaffen machte als die Blessur, mehr noch als die Demütigung, ohnmächtig zu Boden gegangen zu sein, war der Umstand, dass er Nepomuk dafür in keiner Weise belangen konnte. Das fraß an ihm, und dass die Marseiller Polizei uns tatsächlich kaltschnäuzig im Stich gelassen hatte, fraß noch mehr, bis seine Kiefer mahlten und er sich in halblauten, unverständlichen, abgehackten Selbstgesprächen verlor. Hufschmidt war der Grenze seiner Belastbarkeit so nahe, wie man nur kommen kann.

Das Motel säumte den Parkplatz einer Raststätte, und Mombassa und ich zogen los, einkaufen. Er Nahrung, ich Alkohol. Es war mir ein Rätsel, wie er an essen denken konnte. Nichts lag mir ferner. Allein der Gedanke hatte etwas Revoltierendes. Mir war nach trinken, saufen. Mir war danach, mich gewaltsam von den Beinen zu reißen, mir das Hirn abzutöten und zu versuchen, die Erinnerung an das Hôtel du Nord, an Syrien, ja, von mir aus alle Erinnerungen auszulöschen und bei Null neu anzufangen. Doch die erste, tja, Ernüchterung, wenn man so will, kam gleich im Supermarkt neben der Tankstelle: Kein Schnaps. Raststätten sind gottverdammte Inseln im Nirgendwo, und wenn irgendeine wie immer enthusiastisch bevormundende Behörde beschlossen hat, den Verkauf von siebzigprozentigem Wodka an Autobahnnutzer zu unterbinden, dann stehst du da wie mit einem Kanu ohne Paddel. Bier und Wein gab's, aber Bier würde mir eher aus den Ohren rausschäumen, als den gewünschten Effekt zu erbringen und Wein … Wein machte mich irgendwie nicht an. Am Stand für lokale Spezialitäten geriet ich an Pastis. Ich griff mir eine Flasche, besah mir das Etikett ohne Begeisterung. Auch keine vernünftige Prozentzahl, aber egal. Musste ich eben mehr davon gurgeln, weniger Wasser dazutun. Irgendwann würde es sich schon zum geplanten Vollrausch addieren, zum ersehnten Filmriss.

Ich hatte den Mord nicht verhindert, und alles, was ich jetzt noch tun konnte …

Ein Gedanke streifte mich, kehrte zurück, packte mich, schickte einen Ruck durch mein krummes Rückgrad.

Ich konnte die Tote nicht wieder lebendig, konnte ihre Ermordung nicht rückgängig machen. Aber ich konnte sie immer noch rächen.

Nachdenklich legte ich die Flasche zurück zu den anderen.

Mombassa wartete am Pizzaschalter, stapelte einen Karton nach dem anderen sauber aufeinander.

»Ist da auch eine mit Salami bei?«, fragte ich, und er nickte. »Gut.«

»Essen ist wichtig«, meinte Mombassa und trug seinen Stapel zur Kasse.

»Trinken auch«, fügte ich hinzu und schleppte neun Liter Evian hinter ihm her.

Rache. Ich bekam den Gedanken nicht mehr aus dem Schädel. Stehen bleiben. Mich langsam umdrehen. Mut fassen. Zum Angriff übergehen. Zum Jäger werden. Was hatte Nepomuk noch gesagt? Alles ist eine Waffe, doch die mächtigste Waffe von allen ist Wissen, Information. Ich musste sie mir nur beschaffen. Was hielt mich? Der seit Langem schlafende Detektiv in mir schlug die Augen auf, fluchte, schwang die Beine aus dem Bett und kramte nach seiner Hose.

Nepomuk wartete, auf die Krücken gestützt, Wachhund Hufschmidt an seiner Seite, vor dem Eingang des Motels.

»Zigaretten?«, fragte er und ich reichte ihm die Stange blonder Gauloises. »Drinnen kann man nicht rauchen«, erläuterte er. »Außer, man möchte gleichzeitig kalt duschen.«

»Eis?«, fragte Hufschmidt und ich gab ihm einen Plastikbeutel voll Würfel, den er sich augenblicklich an die Schläfe drückte. »Also«, sagte er dann, an uns alle gewandt. »Das Haus hat keine Rezeption, kein Personal, nichts. Selbst das Bad reinigt sich automatisch. Es gibt einen Zahlencode für die Eingangstür, am besten schreibt ihr ihn auf, und eine Magnetkarte für das Zimmer.«

»*Das* Zimmer«, echote ich.

»Warte, bis du es siehst«, meinte Nepomuk und sog an seiner Zippe.

»Wir haben einen Gefangenen zu bewachen«, schnappte Hufschmidt, »einen Job zu erledigen. Wir sind hier nicht im Urlaub.«

»Lasst uns reingehen, essen«, sagte Mombassa.

Das Zimmer war schmal. Ein Fenster, eine Tür an den Stirnseiten und links und rechts je ein Etagenbett. Das Fenster ließ sich nicht öffnen, alles andere war fest verschraubt. Die gesamte Gestaltung des Raums weckte warme Erinnerungen an meine Zeit in der JVA Wuppertal.

Wir hockten uns auf die Betten, Mombassa öffnete die erste Pappschachtel und reichte sie herum. Augenblicklich roch die ganze Bude nach Oregano und geschmolzenem Käse. Hufschmidts Finger zitterten, als er sich sein erstes Dreieck griff. Doch anstatt in die Pizza zu beißen, beäugte er das Stück nur und presste die Kiefer aufeinander.

»Wir zeigen das an!«, brach es schließlich aus ihm heraus. »Wir werden diesen lahmarschigen Apparat zum Handeln zwingen! Ihr seid Zeugen eines Mordes geworden, ihr habt die Täter gesehen, könntet sie identifizieren und …«

»Ich stehe auf deren Todesliste«, unterbrach ich ihn mit vollem Mund. »Und ich werde mich auf keinen Fall der örtlichen Polizei anvertrauen.«

»Ja, aber …«

»Wegen mir hat man ein Passagierflugzeug vom Himmel geholt«, erinnerte Nepomuk. »Mit einhundertachtzig Leuten an Bord. Ich will nur so schnell wie möglich nach Frankfurt, von da aus nach Den Haag, meine Aussage vor dem Gerichtshof machen und dann …« Er brach ab.

Bisschen unvollständig, seine Zukunftsplanung, wollte mir manchmal scheinen.

»Ja, aber …«

Mombassa klappte eine weitere Schachtel auf. »Sie werden sagen, Ermittlungen seien schwierig wegen der Schweigepflicht in diesem Milieu. Und dabei wird es bleiben«, meinte er düster.

Nepomuk übersetzte und Hufschmidt starrte vor sich hin, griff nach dem Eisbeutel, hielt ihn sich an den Kopf, nahm mit der freien Hand das Pizzastück auf, dachte noch einen Moment über eine Entgegnung nach, sackte schließlich in sich zusammen und begann auf eine abwesende, mechanische Art zu essen. Seit er uns am Hafen in Empfang genommen hatte, schien er um zehn Jahre gealtert zu sein.

Irgendwann waren wir alle satt und Mombassa verteilte Zahnstocher. Es wurde Zeit fürs Bett, doch davor wechselten Nepomuk und ich unsere Verbände. Ich griff zur Schere und Hufschmidt verließ hastig den Raum.

Meine Wunden waren fast trocken, heilten zufriedenstellend, doch Nepomuks Beinverband mussten wir erst einweichen, bevor wir ihn lösen konnten, und dann stellte sich heraus, dass wie befürchtet nicht alle Stiche gehalten hatten. Hier und da klaffte es regelrecht.

»Macht die Narbe eindrucksvoller«, meinte er trocken.

»Warte«, sagte ich, als er mir die zweite Lage um den Arm wickeln wollte, und griff in meine Hosentasche. Irgendetwas würde ich am morgigen Vormittag unternehmen, auch wenn ich noch keine Ahnung hatte, was. Doch ich wollte vorbereitet sein. Aus dem gleichen Grund holte ich, fertig verbunden, auch mein Handy aus der Reisetasche und hängte es an die Lade.

Hufschmidt kam zurück und gähnte. »Muss pennen«, stellte er fest, holte die Handschellen hervor und fesselte Nepomuk damit ans Bettgestell, was der regungslos über sich ergehen ließ. »Muss unbedingt pennen.« Den Handschellenschlüssel tief in der Hosentasche verstaut, wälzte sich Hufschmidt auf sein Bett, drehte sich zur Wand und war binnen Sekunden weg.

Nepomuk nahm den Zahnstocher aus seinem Mundwinkel, stieß ihn in die Arretierung der Handschelle, es machte *Prrrrt*, er zog seinen Arm heraus und griff nach seinen Zigaretten.

»Ich komme mit«, sagte ich und schnappte mir die Reisetasche. Wir nahmen den Aufzug ins Erdgeschoss, wo er schnurstracks nach draußen stakste, während ich die Tasche in eines der Kofferschließfachfächer verfrachtete. Unentschlossen, wohin mit dem Schließfachschlüssel, ging ich Nepomuk hinterher. Er lehnte ein paar Schritte seitlich vom Eingang an der Wand, im Schatten einer großen Werbetafel, doch gleichzeitig so positioniert, dass er den Parkplatz und die Zufahrt im Blick hatte.

»Du hast etwas vor, morgen«, sagte er, ohne mich anzusehen, ganz in die liebevolle Betrachtung seiner Zigarette vertieft.

»Mietwagen besorgen und dann auf dem kürzesten Weg nach Frankfurt«, sagte ich.

»Das meine ich nicht.«

Ich dachte einen Moment nach. Sollte ich ihn einweihen? In was? Bisher hatte ich noch nicht mal einen Plan. Nur ein Vorhaben, wie es vager nicht sein könnte.

»Ich will ein paar Informationen sammeln.«

»Wofür?«

»Ich konnte das Mädchen nicht retten. Doch sie soll nicht umsonst gestorben sein.«

»Das heißt?«

»Ich will sie rächen.«

Er sah auf. »Das ist das Albernste, was ich je gehört habe.« Sein Blick war gerade, aber ohne Aggression. »Auch wenn ich es verstehen kann«, gab er zu und nahm einen langen Zug, blies den Rauch Richtung Boden. »Es ist die Demütigung der Angst. Anschließend möchte man nur noch töten. Doch Angst ist gut, Kristof. Sieh uns an: Wir sind hier, am Leben. Wären wir vorhin nur ein bisschen mutiger gewesen, wären jetzt eine Menge Leute tot, uns eingeschlossen. Es gibt nichts, wofür wir uns schämen müssten, auch wenn es sich so anfühlt.«

Tief in mir drin wusste ich, er hatte recht.

»Trotzdem …«, sagte ich.

»Leider führt auch die schönste Rache meist zu nichts. Es ist wie Terroristenbekämpfung. Und ich weiß, wovon ich rede. Für jeden, den du umbringst, rückt ein anderer nach. Im Endeffekt wirst du es sein, der müde wird. Dann machst du einen Fehler, sie fallen über dich her und reißen dich in Stücke.«

»*Hier* seid ihr«, stellte Mombassa fest und ließ die Eingangstür hinter sich zufallen. »Wir sollten ihn loswerden«, meinte er mit einer aufwärts gerichteten Kopfbewegung. »Er ist nicht gemacht für …«, er suchte nach einem Wort, »… *das hier*. Zu emotional.«

»Sobald wir in Deutschland sind, ist er wieder in seinem Element«, wiegelte Nepomuk ab. »Bis dahin geben wir ihm das Gefühl, der Chef zu sein, das wird ihn stabilisieren.«

All das in nüchternem Konversationston, als ob Hufschmidts geistige und seelische Verfassung unser einziges Problem wäre.

»Erzähl mir was über Les Vingt«, sagte ich zu Mombassa.

»Kristof plant einen Rachefeldzug«, erläuterte Nepomuk mit schmalem Grinsen.

Mombassa legte den Kopf in den Nacken, dachte nach.

Der Verkehr auf der nahen A7 wurde in den frühen Stunden spärlicher, aber er versiegte nie. Er hatte etwas Einlullendes.

»Es sind zwanzig, plus die Witwe. Niemals mehr. Immer nur kurzfristig weniger. Sobald ein Mitglied ausscheidet, wird ein neues aufgenommen. Es muss zu einer der beiden Familien gehören und es muss vor Zeugen aus den eigenen Reihen jemanden ermorden, um aufzusteigen«, erklärte Mombassa schließlich. »Das ist ihr Initiationsritus und ihre Rückversicherung gegen Verrat. Denn nur die Zwanzig, und die Witwe, sind in alle Aktivitäten der CdN eingeweiht. Der Rest der Familie sowie der große Kreis der, sagen wir, *Angestellten,* also der Kuriere, der Choufs, der Muskelmänner und so weiter, weiß über den jeweiligen Aufgabenbereich hinaus gar nichts. Denn Verrat aus den eigenen Reihen, freiwillig oder unter Zwang, ist, neben der Konkurrenz, ihre größte Bedrohung.«

»Wie sieht die aus, die Konkurrenz?«

»Das übliche. Bikergruppen, Neuankömmlinge aus den Krisenstaaten, dazu natürlich Alteingesessene wie die Mahmouts. Es ist ein ständiger Kampf.«

»Und die Witwe ist der Kopf der CdN?« Schneid ihn ab und sieh, was passiert.

»Nein, das mag so scheinen, ist aber nicht ganz richtig. La Veuve ist mehr so etwas wie das Idol, die Hohepriesterin des Clans. Ihr Wort ist Gesetz, aber es wird eigentlich nur gebraucht, wenn anders keine Einigung zu erzielen ist. Der Kopf der CdN, das sind Les Vingt.«

Hm, das wäre auch zu einfach gewesen.

»Wie ist sie an diese Position gekommen?«

»Vor dem Zusammenschluss waren der eingewanderte algerische und der alteingesessene Marseiller Clan Todfeinde. Sie war die blutjunge Anführerin der algerischen Gang, geriet in einen Hinterhalt, fiel dem damals schon etwas älteren Chef der CdN in die Hände, und *bamm!*, sechs Monate später waren sie verheiratet, die Familien vereint. Dann, ein paar Jahre danach, saß sie mit im Auto, als ihr Mann bei einem Bombenattentat ums Leben kam. Sie überlebte schwerverletzt und trägt seitdem Schwarz, nur Schwarz.«

»Woher weißt du so viel darüber?«

»Das ist hier wie Folklore, Kristof. Es gibt Legenden, Mythen, es gibt Rap-Songs, es gibt Comics und eine eigene Zeitschrift, die sich alle mit nichts anderem beschäftigen als den Gangs der Quartiers Nord.« Dann gähnte er, was ansteckend wirkte. Nepomuk schnickte seine Kippe fort, ich tippte den Zahlencode ins Türschloss und wir gingen pennen.

*

Der Taxifahrer hatte uns eine Karte mit seiner Handynummer dagelassen. Ich trat vors Formule 1 in den kalten Wind und das gleißende Morgenlicht und rief ihn an. Fünfzehn Minuten, schätzte er, und ich verabredete mich mit ihm in der Tankstelle, humpelte rüber und zog mir einen Automatenkaffee. Mann, ich war fertig. Die letzten Tage, die letzten Nächte, alles steckte mir in den Knochen, ich fühlte mich wund, roh und geschunden. Die andern schliefen noch, mich hatte ein weiterer Schritt ins Nichts wach gerissen. War ich gestern noch vom Gedanken an Rache beseelt gewesen, nahm mir heute eine bis ins Mark gehende Erschöpfung jeden Biss. Rache ändert eh nichts, hatte Nepomuk festgestellt, also wozu dann die ganze Aufregung? Wenn man einmal verinnerlicht hat, dass alles Tun vergeblich ist, kann man auch gleich …

Die Ankunft des Taxifahrers rettete mich aus meinem Brüten. Er brachte mich zu einer Hertz-Niederlassung, wo ich – neue Identität, neue Schufa-Auskunft, *tadaaa* – meine Kreditkarte über den Tresen schob, zu allem ›Ja, ja, ja‹ sagte, insgesamt viermal mit ›Rosemeyer‹ unterschrieb und letztlich die Schlüssel zu einem selbstverständlich graumetallicfarbenen Audi in die Hand gedrückt bekam. Farbe scheußlich, aber unauffällig, dazu vier Türen und genauso viele Sitze und damit das, was wir brauchten. Also.

Auf der Autobahn, zurück zum Motel, passierte ich die Ruine des Hôtel du Nord, und mit einem Schwall kam alles in mir wieder hoch und es sog mich geradezu in die nächste Ausfahrt.

Obwohl somit erneut auf feindlichem Terrain fühlte ich mich relativ sicher. Die CdN mussten mittlerweile davon ausgehen, dass ich längst aus der Stadt war. Langsam kurvte ich über die verlassene Industriebrache und stoppte schließlich direkt vor dem Turm, mit Blick auf das schauderhafte Treppenhaus, schaltete den Motor aus und mein Handy ein.

Die Verbindung dauerte ein bisschen, doch dann tutete es nur einmal und eine etwas atemlose Stimme sagte: »So you *really* are alive.«

Chi Li ist Hongkong-Chinesin, doch mit ihr zu telefonieren ist, als ob man den Geist von Lady Di am Ohr hätte. Sie hat dieselbe, wie durch eine sehr hoch gehaltene Nase intonierte Sprechweise der englischen Privatschulabgänger.

»Wieso tatsächlich?«

»Ich habe gestern einen Anruf bekommen. Man wollte wissen, ob mir bekannt sei, dass du gar nicht tot bist. Das ist sehr ... unangenehm, Kristof.«

»Es war anders geplant.«

»Was um alles in der Welt machst du in Marseille?«

»Ich bin auf der Durchreise.«

»Durch Marseille, ausgerechnet. Damit hast du uns beide in große Schwierigkeiten gebracht.«

»Ich suche bereits nach einer Lösung.«

»Es gibt keine Lösung. Du musst wieder untertauchen und ich muss den CdN beweisen, dass ich keine Verräterin bin. Das wird nicht einfach. Sie sind in dieser Hinsicht paranoid.«

»Vielleicht sollten wir uns zusammentun.«

Ein Schweigen folgte.

»Ich habe dir angeboten, mein Boyfriend zu werden«, sagte sie schließlich, und klang bitter. »Dann hieß es, du bist tot. Ich konnte es nicht glauben. Monat um Monat habe ich gewartet, dass du ein Lebenszeichen schickst. Doch du hast die ganze Zeit noch nicht einmal angerufen.«

»Ich habe dran gedacht, Chi Li. Aber du siehst ja selbst, wie gefährlich dieses Wissen für dich gewesen wäre.«

»Und für dich, meinst du.«

»Und für mich.«

»Du traust mir immer noch nicht.«

»Wie soll ich dir vertrauen, solange du mit der Mafia zusammenarbeitest?«

»Ich arbeite *für* sie. Das ist ein Unterschied. Ich spüre für sie Leute auf oder stelle schwierige Kontakte her, gegen Bezahlung. Ich verkehre nicht in ihren Kreisen, ich habe keinerlei Beziehungen zu ihnen, ich bin kein Mitglied.«

»Du kennst die Zwanzig.«

»Nein, nicht alle. Ein paar von ihnen. Manche wollen bekannt sein, führen sich auf wie Popstars. Andere bleiben komplett im Hintergrund.«

»Ich muss alles über sie erfahren.«

»Jedes Kind in den Straßen der Quartiers Nord weiß mehr darüber als ich.«

»Das glaube ich nicht.«

»Kristof, ich weiß nichts, was dir nützen könnte. Und, ich habe es schon erwähnt, sie sind paranoid. Wenn sie von diesem Gespräch erfahren …«

»Nenn mir einfach ein paar Namen und sag mir, wo sie wohnen.«

»Die Namen würden dir nichts nützen, und bis auf die Witwe wohnen Les Vingt alle ausnahmslos in ihrem Quartier, in verschiedenen Wohnblocks.«

»Was?«

»Nicht weil es so schön, sondern weil es sicher ist vor Polizei und Feinden. Wie will man ein solches Gebäude durchsuchen? Mit Hunderten von Privatwohnungen? Wie eine ganze Straße davon?«

Warum möchte man die Leute immer anschreien, die einem unwillkommene Tatsachen unterbreiten? Eigentlich, fiel mir auf, hatte ich Chi Li in der Hoffnung auf Ermutigung und Unterstützung angerufen, doch sie kam mir mit ihrem völlig überflüssigen Realitätssinn. Na, nicht ihre Schuld.

»Wo bist du, im Moment?«, fragte ich.

»London. Komm nach London, Kristof, und wir überlegen uns, wie es weitergehen könnte.«

Könnte. Ein alles andere als optimistisch klingender Konjunktiv.

»Ich denk drüber nach.«

»Ah, woher wusste ich nur, dass du das sagst?«

Damit hängte sie abrupt ein, eine weitere, permanent von mir enttäuschte Frau. Ich schaltete das Handy aus und startete den Wagen.

Eine Weile kurvte ich ziellos und missgestimmt durch die Vororte, ließ mich treiben, wusste nicht, was ich wollte, bis ich auf eine mir bekannte Straße geriet, an deren Ende eine bewegliche Barriere aus Müllcontainern wartete. Ich wendete, stellte den Audi auf dem Parkplatz eines Intermarchés ab, verstaute das Handy im Handschuhfach, versteckte den Schließfachschlüssel hinter der Abdeckung des Diagnosesteckers, stieg aus, öffnete den Tankdeckel, schloss den Wagen ab, legte den Autoschlüssel hinter den Tankstutzen und drückte den Deckel mit Gewalt zu. Jetzt würde ich ihn auch nur mit Gewalt wieder aufbekommen, doch eine bessere Lösung hatte mir auf die Schnelle nicht einfallen wollen. Also. Nach nur ein paar Schritten blieb ich stehen, zerrte mir Hufschmidts kackbraune Kunstlederjacke vom Leib und stopfte sie in den nächsten Mülleimer. Falsche Zeit, falscher Ort, um herumzulaufen wie ein unterbelichteter Bulle in Zivil. Dann lieber frieren.

Der Chouf erkannte mich nicht wieder, oder er wäre nicht in seinem Sessel hocken geblieben. So aber streifte er mich nur mit einem gelangweilten Blick, als ich die Straße kreuzte und langsam auf ihn zuging. Vertieft in sein Smartphone-Display erwartete er, dass ich in gedämpftem Tonfall mein Anliegen vortrug.

Genau wie für Zuhälter und Dealer sind für die Choufs dieser Welt die Freier und Drogenkunden allesamt Bedürftige, die man ungestraft mit größtmöglicher Herablassung behandeln kann. Gleichzeitig bringen diese Leute aber das Geld, weshalb es unklug ist, sich vorschnell an ihnen zu vergreifen.

Er fuhr überrascht auf, als ich mich erst wie für ein paar

vertrauliche Worte über ihn beugte und ihm dann mit flinkem Finger die Verspiegelte in die Stirn hob. Ich sah ihm direkt in die Augen und sagte: »Ich will deinen Chef sprechen.«

Er wollte mich auslachen, doch ich kam ihm zuvor.

»Ich bin bereit, für seinen Rat zu zahlen.«

Zarif Mahmout füllte die Patriarchen-Rolle aus, dass sie in den Nähten knirschte. Wo Westeuropäer selbst mit Mitte fünfzig noch Diäten einhalten und sich im Fitnessstudio abrackern, um jung zu wirken, für immer jung, Osteuropäer gleichen Alters bereits fatalistisch mit allem abgeschlossen haben und auf Raucherbeinen dem Säufergrab entgegenwanken, scheint der Orientale es schon ab gerade mal vierzig kaum noch erwarten zu können, endlich den erhabenen Großvater mimen zu dürfen. Und mimen tat er. Dick und rund und grau und würdevoll, mit Schlips und Kragen und Gold an Handgelenk, Fingern und Manschetten, in tadellosem Zweireiher und blitzeblanken Schuhen legte er die zum Outfit passenden Manieren an den Tag, ganz der formvollendete Gastgeber.

Ein kurzes Abklopfen durch zwei muskulöse Heavys musste natürlich sein, doch danach bat mich Zarif mit großer Geste in sein Büro, und die Heavys blieben draußen.

Als Zeichen der Ernsthaftigkeit meines Anliegens legte ich die geforderte Summe gleich beim Reinkommen auf den Schreibtisch, doch Zarif beachtete das Geld überhaupt nicht. Ein schmaler Halbwüchsiger brachte ein Tablett mit Tee und Gebäck, wir bedienten uns, knabberten, schlürften, wechselten ein paar Worte über das Wetter – jaja, der Mistral, jedes Jahr dasselbe.

Eine noch recht junge, aber schon fassförmige Frau in Kopftuch und Kittelschürze hantierte die ganze Zeit mit einem Staubwedel und kramte generell und nicht unbedingt geräuschlos herum. Zarif schien sie nicht zu bemerken.

Dann gab es Zigaretten, Feuer aus einem goldenen Feuerzeug, mir wurde der Ledersessel vor dem Schreibtisch zugewiesen, ein Standaschenbecher in meine Reichweite gerückt. Dicke Teppiche bedeckten den Boden, Bilder von Rennpferden die Wände. Schließlich drückte Zarif seine Kippe aus, lehnte sich in seinem Bürosessel zurück, faltete die Hände über dem Wanst und fragte: »Womit kann ich dir helfen?«

Was mich bewusst an meinen Status erinnern sollte. Dem ganzen gastfreundlichen Gehabe zum Trotz war ich in seinen Augen nichts als ein Bittsteller. Sonst hätte er mich nicht geduzt.

Bevor ich etwas sagte, warf ich einen fragenden Blick auf die Putzfrau, doch Zarif winkte nur mit seinem kleinen Finger, ermutigte mich, frei zu sprechen, zog ein lauschendes Gesicht.

Also gut.

Ich sagte: »Wir haben einen gemeinsamen Feind.«

Er nickte, als ob er die Möglichkeit in Betracht zöge.

»Ich brauche Verstärkung. Gegen die Chiens du Nord.«

Wieder warf ich einen zweifelnden Blick auf die Putzfrau, doch Zarif wirkte nach wie vor unbesorgt über ihre Anwesenheit. Nickte erneut.

»Ich bin Detektiv. Zurzeit befasse ich mich damit, Informationen über Les Vingt zu sammeln. Sobald ich ein klares Bild habe, will ich sie … beseitigen.«

Er legte den Kopf schräg und sah mich an, als sei er sich meiner geistigen Gesundheit nicht mehr ganz sicher.

»Und … wie genau soll das gelingen?«, fragte er zögernd und schielte das erste Mal nach dem Geld. Unser Gespräch schien sich sehr flott schon seinem jähen Ende zu nähern.

Plötzlich wurde mir klar, dass ich längst einen Plan hatte. Was ich bisher erfahren, zum Teil erlebt hatte, lief auf eine ebenso schlichte wie drastische Vorgehensweise hinaus: Einen töten, einen von den Zwanzig irgendwo abpassen und umbringen, sein Smartphone – nein, nur die *Daten* von seinem Smartphone klauen, die dann mit Heckenpennes' Hilfe auswerten und von da an den Telefonverkehr der CdN überwachen, bis zur Aufnahme eines neuen Mitglieds. Ort und Zeit herausfinden und sie entweder beim rituellen Morden oder beim anschließenden Diner überfallen. Und ein Blutbad anrichten. Ja. Der Gedanke allein hatte etwas ungemein Befriedigendes.

Viel fehlte nicht, und ich wäre damit herausgeplatzt. Im letzten Augenblick riss ich mich zusammen. Er war gut, der dicke Clanchef. Hatte völlig subtil in mir den Wunsch geweckt, ihm zu imponieren. Wirklich gut.

Dabei konnte es mir vollkommen wurscht sein, was der Schwachkopf von mir hielt. Ich brauchte seine Kooperation, nicht seinen Respekt.

»Ich stelle mir das so vor«, begann ich. »Recherche hier in Marseille ist für mich viel zu riskant. Ich gehe erst mal zurück nach Deutschland und beschaffe mit meinen Spezialisten Informationen über die Zwanzig. Sobald ich eine brauchbare Menge zusammen habe, tauschen wir uns aus. Mein Wissen gegen euer Wissen. Daraus erarbeite ich einen Plan und lege ihn vor. Wir besprechen ihn, verbessern, wo nötig. Dann schlagen wir zu und radieren Les Vingt und mit ihnen die gesamten Chiens du Nord von der Karte Marseilles.«

Ein nachdenkliches Schweigen folgte, nur die Putzfrau rumorte weiterhin geschäftig herum.

»Wir«, echote Zarif schließlich und stellte damit ein enormes Fragezeichen in den Raum.

»Ja«, bestätigte ich. »Wir, mit vereinten Kräften. Danach verschwinde ich sofort und für immer aus Marseille.« Das war mein entscheidendes Argument: Keine Machtansprüche. Es machte ihn grübeln.

»Was«, fragte er schließlich langsam, »hast du dann davon?«

›*Bitte tragen Sie auf der gepünkelten Linie eine gute Antwort ein*‹, bedeutete das. ›*Und zwar pronto.*‹

»Ich gewinne mein Leben zurück.«

Er ließ das einwirken, während die Putzfrau jetzt, zu meiner wachsenden Irritation, allen Ernstes mit dem Kabel in der Hand nach einer Steckdose für ihren blöden Staubsauger suchte.

»Also echt«, wandte ich mich an Zarif, »muss das sein?«

Er blaffte etwas auf Arabisch, die dicke Putze schlang mir blitzartig von hinten das Kabel um den Hals und zog zu, Zarif kam mit erstaunlicher Behändigkeit hinter seinem Schreibtisch hervor und hieb mir seine Faust bis zum Ellenbogen in die Magengrube. Bevor ich auch nur halbwegs wieder bei Atem war, hatten sich die beiden Heavys auf mich gestürzt und mich mit Kabelbindern zu einem Paket verschnürt.

Ich kapierte nichts.

Sie schleiften mich zum Aufzug, die Kabine surrte abwärts, stoppte, die Tür glitt auf und sie schleiften mich in eine Tiefgarage, leer bis auf eine dunkelrote Maserati-Limousine und … einen ausgesprochen schäbigen, ehemals weißen Renault Transporter. Ein Ansatz, ein Hauch von Begreifen setzte ein, doch ich wünschte, es wäre ausgeblieben.

Etwas stach mir tief in die rechte Arschbacke und ich rang kurz um Luft und dann knipste jemand das Licht aus. Und den Ton auch.

»Ich bin wach«, sagte ich. Der Typ in der Gummischürze tat, als ob er mich nicht gehört hätte. »Ich bin wach!«, wiederholte ich deutlich lauter. Der Strahl aus dem Feuerwehrschlauch trommelte auf mich ein mit der Härte und Kälte von gestoßenem Eis. Der Typ, der ihn hielt, war kahl, stiernackig und beseelt von dieser selbstvergessenen Entrücktheit, die alle Männer mit sprühenden Schläuchen in Händen an den Tag legen.

»Je suis éveillé!«, brüllte ich. Abgesehen vom Verband um meinen Arm war ich nackt, taumelte herum auf Zehenspitzen, straff senkrecht gehalten von einem Stahlring, der an einer Kette von der Decke des Raums hing und durch den man meine Handfessel gezogen hatte. »Also stell den verdammten Schlauch ab!« Natürlich ließ er sich Zeit, tat ein paarmal so, als ob es vorbei wäre, nur um mich dann wieder voll aufs Korn zu nehmen, es war ja so was von lustig. Als er das Wasser endlich abdrehte, konnten wir meine Zähne klappern hören.

»Ich werde euch alle töten«, sagte ich, nachdem Stiernacken die Schürze an einen Haken gehängt und den Raum durch eine äußerst solide, bestimmt fünfzehn Zentimeter dicke Stahltür verlassen hatte. Und seine Schritte verhallt waren.

Das Wasser von Boden und Wänden lief unter meinen Füßen zusammen, wo es mit einem rhythmischen Pumpgeräusch in ein Loch im Boden gesaugt wurde. Direkt unter mir, direkt unter dem Stahlring. Also bewusst platziert für alles, was da tropfen oder rinnen sollte …

Um meine Fantasie am Ausmalen zu hindern, versuchte ich mein Kreuz gerade zu drücken, entlastete so meine Handgelenke ein wenig und begann, Hände, Finger und Armmuskeln zu bewegen, in der Hoffnung, dadurch Durchblutung und Gefühl wiederherzustellen. Allmählich trocknete mein Balg und nach einer Weile stellten meine Gliedmaßen das Zittern ein. Ich sah mich um.

Der Raum war etwa so breit wie eine Garage, aber deutlich länger, vollkommen fensterlos, komplett aus Beton und bis auf Schulterhöhe in nüchternem Grau lackiert. Neonröhren hingen unter der ungewöhnlich hohen Decke, flankiert von Lüftungskanälen aus verzinktem Stahlblech, die leise vor sich hin vibrierten. Kellergeschoss, vermutete ich. An der einen Stirnseite die massive Stahltür, an der Seite gegenüber eine offenstehende Zimmertür mit Glasausschnitt, die den Blick auf eine Toilette und eine Duschkabine freigab, daneben eine zweite Tür, allerdings geschlossen und ohne Verglasung. Kurz davor stapelten sich zusammengefaltete Feldbetten, Campingstühle und Klapptische, und von einer der Längsseiten zweigte ein schmaler Gang ab. Dies war, soviel wurde mit jedem Moment klarer, keine Zelle. Es gibt keine Glastüren in Zellen, keine Duschkabinen, keine abzweigenden Gänge, keine Schlauchanschlüsse. Es war eher … ich blickte noch mal runter auf das Loch unter meinen Füßen, das mangels Nachschub das rhythmische Schlürfen eingestellt hatte, hoch zu der soliden Kette über meinem Kopf, fest in der Betondecke verankert, rüber zur Stahltür, mit Sicherheit schalldicht … es war … eine Folterkammer.

Eine Erkenntnis, die eine gewisse fliegende Hitze mit sich brachte. Genauso wie die Frage, wo und in wessen Gewalt ich mich eigentlich befand. Die Erinnerung an den weißen Renault Transporter holte mich ein. Mit derselben Karre hatte man die Mädchenleiche abtransportiert, ich war mir sicher. Hieß das, die Mahmouts und die Chiens du Nord kooperierten? In dem Fall hatte ich eine schier unfassbare Idiotie begangen … Ich musste mich regelrecht in den Arsch treten, um nicht in eine Art Schockstarre abzudriften. Vorsichtig, möglichst unauffällig – ich konnte mir den Hals verrenken, wie ich wollte, es schien keine Überwachungskamera zu geben, aber sicher durfte ich mir dessen nicht sein – begann ich, mit dem kleinen Finger der rechten Hand im Verbandsmaterial meines linken Arms herumzusuchen. Als ob es mich dort juckte. Meine Hände steckten in klassischen Handschellen. Und im Verband steckten ein klassischer Sägedraht *und* ein klassischer Zahnstocher. Ich ertastete den kleinen Holzspieß, zupfte ihn sachte heraus, da näherten sich Schritte, die Stahltür schwang auf und die Frage, in wessen Gewalt ich mich befand, war mit einem Schlag geklärt.

La Veuve kam herein, allein, und durchmaß den Raum mit langen Schritten, die ein seltsames Geräusch verursachten, oder besser, zwei. Auf ein scharfes Klacken folgte ein dumpfes Quietschen, und so weiter, immer abwechselnd.

Sie passierte mich, ging noch ein paar Schritte und fuhr dann zu mir herum, dass ihr dunkles Haar nur so flog. Ihr Kleid war wie am Vorabend schwarz, beinahe bodenlang und asymmetrisch geschnitten, freie Schulter rechts, ein langer, enganliegender Ärmel links bis halb über die Hand. Ich wagte nicht, nach ihren Schuhen zu schielen, sondern stellte mich so gerade wie möglich hin, spannte Bauch- und Armmuskeln an und versuchte, mit jeder Faser breitbeiniges Selbstbewusstsein auszustrahlen, auch wenn mein auf ein Minimum zusammengeschrumpelter Pimmel nicht recht mitspielen wollte.

Einen kurzen Moment lang dachte ich daran, das Gespräch mit dem Klassiker ›Das muss eine Verwechslung sein‹ zu eröffnen, doch fehlte mir das französische Wort für Verwechslung, also bot sich an, auf ›erreur‹ für Irrtum auszuweichen, doch etwas in der Art der Witwe ließ mich einfach die Schnauze halten. Sie musterte mich aus großen, dunklen Augen, und zwar mit solch einer satten Zufriedenheit, dass es keinen Zweifel geben konnte, sie *wusste*, wer ich war, Irrtum ausgeschlossen.

»Überrascht?«, fragte sie, wie selbstverständlich davon ausgehend, das ich im Gegenzug wusste, wer sie ist.

»Ein wenig«, gestand ich.

»Marseille droht die Anarchie«, erklärte sie ansatzlos. »Es gibt zu viele kleine Kriege. Wenn die Großen nicht die Kontrolle verlieren wollen, müssen sie einen Weg finden, ihre Konflikte zu beenden. Zarif und ich führen Gespräche über einen Waffenstillstand und eine dauerhafte Aufteilung der Quartiers Nord. Du bist dabei so was wie ein Geschenk, ein Zeichen des guten Willens.«

›Un signe de bonne volonté‹. Sinnige Inschrift für das flache Grab, in dem man mich verscharren würde, fand ich.

Wie um zu demonstrieren, dass sie sich Zeit mit mir lassen wollte, ging sie ein paar Schritte, zeigte Bein in einem langen Schlitz im Kleid. Sobald sie den Kopf von mir wegdrehte, fummelte ich den Zahnstocher in die Arretierung der Handschelle, drückte, drückte – nichts. Entweder war dies ein anderes Modell als das von Hufschmidt, oder ich stellte mich einfach nur dämlich an … Das seltsame Schrittgeräusch ließ meinen Blick nach unten wandern.

Der eine Fuß der Witwe steckte in einem Stiletto, der andere in einem deutlich robusteren Schuh, mit Plateausohle, um mit der hochhackigen Konkurrenz mithalten zu können.

La Veuve hatte, erinnerte ich mich, die Explosion einer Autobombe überlebt, doch dabei offenbar ihr linkes Bein verloren. Keine Frage also, auf welcher Seite das Kleid geschlitzt war.

Wieder fuhr sie zu mir herum, schwarze Haarpracht schimmernd im Neonschein. Fast hätte ich den Zahnstocher fallengelassen.

»Du willst uns also … beseitigen?«

Mir fiel auf, was für einen fantastische Nase sie besaß, nicht so ein Disney-Stummelchen, wie es die infantilen Amerikaner anbeten, sondern ein Zinken von Charakter, scharf mit einem entschiedenen Knick in der Mitte und untermalt von zwei Nüstern, die durchaus ihren Teil zum Mienenspiel beitrugen.

»Na ja, ich wollte«, räumte ich ein. »Doch jetzt«, erklärte ich mit dem feierlichen Ernst eines auf den Nobelpreis schielenden Weltversöhners, »möchte ich lieber Frieden.«

Sie sah mich an, wie man jemanden ansieht, der über den richtigen Zeitpunkt für Verhandlungen um ein schlappes Jahrzehnt hinausgeschossen ist.

»Noch ist es nicht zu spät«, behauptete ich tapfer.

Sie umrundete mich, betrachtete mich von oben bis unten, trat dicht hinter mich und atmete schwer in mein Ohr.

»Frieden«, echote sie, stieß Luft durch diese Nüstern in meinen angstverschwitzten Nacken und schmiegte sich leicht an mich. Duftstoffe, bis zum Sättigungsgrad angereichert mit Pheromonen, stiegen in meine Atemwege, von da in mein Nervensystem, das daraufhin schlagartig bestimmte Drüsen hochfuhr, was eine spontane Entschrumpelung meiner Männlichkeit zur Folge hatte.

Sie löste sich, schlich aber weiter dicht um mich herum. Irgendetwas schien sie an mir zu faszinieren. Vielleicht war es mein krummer Rücken, manche Frauen sollen ja schier verrückt nach Buckligen sein, oder vielleicht nur der Umstand, dass jeder von uns seine Verwundungen davongetragen hatte … Und wenn nicht, konnte es nicht schaden, auf diese Gemeinsamkeit hinzuweisen.

»Wir haben beide bezahlt für das Leben, das wir führen«, streckte ich einen Fühler vor. »So muss es nicht weitergehen.

Wir können offen miteinander sprechen, versuchen, zu vergessen, was passiert ist, noch mal ganz neu anfangen …«

Sie zupfte einen Zigarillo aus dem linken Ärmel, dann ein Plastikfeuerzeug, bevor sie einen Blick hob, der keinen Zweifel daran ließ, dass ich mit diesem Gesülze bei ihr auf Granit biss.

In jäher Einsicht wurde mir bewusst, dass es nicht meine Person war, die sie faszinierte, sondern schlicht und einfach der Umstand, mich in ihrer Hand zu haben, völlig ausgeliefert, und, mit einer Art ebenso jäher Rückkoppelung, dass mich das scharf machte. Ich wollte sie, wollte sie in meinen Armen, sie zittern und stöhnen machen, wollte sie weich werden, aufgeben spüren, in sie eindringen, von ihr Besitz ergreifen, die Machtverhältnisse ins Gegenteil verkehren …

»Wo ist das Geld?« – *›Uh äh l'arschang?‹* Allmählich begann ich ihn zu hassen, diesen Akzent. Mein hitziges Verlangen verpuffte wie Dampf und hinterließ die für Verdunstungen so typische Kühle.

»Ich bin bereit, es zurückzuzahlen«, sagte ich sachlich.

Sie biss auf den Zigarillo, ritschte das Feuerzeug an und sog die Flamme in den Tabak.

»Wo ist das Geld?«, wiederholte sie, begleitet von Rauch. »Du sagst es, oder du leidest, und sagst es dann.«

»Moment, Moment, Moment. Noch mal von vorn: Ich gebe das Geld zurück, jeden Cent. Aber nur, wenn ich meine Freiheit garantiert bekomme. Und mein Leben.« Meine Freiheit, mein Leben, und dazu noch Friede, Freude, Eierkuchen. Als ob im Falle ihrer Zustimmung auch nur ein Funken Verlass darauf wäre, dass sie Wort hielt. Im Grunde wollte ich nur Zeit schinden, lauerte auf eine neue Gelegenheit, meine Handschellen zu knacken. Ich beschloss, es mal mit links zu versuchen.

»Dein Leben«, sagte sie verträumt, rückte ihr Gesicht ganz nah an meines, paffte ein paar rasche Züge und ließ mich die Hitze der Glut spüren. Ich wich nicht aus, sondern versuchte mich an meiner standhaftesten Pose. Manchmal überzeugt sie, manchmal nicht.

»Du zeigst keine große Furcht.« Sie machte einen Schritt zurück.

»Ich hatte mal eine Vierundzwanzig-Stunden-Bar«, erklärte ich, »mit einer Musikbox voll türkischer Balladen. Der Gedanke an Folter hat seitdem jeden Schrecken für mich verloren.«

Nein, Scherz. So gut ist mein Französisch nun wirklich nicht. Ich sagte: »Ich will, dass das hier endet.«

Es schadet nie, sich ein wenig kryptisch auszudrücken. Niemals drohen. Niemals jemals flehen.

»Wo ist das Geld?«

»Auf der Bank. Ich habe es durch die Kasse meiner Bar laufen lassen.«

»Davon wird es nicht gerade mehr.«

»Dann habe ich die Bar verkauft. Also. Ich hole das Geld, ich zahle es zurück, mit Zinsen. Danach vergessen wir das Ganze.«

Sie zog eine nachdenkliche Miene, Stirnfalten und alles, schürzte die Lippen, machte ein paar Schritte, wog den Kopf hin und her, als ob sie mein Angebot mit kritischem Wohlwollen prüfte. Reine Show, ich war mir sicher, reines Zappelnlassen vor irgendeiner Form von Knalleffekt. Verzweifelt fummelte ich mit dem Zahnstocher und spürte, wie ich gleichzeitig in banger Erwartung den Atem anhielt.

»Du hast«, sagte sie unvermittelt und fuhr wieder dramatisch zu mir herum, starrte mir kalt ins Gesicht, »meinen Sohn getötet.«

Ach du *Scheiße*. Obwohl ich mich innerlich auf so etwas

eingestellt hatte, traf es mich trotzdem wie ein Hieb in die Nieren.

»Meinen einzigen Sohn.«

Oh, *Mann*. Seit dem inszenierten Unfall im Autobahntunnel hatte ich mich im Stillen gefragt, was für einen Aufwand die CdN betrieben, um mich zu fassen zu kriegen. Alles wegen ein paar hundertausend Öcken? Auch, klar, aber wie sich jetzt herausstellte, bei weitem nicht nur. Ihr *Sohn*? Das konnte nur ... Wie hieß er noch ... *Alain*, genau. Und ja, jetzt erkannte ich eine gewisse Ähnlichkeit. Das gleiche schmale Kinn wie seine Mutter, derselbe Hang zu Untergewicht.

›Er hat angefangen‹, lag mir auf der Zunge und blieb da. ›Das stimmt nicht‹, legte sich gleich dazu.

»Ich hatte keine Wahl«, erklärte ich stattdessen, was sie mit Sicherheit wusste und mir genauso sicher nichts nützen würde. Aber es war halt einfach wahr.

»Meinen einzigen Sohn«, wiederholte sie tonlos.

Ich brauchte einen Augenblick, um ›Und das ist allein deine Schuld‹ übersetzt zu bekommen. »Et ça est seulement de votre faute.«

»Das stimmt«, gab sie zu und seufzte. »Und du wirst dafür leiden. Und dann sterben. Ungerecht, nicht?«

›Injuste, n'est-ce pas?‹, eine weitere treffende Inschrift für das windschiefe Holzkreuz auf dem abgelegenen Marseiller Vorstadtfriedhof.

Sie sog mit ein paar hastigen Zügen die Glut bis auf die Länge zweier Fingerglieder, packte plötzlich meinen Schwanz, zog daran, dass ich dachte, sie reißt ihn ab, und drückte ihren verfluchten Zigarillo darauf aus.

Mein Schrei hallte von den Betonwänden wider und – ja, ich weiß, man soll keine Krüppel schlagen, aber ich vergaß mich völlig und kickte ihr die Prothese unterm Arsch weg.

Unter Kreischen ging sie zu Boden und es machte *Prrrrt* über meinem Kopf, meine Arme kamen runter, Stahlfessel noch ums linke Handgelenk, die Rechte dafür frei, und Nepomuks Vortrag, wie man jemanden mit einem einzigen Schwinger zuverlässig ausknockt, holte mich ein: »Ziel auf die Schläfe. Du musst zuschlagen, als ob du mit der Faust bis ins Hirn vordringen wolltest, dann aber noch vor dem Kontakt schon wieder zurückzucken. Ergibt so einen Peitschenknalleffekt«, meinte er. »Und schont die Hand.«

Ich zielte, ich schlug zu, zuckte zurück und La Veuve stellte das Kreischen genauso ein wie alle Bemühungen, wieder auf die Beine zu kommen. Stattdessen fiel sie einfach in sich zusammen, während ich mir kurz die Faust rieb, mich dann auf den Schlauch stürzte, den Hahn aufdrehte, den Wasserstrahl auf meine Mitte hielt und einen weiteren Schrei so gerade unterdrückt bekam.

Nachdem ich den Hahn zugedreht hatte, stand ich einen Moment da und lauschte. La Veuve stöhnte, rührte sich aber nicht. Leise ratterte die Lüftung hoch über meinem Kopf, *glurp, glurp, glurp* saugte der Abfluss das Wasser auf. Davon abgesehen war die Stille vollkommen. Mit ein paar Schritten war ich bei der Tür neben dem Bad, zog sie auf. Sie führte nirgendwohin, nur in eine Kammer, voll mit Regalen und einer kleinen Kücheneinheit aus Herdplatte, Kühlschrank und Spüle. Obendrauf, zu einem Bündel zusammengerollt, meine Klamotten. Hastig, wütend vor Ungeduld, zerrte ich mir die Hose über die nassen Beine, schnürte den Gürtel, zog mit äußerster Vorsicht den Reißverschluss hoch, streifte mir das T-Shirt über, zwängte meine Füße in die Sneaker und musste mich entscheiden: Wagte ich mich durch die Stahltür, auch auf das Risiko hin, es anschließend mit Stiernacken und wer weiß wem noch aufnehmen zu müssen? Nein, wagte ich nicht. Also versuchte ich mein Glück in dem kleinen, abzweigenden Gang. Auch hier wartete nach nur ein paar Metern eine schwer armierte Tür, doch sie war nur verriegelt, nicht verschlossen und ließ sich, wenn auch mühsam, weil offenbar seit ewigen Zeiten nicht mehr benutzt, aufdrücken.

Weitere dreißig oder vierzig Meter Gang folgten, geradewegs durch hellen Fels getrieben, kaum mannshoch, kaum schulterbreit, leicht ansteigend, mit schwachem, natürlichem Licht am Ende. Tageslicht! Ich trat aus der Enge des Gangs in eine grob würfelförmige, menschengemachte Höhle, Meißelspuren dicht an dicht auf sämtlichen Oberflächen. Das Licht, warm und schimmernd, kam durch einen langen, schmalen Schlitz, der sich quer über eine der vier Wände zog. Ich linste hindurch. Tanker, Frachter, Fähren, Yachten und Fischerboote zogen ihre Spuren über das windgebürstete Meeresblau, die meisten auf dem Weg zum oder vom Hafen von Marseille. Ein alter militärischer Beobachtungsposten, vermutete ich, hoch auf einer steilen Klippe, wahrscheinlich aus einem der Weltkriege. Zwei in Ehren ergraute Holztüren führten ins Freie, beziehungsweise, wie ich nach Öffnen der einen augenblicklich und wenig begeistert feststellen musste, nur nach draußen, die vermeintliche Freiheit seitlich begrenzt von der fast senkrecht abfallenden Klippe, geradeaus von einem hohen Zaun aus Stahlgeflecht, gekrönt von einer endlosen Wicklung Rasierklingendraht, der sich vom ersten Pfosten auch noch ein paar Meter abwärts Richtung Meer schlängelte. Und gleich auf dem zweiten Pfosten thronte eine Überwachungskamera. Genau wie auf dem Vierten. Dem Sechsten. Und so weiter, in einer leichten Kurve um den Hang einer felsigen Bergkuppe herum. Sie alle streckten mir glücklicherweise ihre runden Kehrseiten entgegen und blickten in eine Richtung, die ich, bei einem von der Mafia genutzten Anwesen, automatisch als ›draußen‹ empfand, was im Umkehrschluss bedeutete, dass ich noch drinnen war.

Ein letzter, schaudernder Blick von der Klippe – hundert Meter, vorsichtig geschätzt, gleichbedeutend mit dem sicheren Tod, sollte jemand auf die Idee kommen, einen kühnen Sprung hinab zu wagen, und ich pulte in meinem Armverband herum, bis ich meinen Zeigefinger durch eine der beiden Ösen des Sägedrahts gedrückt bekam und ihn ans Licht zog. Ich hatte noch nicht ganz angefangen, mich durch das Drahtgeflecht zu feilen, als aus der Höhle hinter mir schwere Schritte ertönten, verursacht von mindestens zwei Paar solider Schuhe in verschärftem Tempo.

Ohne den Übergang vom Stehen zum Rennen mitbekommen zu haben, fand ich mich in vollem Lauf wieder, kopflos, nur weg, weg von dem momentan unüberwindbaren Zaun, weg von den Verfolgern in ihren soliden Schuhen, hin zu irgendeiner Form von Deckung oder Versteck, zu einer Atempause, einer Gelegenheit, die Lage zu checken und …

Um ein Haar und der Hund hätte mich gepackt.

Ich hatte gerade eine Ecke eines langgestreckten Bungalows umrundet, wollte die Zufahrt queren und mein Heil in einem Pinienwäldchen suchen, das sich den felsigen Hügel hochzog, als mich das Vieh ohne jede Vorwarnung ansprang, eine dunkelgraue Masse von Hund, schauerliche Reißzähne nach meiner Gurgel greifend, und nur weil ich ungebremst über irgendetwas stolperte, schnappten sie ins Leere. Ich schlug lang hin, rollte mich ab, krabbelte wieder auf die Beine, und fand mich außerhalb der Reichweite der Kette wieder, die die Bestie an ihre Hütte fesselte. Raues, wütendes Kläffen und mindestens ebenso wütende Männerstimmen folgten mir meinen Weg hügelan. Mit einem akuten Beckenschiefstand zu rennen ist nichts für die lange

Strecke, selbst wenn dein Blut mit Adrenalin geflutet ist. Den Pinienhain ließ ich links liegen, zu steil, zu felsig der Grund, und folgte stattdessen einem Fahrweg, hielt – ich habe keine Ahnung, warum – auf einen rostigen Wasserturm zu, der von der Spitze des Berges in die Höhe ragte. Vielleicht war es der Wunsch, mir einen Überblick zu verschaffen, vielleicht die absurde Hoffnung, mich dort oben lange genug halten zu können, bis mir jemand zu Hilfe eilte, ich weiß es nicht. Auf alle Fälle kam ich nie über die ersten fünf Sprossen hinaus, bis meine neugewonnene, mein ganzes bisheriges Leben lang niemals zuvor so erlebte Höhenangst eingriff, mich mit Schwindel und Übelkeit überzog und in einen Zustand krampfartiger Lähmung versetzte.

Na, es war eh das Ende der Reise. Einzige Alternative zum Erklimmen der Sprossenleiter wäre gewesen, in den nahen Pool zu springen, randvoll brackig-grünen Wassers, oder weiter, bergab und dann am Zaun entlangzulaufen, bis mich mein Weg zwangsläufig zurück in die Fänge des grauen Kettenhundes führen würde.

Fünf Sprossen, sagte ich mir. Jetzt stell dich nicht so an! Was sollen die Leute denken? Doch mein Hirn schien weiterhin fest davon überzeugt, nur einen kleinen Finger zu rühren wäre gleichbedeutend mit einem sofortigen Sturz ins Bodenlose. Der Wind fuhr durch mich hindurch und nahm auf seinem Weg die durchs Rennen erzeugte Wärme mit. Es gibt Momente, da ist alles Scheiße.

»Was hat er?« Stiernacken blickte fragend zu mir hoch, an seiner Seite mein rotblonder Freund und sein Beifahrer, den ich nicht wirklich wiedererkannte, sondern mehr über den Umstand identifizierte, dass beide Shorts trugen, aus denen Beine, haarlos und rot wie die eines Flamingos und glitschig vor Brandsalbe ragten.

Alle drei waren außer Atem, alle drei trugen Waffen und alle drei wirkten angepisst, wie Leute, denen man deutlich mehr Arbeit macht als eigentlich nötig.

»Komm runter«, befahl Stiernacken und rappelte an der altersschwachen Leiter, was wenig dazu beitrug, meinen Krampf zu lösen.

Schließlich langten zwei Mann hoch, zogen mir die Füße von den Sprossen, und dann ging's für mich abwärts und sie hatten mich, *peng*.

Rotblond und sein Co zwangen meine Arme nach hinten, drückten die verdammte, immer noch von meinem Handgelenk baumelnde Handschelle zu, und dann führten sie mich ruppig ab, den Fahrweg hinunter Richtung Bungalow. Ihre Mienen waren ernst, ihr Gehabe voll kopfschüttelnden Unverständnisses. Sie vermittelten mir das Gefühl, ein unaussprechliches Verbrechen begangen zu haben, ein Sakrileg, irgendetwas, das zwangsläufig und selbstverschuldet mit maximaler Härte geahndet werden würde.

Zu sagen mir war mulmig zumute würde ein wenig kurz greifen.

Der staubige Fahrweg mündete in die gepflasterte Grundstücksauffahrt, und die Auffahrt in eine großzügige Terrasse, die wie der Pool einen ungepflegten, ungenutzten Eindruck machte. Ungenutzt außer als Lagerfläche für Baumaterial. Ein Minibagger döste vor sich hin, Zementsäcke stapelten sich auf zwei Paletten, eine Mischmaschine leistete einer Schubkarre Gesellschaft, Gerüstteile und Leitern lagen verstreut herum oder lehnten an einem im Bau befindlichen, freistehenden Unterstand oder Schuppen. Ganz aus mit rostigen Striemen durchzogenem Beton und ohne Dach wirkte er, als ob die Arbeiten daran vor längerer Zeit mit einigem Elan angefangen und dann aus welchem Grund auch immer unterbrochen worden wären.

Die zur Terrasse zeigende Seite des Bungalows bestand aus einer durchgehenden Fensterfront, dahinter ein loftähnlicher Raum mit einer abwärts führenden Wendeltreppe an einer Seite. Stiernacken zog eine Schiebetür auf und man stieß mich ins Innere. Der Raum war durch die einseitige Verglasung sehr hell und durch die sparsame Möblierung sehr übersichtlich. Außer einem Sofa und einem Flachbild-Fernseher gab es eigentlich nur noch einen schmalen Konferenztisch, der sich längs durch die Mitte zog. Ich brauchte nicht nachzuzählen, um zu wissen, dass an jeder Seite exakt zehn Stühle standen. Die Witwe thronte am Kopfende in einem Drehsessel, ihr gutes Bein elegant über das dezent vom Kleid verdeckte Künstliche geschlagen, einen Eisbeutel mittels einer übergroßen Sonnenbrille an ihre linke Schläfe geklemmt.

Sie schleiften mich zu ihr, traten mir die Füße nach hinten, sodass ich auf die Knie fiel, und hielten meine Oberarme gepackt. La Veuve hob die Brille ein kleines Stück an und blickte lange auf mich hinunter aus Augen, in denen sich Schmerz und Müdigkeit mischten.

»Ivavoleh«, sagte sie schließlich, und man zerrte mich wieder auf die Beine, schubste mich aus dem Raum, raus auf die Terrasse, rein in den im Bau befindlichen Betonschuppen. Dies, soviel wurde auf den ersten Blick klar, sollte mal eine Zelle werden. War es schon, nur halt noch etwas roh und unmöbliert und nach oben offen, aber die Gittertür war schon installiert und mit ihr die völlige Abwesenheit von Privatsphäre, eine gern angewandte Steigerungsform der Demütigung des Eingesperrtseins. Damit nicht genug. Stiernacken gesellte sich zu uns, und zu dritt begannen sie, mir die Plörren vom Leibe zu reißen. Ich wehrte mich so gut es ging, doch es nutzte nichts. Als sie mit mir fertig waren, hatte ich nicht mal mehr den Verband um den Arm, keine

Schuhe, keine Unterhose, nichts. Und es war kalt. Saukalt. Sie schlossen die Tür und verzogen sich.

Hände nach wie vor hinterm Rücken gefesselt, kauerte ich mich in eine Ecke und sehnte das erste Mal in meinem Leben Hufschmidt herbei. Kommissar Hufschmidt mit seinem Europol-Dienstausweis, mit seinem ehernen Glauben an die staatliche Autorität, mit seiner Wumme und den einundzwanzig Schuss Munition.

Ivavoleh, dachte ich und kratzte an dem Wort herum wie an einer verschorften Wunde. Ivavoleh. Die Zeit verrann und mit ihr die Hoffnung, dass dieser Klotzkopf mich tatsächlich suchen würde, geschweige denn finden und dann auch noch retten könnte. Nicht Hufschmidt. Der war inzwischen sicherlich längst unterwegs Richtung Frankfurt, den Gefangenen überstellen, wie befohlen. Und für Europol existierte ich nicht.

London, dachte ich. Wär ich mal. Noch so ein Fehler. Nur diesmal, wie es aussah, mein letzter.

Ivavoleh, dachte ich. Ivavoleh.

Bei Einbruch der Dunkelheit war ich ein halbverdurstetes, unkontrollierbar zitterndes, blaugefrorenes Wrack.

Rotblond und Stiernacken kamen mich holen, zerrten mich mit sich, stießen mich in einen Kofferraum und knallten den Deckel zu. Sekunden später waren wir unterwegs, röhrender Auspuff dicht unter meinem Ohr. Der Fahrer kickte das Gas, latschte in die Bremsen, riss den Wagen von einer Serpentine in die andere. Ich musste mich mit der Schulter in der leeren Reserveradmulde verkeilen und die Beine gegen eine Seitenwand stemmen, um nicht herumgeschleudert zu werden wie ein Würfel im Knobelbecher. Irgendwann hörten die Kurven auf, wir gerieten auf die Autobahn, rollten dahin, dann ging's wieder runter von der Bahn und ein paarmal links und rechts und schließlich im Ersten über eine Buckelpiste. Schotter rappelte in den Radkästen und eine beklemmende Ahnung beschlich mich.

Der Wagen stoppte, der Motor verstummte, Türen wurden aufgestoßen, Schritte knirschten. Als der Kofferraumdeckel aufging, blickte ich direkt das Betongerippe des Hôtel du Nord hinauf. Und begriff, endlich, was ich stundenlang schlicht und einfach nicht hatte begreifen wollen: Ivavoleh / Il va voler / Er wird fliegen.

Ich spürte die Kälte nicht mehr, keinen Durst, keinen Schmerz, keine Reue, nichts. Alles, was ich noch fühlte, war der sandige Beton der Treppenstufen unter meinen nackten Füßen und eine ins Grenzenlose ausufernde Fassungslosigkeit.

Ich trug einen brutal geschnürten Knebel, vermutlich, weil ich geschrien hatte, doch keine Binde um die Augen, was kaum einen Unterschied machte, ich war nichtssehend, wie blind.

Stufe um Stufe schoben mich Rotblond und Stiernacken in die Höhe, ihre Hände fest in meine Arme verkrallt. Jedes Mal, wenn ich stolperte, strauchelte oder mich zu widersetzen versuchte, stieß mir der Dritte einen Schraubenzieher in den Arsch, und ich meine in die Furche, was einen wortwörtlich anspornenden Effekt hat.

Oben angekommen, führten sie mich langsam an die Kante. Kein großer Bahnhof für mich, musste ich feststellen, nur ein paar Motorräder warteten unten, die Fahrer lässig auf den Sitzbänken zurückgelehnt, Arme verschränkt, Stiefel auf dem Boden. In ihrer Mitte eine breite Lücke. Ich wusste, für wen. Noch ein Schritt, noch ein Schritt. Ich versteifte.

Kein Schraubenzieher, diesmal. Man ließ sich Zeit. Man wartete.

Endlich erschien der G-Mercedes, das Panoramadach

bereits offen, La Veuve in eleganter Pose auf dem Rücksitz, eine Pelzstola um die ranken Schultern, Zigarillo in voller Glut. Der Wagen stoppte auf seinem angestammten Platz direkt zu Füßen des Treppenschachts. Die dunklen Augen wanderten langsam, Etage für Etage hoch, zu mir. Sie trug keine Sonnenbrille mehr, auch keinen Eisbeutel, hatte das Haar aber geschickt über die Schläfe gekämmt. Seltsam, was einem auffällt, manchmal.

Jemand schob mir eine Messerklinge flach über die Wange und trennte den Knebel durch. Jetzt durfte, sollte ich schreien. Es war so weit, es schwang in der Luft wie ein Gongschlag.

Mit der gleichen Ruhe, mit der sie ihren Blick hatte wandern lassen, hob die Witwe ein Handy ans Ohr.

Meine Zeit lief ab. Panik knetete meine Eingeweide wie Metzgerfinger eine Mettwurstpelle.

»Macht wenigstens die Handschellen los«, bat ich, was niemand verstand und ich nicht übersetzt bekam, nicht in meinem Zustand. »Nehmt mir die Fessel ab«, schrie ich, blickte hinter mich und rappelte mit dem verfluchten Ding. Der Gedanke an fünfzehn Etagen freien Falls mit den Händen hinterm Rücken war … unerträglich. »Nehmt sie ab, oder …« Wie war das noch? Niemals drohen, niemals jemals flehen. »Bitte, nehmt mir die Fessel ab, bitte«, flehte ich.

Sie lachten. Ein Handy fiepte. Jemand sagte: »Bon.« Dann: »Alors.« Der Schraubenzieher stach zu. Die Kante, da war die Kante. Dahinter das Nichts.

»Nehmt mir die Fessel ab! Nehmt mir die Fessel ab!«

Die Hände gaben meine Arme frei, packten meine Schultern, schubsten mich nach vorn und … ich fiel. Ein Schrei zerriss mir die Lunge, dann ein Ruck an meinen Armen, ich fiel … auf die Knie, jemand fluchte, der Schraubenzieher klapperte zu Boden, Schritte entfernten sich. Unten wieselten die Motorräder davon, in gelassenem Tempo gefolgt von dem Mercedes, und einen Augenblick später flackerte Blaulicht in meinen Augen.

Ich kniete an der Kante, nackt, allein, Kopf über dem Abgrund, bibbernd und schluchzend.

Bis man bei mir eintraf, hatte ich mich wieder einigermaßen gefangen. Hufschmidt schaffte es als Erster bis aufs Dach, war nach dem Aufstieg aber einem Kollaps nahe, schwankte, rang um Atem, zu keiner Äußerung fähig. Mombassa dagegen hatte die fünfzehn Etagen recht locker hinter sich gebracht. Er half mir auf die Beine, hielt mir eine Wasserflasche an die Lippen und ich sog mir einen guten Liter rein, hustete ein Weilchen und gurgelte dann den Rest weg. Jede einzelne Zelle in meinem Körper expandierte mit einem deutlichen *Plop*, mein Herz regulierte sich schrittweise wieder auf normale Schlagzahl und mein Hirn erwachte aus einer Art von teigiger Starre. Wasser. Wundervolles Zeug.

Polizisten umringten uns, Feuerwehrleute legten mir eine Wolldecke um die Schultern, die aussah, und vor allem roch, als seien mit ihr schon eine ganze Anzahl von Friteusenbränden erstickt worden. Aber sie wärmte. Jemand nahm mir die Fessel ab und meine Hände schmiegten sich dankbar um das Käsebaguette, dass Mombassa mir hinhielt.

»Mannomann, war das knapp«, resümierte Hufschmidt und blickte schaudernd in die Tiefe. »Wie um alles in der Welt hast du dich in diese hirnrissige Situation gebracht?«

War da ein Unterton von Vorwurf? Ich ließ es ihm durchgehen, kaute und würgte den Bissen runter, bevor ich antwortete. »Mangelnde Kenntnis der örtlichen Gepflogenheiten«, gestand ich dann. »Man könnte auch sagen: Blödheit.« Damit schlug ich meine Zähne wieder in das Brot. Camembert, wundervoller Käse. »Los«, sagte ich dann mit vollem Mund, »weg hier.«

Am Treppenabgang nahm mich ein Bulle in geschniegeltem Zivil in Empfang, der sich als Inspecteur Mayonne vorstellte und mich zu einer Gegenüberstellung mitnehmen wollte.

»Gehen Sie vor«, sagte ich und bat Mombassa, die anderen noch ein, zwei Minuten aufzuhalten. Mochte niemanden hinter mir, komisch eigentlich. Im Treppenhaus quetschte ich mich an der Wand entlang und dachte ernsthaft über einen Umzug nach Friesland nach. So schön ebenerdig, Friesland.

Unten angekommen, führte Mayonne mich zu einem Mannschaftsbus, vor dem seine Kollegen dabei waren, Stiernacken, Rotblond und seinen Co zu filzen und in Eisen zu legen.

»Sind das die Personen, die Sie entführt und versucht haben, Sie vom Dach zu stoßen?«, wollte Mayonne von mir wissen.

Sie reihten sie jetzt nebeneinander, Beine breit, Hände hinterm Rücken, gehalten von je einem Polizisten in Kampfanzug. Ich ging rüber, besah mir jeden von oben bis unten, als ob ich mich vergewissern wollte, dass sie die Richtigen verhaftet hatten. Die drei blickten herablassend ins Nichts. Schließlich drehte ich mich um. »Wissen Sie«, sagte ich zu Mayonne, »dies hier ist ein Missverständnis. Das vorhin war nichts als ein kleiner Streich unter Freunden.«

Inspecteur Mayonne ließ seinen Blick abkühlen, wie ich es bisher nur von Hauptkommissar Menden kannte. Er sah von mir zu dem Aufgebot an Kriminalpolizisten, Streifenpolizisten, Bereitschaftspolizisten, zu Feuerwehr- und Rettungskräften und dann wieder zurück zu mir. Schweigend. Eisig.

Irgendwo im Hintergrund hörte ich Mombassa meine Worte ins Englische übersetzen und Hufschmidt »*What?!!*« brüllen.

»Ein kleiner Streich unter Freunden«, wiederholte Mayonne langsam, ließ es sich praktisch auf der Zunge zergehen.

›Une petite blague entre amis‹ – mir gingen die sinnigen Grabinschriften nicht aus. Doch – kein Bedarf. Ich lebte. Ich lebte mit allen Fasern. Hörte mein Blut durch die Adern pulsieren, spürte mein Herz wummern, das Heben und Senken meiner Lungenflügel, fühlte die Notwendigkeit von Salbe für den verbrannten Schwanz und den vom Schraubenzieher malträtierten Arsch. Fühlte. Lebte.

»Bleiben Sie bei dieser Aussage?«

»Ja«, sagte ich fest.

»*Was?*«, hörte ich Hufschmidt.

Mayonne drehte sich von mir weg, ging rüber zu seinen Leuten, wechselte ein paar Worte mit ihnen, und man nahm den dreien die Fesseln ab und forderte sie auf, zu gehen. Niemand schien sonderlich überrascht oder aufgebracht, Hufschmidt mal ausgenommen.

Sie kamen dicht an mir vorbei, ignorierten mich, nahmen Kurs auf ihren Subaru.

Und fickt euch, dachte ich.

Nur Rotblond drehte sich noch mal kurz zu mir um. »Ongtora«, sagte er, ging weiter zum Auto, stieg ein und röhrte mit den andern davon.

Diesmal, meine Hirnzellen gut gewässert, brauchte ich nicht lange zu rätseln. Ongtora – On t'aura – ›Man wird dich haben‹, wörtlich übersetzt, ›Wir kriegen dich‹, sinngemäß. Abwarten, dachte ich trotzig, und fühlte mich gleichzeitig müde, erschöpft.

Hufschmidt baute sich vor mir auf. Er schäumte.

»Soll ich dir mal sagen, was wir für einen Zirkus veranstalten mussten, um diese südfranzösischen Trantüten dazu zu kriegen, dir den … dich zu retten? Mombassa und ich haben praktisch vor der Wache campiert, bis Nepomuk aus seinem Versteck hier angerufen und bestätigt hat, dass drei Gangster vorgefahren sind, die offensichtlich vorhaben, dich vom Dach zu schmeißen. Wir sind sofort ins Präsidium gestürmt und haben Himmel und Hölle in Bewegung gesetzt. Sieh dich nur um! Sieh dich um! Alles deinetwegen! Und zum Dank lässt du diese Killer jetzt vom Haken? Bist du eigentlich bescheuert?«

»Glaub mir, es macht keinen Unterschied.«

Er ließ diese Aussage einen Moment lang einwirken.

»Aber … aber … aber … man kann doch nicht einfach resignieren.«

Wer will mich hindern, dachte ich. Dann fiel mir etwas auf. »Wo ist eigentlich Nepomuk?«

»Muss hier irgendwo sein. Wartet vermutlich im Auto.«

»Welchem Auto?«

»Na, der Mietwagen, den ich uns …«

»Welcher Mietwagen?« Ich sah kein einziges Zivilfahrzeug.

»Ein schwarzer Volvo …« Hufschmidt folgte meinem Blick, und erbleichte.

»Du hast Nepomuk unbewacht gelassen?«, fragte ich. Wir waren zu Fuß unterwegs zum Intermarché-Parkplatz, den Audi holen. Zu Fuß, weil sich von behördlicher Seite niemand mehr bereitfand, uns zu fahren. Mir war's ganz recht. Keiner brauchte zu wissen, mit was für einem Auto ich unterwegs war. Ongtora, jaja.

»Was sollte ich denn machen?« Hufschmidt klang vorwurfsvoll, aufgebracht und gleichzeitig mehr als nur ein bisschen verzweifelt. »Einer musste hier sein, die Augen offen halten, einen brauchte ich als Guide und Dolmetscher, und Nepomuk kennt sich hier nun mal nicht besser aus als ich.«

»Und jetzt ist er weg«, konstatierte ich überflüssigerweise. Wir kamen am Audi an und ich knackte den Tankverschluss mit dem Schraubenzieher – jawohl, *dem* Schraubenzieher, was Souvenirs angeht, habe ich eine etwas eigene Linie – nahm den Schlüssel raus und zögerte. Es kommt der Punkt, da beginnt eine Feuerlöschdecke als Kleidungsstück gewisse Mankos zu offenbaren. Gleichzeitig hatte der Intermarché inzwischen zu, und Hufschmidts und Mombassas Klamotten waren mit Nepomuk unterwegs.

Hm.

»Die ist dir viel zu groß«, meinte Mombassa zu der Jeans, die ich ihm zuwarf.

»Ich weiß«, sagte ich.

»Das ist ein Frauengürtel«, sagte Hufschmidt und hielt den schmalen Lederriemen mit spitzen Fingern.

»Einen anderen finde ich hier nicht«, sagte ich, schnappte mir noch ein blauweißgestreiftes T-Shirt und einen beigefarbenen Sweater und kletterte aus dem Altkleidercontainer, stopfte die Decke hinein und zog mich an. Schuhe gab's leider keine. Hm.

»Was ist da eigentlich drin?«, wollte Hufschmidt wissen, als ich mit meiner Reisetasche aus dem Formule 1 kam.

»Meine Golfschläger«, antwortete ich, wuchtete die Tasche in den Kofferraum und schloss den Deckel. »So, und jetzt?«, fragte ich dann.

Hufschmidt kaute auf seiner Unterlippe herum. »Wenn ich das wüsste«, meinte er, ungewöhnlich leise, fast schon kleinlaut. »Irgendwie müssen wir Nepomuk wieder einfangen.«

»Wie soll das gehen? Oder weiß einer, wo er hin ist? Nein? Dann lass ihn zur Fahndung ausschreiben.«

»Das … das brauche ich nicht. Er steht bis zu seiner offiziellen Überstellung in U-Haft sowieso weiterhin auf der Liste.«

»Dann lass die Fahndung intensivieren. Schlag Alarm. Gib die Fahrzeugdaten durch. Irgendwo werden sie ihn schon schnappen.«

»Das … das will ich nicht.«

Ich sah ihn an.

»Kristof, wir haben eine Million für ihn bezahlt und ich habe den Gefangenen ungesichert und unbeobachtet gelassen. Meinst du wirklich, ich will, dass das publik wird?«

»Ich sag immer, ein Mann sollte zu seinen Fehlern stehen.«

Hufschmidts Gesichtsfarbe erholte sich wieder zum altbekannten Ton eines Bluthochdruckpatienten. »Darf ich dich erinnern«, blaffte er, »für wen ich das getan habe?«

Hm.

»Die Küche hat zu«, sagte Mombassa, reichte in Plastik eingeschweißte dreieckige Sandwiches durch die offenen Seitenscheiben, quetschte sich auf die Rückbank und verteilte Kaffeebecher von einem Papptablett.

Wir kniepten die Deckel von den Bechern, zerrten die Sandwichbehälter auf und bissen zögernd ins schlappe Toastbrot. Ei, Remoulade, Cornichon, Käse und Tomate, und trotzdem so fad, dass man sich fragte, ob man nicht besser mal eine Ecke vom Papptablett probieren sollte.

Ich hatte den Wagen rückwärts in die hinterletzte Parkreihe bugsiert und behielt sorgsam alle Bewegungen auf dem Raststättengelände im Blick, sowohl aus gegebener

Vorsicht als auch aus der absoluten Notwendigkeit einer Beschäftigung heraus. Immer schön auf das Hier und Jetzt konzentriert bleiben, bloß nicht gedanklich ins Vorhin abdriften.

»Also, was ist«, fragte Mombassa schließlich, »fahren wir alle nach Hause?«

»Ihr könnt mich jetzt nicht hängenlassen«, wütete Hufschmidt und zerrte an seinem Kragen. Es wurde, buchstäblich, eng für ihn. Denn da die Marseiller Polizei darauf bestanden hatte, dass Hufschmidt nur unbewaffnet an der Rettungsaktion teilnehmen durfte, war Delinquent Blaumanis nun auch noch im Besitz von Hufschmidts Dienstwaffe.

»Okay, lasst uns raten«, sagte ich, »einfach ins Blaue: Wo ist Nepomuk hin?«

»Flughafen?«, mutmaßte Hufschmidt.

»Nein«, sagte ich fest, und auch Mombassa schüttelte den Kopf. »Er hat kein Geld, keine Papiere, er steht in der Fahndung und …« Ich ließ den Gedanken einmal ganz, ganz kurz auf mich einwirken. *»Er wird nicht fliegen.* Niemals.«

»Er braucht jemanden, der ihm weiterhilft«, meinte Hufschmidt. »Vielleicht jemand aus der Söldnerszene?« Mombassa wog den Kopf hin und her. »Möglich, doch: Er hat immer noch Mohammeds Laptop. Wenn er das verkauft bekommt …« Mombassa rieb sich das Kinn. »Was dann?« Er richtete die Frage an mich, und ich spürte mal wieder, wie hart der Ausdruck dieser kleinen, glänzenden, dunkelbraunen Augen sein konnte. »Sag du es uns. Du bist sein Zwilling. Was hat er vor?«

Ich, Nepomuks Zwilling? Einen Moment lang fühlte ich mich vor den Kopf gestoßen, doch dann war ich ganz froh um die Aufgabe, froh, mich gefühlsmäßig in etwas anderes vortasten zu können als den Gedanken ans Fliegen. Nachdenklich ließ ich meinen Blick schweifen.

Draußen auf dem Parkplatz war alles ruhig, die Autobahn rauschte vor sich hin, irgendwo im Gebüsch hinter uns zirpten Grillen, nichts, was mich ablenken könnte …

Nepomuk hatte fürs amerikanische Militär gearbeitet, besaß also Kontakte, Ansprechpartner, einen Draht zu Geheimdienstlern. Der Verkauf von Mohammeds Smartphone und Laptop sollte kein großes Problem darstellen, ja, noch nicht einmal viel Zeit in Anspruch nehmen. Informationen altern, entsprechend eilig dürften es die Interessenten haben. Doch all das hätte er völlig problemlos auch morgen früh in Frankfurt erledigen können, dafür brauchte er nicht zu türmen … Was willst du, oh Nepomuk, mein Bruder?

Nepomuk gab, wenn man so will, die Frage an mich zurück. Da waren, wenn man nur eine Sekunde darüber nachdachte, erstaunliche Parallelen in unser beider derzeitigen Leben, vor allem, was die Bedrohungslage und ihre Auswirkung auf die Psyche anging. Ongtora …

Ich drehte mich halb im Sitz um, sah von Hufschmidt zu Mombassa. »Nepomuk hat sich abgesetzt, weil er kein Kronzeuge sein will, es vielleicht nie sein wollte, doch ganz sicher spätestens seit Damaskus nicht mehr. Er will, um es knapp zu sagen, sein altes Leben zurück. Das heißt, er muss versuchen, ist wahrscheinlich schon seit einiger Zeit dabei, einen Deal mit Asturias auszuhandeln.«

»Und du glaubst, die lassen sich darauf ein?« Hufschmidt klang skeptisch. »Aus deren Sicht ist nur ein toter Zeuge ein guter Zeuge.«

»Oder einer, den sie in der Hand haben«, sagte ich, und das Szenario, das sich vor meinem geistigen Auge entwickelte, richtete mir die Nackenhaare auf. »Er bietet ihnen einen Deal, und ein Teil davon wird vermutlich ein Mafia-Treueschwur sein.«

»Du meinst …«

»Er erklärt sich bereit, jemanden zu töten«, sagte Mombassa. »Zu ermorden.«

»Und wen?« In Hufschmidts hohler Birne sollten längst alle Glocken Sturm läuten, doch es machte noch nicht mal *›bing‹*.

»Sibylle Kaufmann«, sagte ich, und Big Ben schlug dröhnend die volle Stunde.

»Ja«, sagte Mombassa, während Hufschmidt der Schweiß ausbrach. »Sobald die einzige andere Zeugin tot ist, wird auch die Anklage gegen ihn in sich zusammenfallen. Das macht doppelt Sinn.«

»Ja, aber ... aber Nepomuk hat keine Ahnung, wo sie lebt. Wie will er das herauskriegen?«

Ich schloss die Augen, bemühte mein Gedächtnis. Kurz nach unserer Ankunft in Marseille, gerade durch den Zoll, im Transporter ... *»Ist sie schon in Den Haag?«*, hatte Nepomuk gefragt. *»Noch nicht«*, hatte Hufschmidt geantwortet. Und hinzugefügt:. *»Aber sie ist in Sicherheit. Wir haben sie erst vorige Woche in ein neues Versteck gebracht.«*

»Wo ist dein Notebook?« Ich riss die Augen auf, dass Hufschmidt in seinem Sitz einen Satz zur Seite machte. Er schluckte.

»Na, im Auto«, antwortete er mit einer vagen Geste, versuchte, meinem Blick standzuhalten und wischte sich, als das misslang, aufwendig mit dem Ärmel über die Stirn.

»Dein Dienstnotebook, mit allen Daten, mit Tagesprotokollen, mit Navi und Zielspeicher?«

Ohne eine Antwort abzuwarten, startete ich den Motor und beschleunigte mit jaulenden Reifen Richtung Norden, Richtung Friesland.

»Also gut«, meinte Hufschmidt nach kurzem Grübeln. »Ich hab's verbockt, ich muss die Konsequenzen tragen.« Er griff zu seinem Handy. »Ich alarmiere jetzt die Kollegen, sage, was Sache ist, auch wenn es mich den Job kostet. Sie müssen sofortige Notmaßnahmen für die Zeugin einleiten.«

»Warte.« Ich zog auf die linke Spur, setzte den Blinker und ließ ihn an. »Nepomuk braucht zuallererst Geld. Dann, um sich gegenüber Asturias zu rehabilitieren, muss er Sibylle Kaufmann persönlich umbringen. Und er wird nicht fliegen.« Der Audi schnürte windumtost die Bahn entlang, die Tachonadel lehnte sich sachte gegen die zweihundertvierzig. »Das bedeutet, wir werden vor ihm da sein.«

Hufschmidt ließ das Handy sinken, sah mich von der Seite an. »Bist du sicher, dass du fahren kannst? Ich meine, nach allem …«

»Ja.«

Ich konnte, wollte, *musste* fahren, brauchte etwas, das mich kontinuierlich beschäftigte. Vielleicht, dachte ich, sollte ich nur noch fahren. Keine Erinnerungen, keine Empfindungen mehr zulassen, alle Bindungen über Bord werfen, verschwinden. Fahren und fahren bis ans Ende. Bon Scott sang ›*Ride on …*‹.

Schon bald zog der Morgen herauf. Der Blinker tickte, tickte, tickte. Keine Ahnung, wie oft wir geblitzt wurden, doch an einer Mautstation kurz vor Paris warteten sie schon mit einem Großaufgebot der Gendarmerie auf uns. Ich fuhr rechts ran, blieb sitzen, während meine Beifahrer ausstiegen. Sofort waren sie wie der Audi von Bewaffneten umringt. Hufschmidt fuchtelte wichtig mit seinem Dienstausweis herum, Mombassa, zu maximaler Größe aufgebaut, dolmetschte barsch, schroff, fast schon beleidigend arrogant, was den Gendarmen sichtlich schräg reinging. Schließlich mussten sie nachgeben, statteten uns, begleitet von mahnenden Worten, mit einem LED-Blaulicht aus und ließen uns zähneknirschend weiterfahren. Ich knallte die Lampe aufs Dach, setzte den Blinker und beschleunigte hart zurück auf die Bahn. Mombassas Grinsen füllte meinen kompletten Innenspiegel.

In den folgenden Stunden versuchte Hufschmidt wieder und wieder, Sibylle Kaufmann zu erreichen, doch vergeblich. Sie ging nicht dran, entzog sich so der Kontrolle, aber auch jeglicher Form von Vorwarnung. Irgendwie konnte ich sie verstehen. Manchmal will man's gar nicht wissen.

Paris war das übliche Chaos, selbst mit Blaulicht, danach ging es bei dichtem Verkehr nur bedingt zügig weiter. Im mit Radarfallen überreich gesegneten Holland entfachten wir ein regelrechtes Blitzlichtgewitter, bis man extra für uns die Autobahn sperrte und den Audi geradezu enthusiastisch rauswinkte. Ohne Dolmetscher setzte Hufschmidt ganz auf Stimmgewalt und Drohgebärden, und es war herzzerreißend zu beobachten, gegen wie viel inneren Widerstand die holländischen Polizisten letztendlich die Barrikaden aus dem Weg räumten. Ich malte ihnen noch zwei fette schwarze Striche auf den Asphalt und machte winke, winke. Aus den Mienen im Spiegel las ich das holländische Pendant zu ›Ongtora‹.

Wir kamen abends in Friesland an, der Einbruch der Dunkelheit vorgezogen vom hartnäckigen Regenwetter. Bevor wir in den Ort rollten, nahm ich das Blaulicht vom Dach und ging vom Gas. So unauffällig wie möglich fuhr ich den Audi auf die Baustelle gegenüber von Sibylles Haus, bog um den Neubau, parkte in der leerstehenden Fertiggarage auf der Rückseite und schloss die Tür vor der meist nur schwer zu bändigenden Wissbegierde der Dörfler.

Im Bauwagen entdeckten wir ein paar Klappstühle und ein Fahrrad. Arbeitsklamotten hingen von einer aus einem Brett und ein paar Nägeln improvisierten Garderobe. Ich fand ein Paar Wollsocken und gelbe Gummistiefel und schlüpfte dankbar hinein. Die Nacht drohte kühl zu werden. Hufschmidt und ich trugen die Stühle in den Neubau, platzierten sie ein Stück zurück von den noch leeren Fensteröffnungen und somit außer Sicht von Nachbarn und Passanten. Mombassa holte eine Regenjacke mit Reflektorstreifen aus dem Bauwagen, schwang sich aufs Fahrrad und strampelte los, uns etwas zu essen zu jagen.

Kein Licht im Haus gegenüber, kein Auto in der Einfahrt, keine Erreichbarkeit der Bewohnerin übers Telefon.

Daran war momentan nichts zu ändern, und es machte keinen Sinn, über mögliche Erklärungen dafür zu spekulieren. Wir waren nicht hier, um Sibylles Hand zu halten, sondern um Nepomuk Blaumanis abzufangen, fertig.

Mombassa kam zurück und reichte Plastiktüten voller Styropornäpfe herum. »Chinese«, erklärte er. »Was anderes gibt's hier weit und breit nicht.«

»Was denn, keine Gabeln?« Hufschmidt fummelte ohne jede Begeisterung die Essstäbchen aus ihrer Plastikhülle und rührte damit im Reis und Glibber herum.

Ich aß, wie man isst, wenn man weiß, dass man muss, und behielt dabei die Straße im Auge. Nach und nach gingen in den Nachbarhäusern die zuckenden Lichter der Fernseher aus und die friesische Nacht umgab uns mit Stille und Schwärze. Mombassa bot an, die erste Wache zu übernehmen, doch ich lehnte ab und so verabschiedete er sich in den Bauwagen. Hufschmidt rang noch eine Weile heroisch mit schweren Lidern, verlor irgendwann den Kampf und fiel in Schlaf, sein Kopf rücklings über der Klappstuhllehne baumelnd.

Ich saß einfach da und observierte, Schlaf ein schon lange überwundenes Bedürfnis, eine abgelegte Angewohnheit, etwas, das man früher mal gemacht hat, wie kiffen etwa, oder Nägel kauen.

Ein Fuchs trippelte die Straße hinunter, unbefangen und vergnügt, ein Nachtvogel glitt vorbei, hellwach und geräuschlos, Warnlichter von Windkraftanlagen blinkten am Horizont, jedes mit seiner eigenen Taktung. Irgendwann ließ der Regen nach, hörte dann ganz auf und die Sterne kamen heraus. Und das war's auch schon.

*

Die Sonne stemmte sich früh über den flachen Horizont, ihr Licht scharf und präzise in der vom Regen klargewaschenen Luft. Hufschmidt erwachte stöhnend zu den zu erwarten gewesenen Nackenschmerzen und verzog sich für eine längere Zeit aufs Dixi-Klo, wo er munter weiterstöhnte.

Die Straße belebte sich, Autos brachten Leute zur Arbeit, Kinder zur Schule, Rentner zum Arzt. Niemand schien von unserer Ankunft und Anwesenheit etwas mitbekommen zu haben. Alles ging routiniert morgendlich-friedlich über die Bühne.

Ein roter Ford Fiesta bremste, bog in die Garageneinfahrt gegenüber, stoppte, und Sibylle stieg aus, einen kleinen Rucksack an der Hand, ging ins Haus und machte die Tür hinter sich zu.

»Sie lebt also«, stellte Hufschmidt fest, noch mit seinem Gürtel beschäftigt. »Warum, verdammt noch mal, geht sie dann nicht ans Telefon?«

Mombassa radelte los, was zum Frühstücken besorgen.

»Aber komm mir ja nicht wieder mit China-Fraß«, gab Hufschmidt ihm noch mit und ließ sich ächzend in seinen Klappstuhl fallen, um mich beim Observieren zu unterstützen. Wobei es nicht wirklich viel zu observieren gab. Sibylle ließ sich nicht wieder blicken. Nach der Rushhour dünnte der Verkehr spürbar aus. Bofrost zockelte vorbei, die

Müllabfuhr, ein Traktor mit Gülle-Anhänger, Egon's Biertaxi, ambulante Krankenpflege, ein Postzusteller auf einem E-Bike, ein Traktor mit Pferdeanhänger, ein Schornsteinfeger in seinem kleinen weißen Hundefänger-Peugeot, Egon's Biertaxi, ein gelber Transporter von DHL.

»Ich sag dir, hier passiert heute nichts mehr«, meinte Hufschmidt resigniert.

Der DHL-Transporter stoppte vor Sibylles Haus, direkt vor unserer Nase. Ich setzte mich auf, blinzelte, geblendet von der Morgensonne.

»Was, wenn Nepomuk etwas komplett anderes vorhat als das, was du erbrütet hast? Da schon mal drüber nachgedacht?«

Der Fahrer, nicht zu erkennen im Gegenlicht, erhob sich und kletterte zwischen den Sitzen hindurch nach hinten in den Laderaum. Ich hörte ihn die seitliche Schiebetür aufziehen. Ich stand auf.

»Nein, man kann es drehen und wenden, wie man will, ich bin gefickt und kann meine Dienstmarke in die Tonne kloppen. Wahrscheinlich stehe ich schon nächsten Monat mit 'nem mobilen Hähnchengrill auf einem Baumarktparkplatz.«

Der Transporter nahm mir komplett die Sicht, doch dann sah ich im Spiegel über der Garagenausfahrt, wie der Fahrer aus der Schiebetür sprang, ganz offiziell in seiner gelbroten Uniformjacke, wenn auch befremdlicherweise mit einer schwarzen Sturmhaube maskiert, eine Pistole in der behandschuhten Rechten.

Ich flankte über den Fenstersims, hechtete über den Straßengraben, sprintete über die Straße und sprang Nepomuk mit gestrecktem Bein gegen den verletzten Oberschenkel, gerade als er den Klingelknopf drückte.

Er schrie auf, schlug mit der Waffe nach mir, doch ich

bekam seinen Arm zu packen und grub meine Zähne in sein Handgelenk, bis er die Pistole fallen ließ.

»Okay, ich gebe auf«, sagte er keuchend, ich lockerte den Griff und er riss sich los, wirbelte herum und rammte mir eine der Flaschen des verfluchten Windspiels ins Gesicht. Das Glas zerbarst dabei, bis auf den Flaschenhals und eine lange, spitze, wild gezackte Scherbe. Nepomuk riss sie hoch, zielte damit auf meine Gurgel und ließ den Arm dann ganz langsam wieder sinken, blickte baff erstaunt auf das Essstäbchen, das aus der Front seiner DHL-Jacke ragte, knapp unterhalb der linken Brusttasche.

»Alles ist eine Waffe«, sagte ich. »Du selbst hast es mir so beigebracht.«

»Hände hoch und hinter den Kopf! Sie sind hiermit festgenommen«, dröhnte Hufschmidt, wiedervereint mit seiner Dienstwaffe, doch Nepomuk hörte ihn schon nicht mehr, fiel in sich zusammen und lag dann da wie ein Sack voll Knochen, reglos, blicklos, leblos.

Blut trübte den Blick meines linken Auges, troff von meinem Kinn, tränkte den beigefarbenen Sweater, also nahm ich die Hand hoch und presste sie gegen die Wunde. Noch fühlte ich keinen Schmerz, aber das würde nicht lange vorhalten.

Mombassa tauchte auf, eine Brötchentüte in der Hand, und Sibylle kam aus dem Haus, schreckensbleich, sank neben Nepomuk auf ein Knie und tastete nach einem Puls, den es nicht mehr gab. »Wer ist dieser Mann?«, fragte sie und Hufschmidt klärte sie auf.

»Das ist der einzige andere Zeuge? Na wunderbar, denn er ist tot. Damit platzt der Prozess. Es war alles für den Arsch. Er war der Einzige, der noch wusste, wo die Leichen verscharrt sind …«

Ich schüttelte vorsichtig den Kopf. Blut quoll unter

meiner linken Hand hervor und lief meinen Unterarm hinunter. »Ich glaube, es gibt da noch jemanden, der das auch weiß.«

Und das erste Mal, solange ich ihn kannte, blickte Mombassa schuldbewusst drein.

»Ich habe nur eines der verdammten Boote gefahren«, sagte er langsam. »Das Morden haben die Kids übernommen. Auf Befehl ihres Ausbilders.« Er senkte den Blick auf den toten Nepomuk. »Er war ein Teufel, Kristof. Pass auf, dass du nicht genauso wirst.« Dann wandte er sich an Hufschmidt. »Ich habe eine Karte. Ich habe den Ort des Massakers auf einer Landkarte markiert. Und ich habe ein Video … Auf Speicherkarte. Das könnt ihr alles haben. Aber haltet mich da raus.«

Sibylle griff vorsichtig nach meiner Linken. »Lass mal sehen.«

Ich nahm die Hand vom Auge, doch links blieb alles dunkel.

Hufschmidt wurde weiß wie die Wand und sackte zusammen, so gerade noch aufgefangen von Mombassa. Einäugig blickte ich in lauter blasse, entgeisterte Gesichter und wusste, ich bot keinen schönen Anblick.

Notwehr, hieß es. Notwehr, bezeugt von einem Beamten der Kriminalpolizei Mülheim an der Ruhr. Vorläufig auf freien Fuß, hieß es. Weitere Ermittlungen folgen, hieß es.

Sibylle verband mich, Hufschmidt fuhr mich, Mombassa begleitete uns.

Notwehr, sagte ich mir, wieder und wieder, Notwehr, Notwehr, Notwehr, bis nach Hause bestimmt tausendmal.

In Bottrop duschte ich und zog mich um, dann ging's nach Mülheim ins Katholische Krankenhaus, wo Dr. Korthner sich der Schnittverletzung annahm.

»Ich tue, was ich kann, aber ich bin kein plastischer Chirurg«, meinte er in kritischer Betrachtung seiner Nähkünste.

»Schon okay.«

»Das Auge ist zu retten, aber dafür brauchen wir eine neue Hornhaut.«

»Wo gibt's die?«

»Im L-Haus.«

Hufschmidt hockte draußen auf der Haube des Audi.

»Das hat ja gedauert«, meinte er mit Blick auf seine Uhr. »Was sagt der Doc?«

»Komme durch.« Mit der einen Gesichtshälfte noch gelähmt vom Novocain war mir nicht so nach sprechen, deshalb wedelte ich nur vielsagend mit dem Rezept, und wir stiegen ein. Hufschmidt startete den Motor.

»Menden will bis morgen einen vollständigen Bericht von mir«, sagte er.

»Schieb ruhig alles auf mich.«

»Das hatte ich sowieso vor.«

Einer der Gründe, warum ich mich bevorzugt von Dr. Korthner behandeln lasse, ist der, dass er sich nie lumpen lässt, was die Verschreibung von Schmerzmitteln angeht. Der Apotheker jedenfalls hob die Brauen und musste sich telefonisch rückversichern, bevor er die Großverbraucherpackung über seine Theke hievte.

Zurück im Audi nahm ich direkt einen Schluck aus der Pulle mit den Tropfen, denn die örtliche Betäubung ließ rapide nach. Zeit für eine generelle Betäubung, also. Irgendwann würde ich, irgendwann musste ich schlafen, doch das dann hoffentlich totenähnlich und traumlos.

»Wohin?«, wollte Hufschmidt wissen.

»Bottrop.« Selten klang der Name dieser Stadt hohler in meinen Ohren. Denn er fasste gleichzeitig meine Zukunft in zwei Silben. Eine erneute Beschäftigung bei Europol war, haha, nicht wirklich zu erwarten, weshalb ich mich darauf gefasst machen konnte, weiterhin als Rosemeyer in Bottrop festzuhängen, zumindest bis zum Ende der von Dr. Korthner dringend angeratenen Therapien, oder bis mich die CdN abkehlten, was immer zuerst eintrat.

»Lass mich hier raus«, bat ich. Hufschmidt stoppte, wünschte mir gute Genesung, ich ihm viel Erfolg, und er fuhr weiter, zu ersten Gehversuchen in der Welt faktenbereinigter Fiktion.

Der libanesische Gebrauchtwagenhändler polierte den Staub von der Windschutzscheibe eines Bentley, behielt dabei seine Umgebung wie immer unauffällig im Blick. Mir kam eine Idee, ich humpelte rüber und wir wechselten ein paar Worte.

Mit den Tropfen war der Wundschmerz einigermaßen auszuhalten, nur meine Reflektion in spiegelnden Oberflächen ließ mich jedes Mal aufs Neue zusammenzucken. Vom Anblick eines schwarzen Porsche Cayenne mit Pariser Kennzeichen ganz zu schweigen.

Er parkte direkt vor dem Tor zu meiner Behausung.

Ich öffnete die Beifahrertür, rutschte auf den Sitz, und Chi Li sah mich an, wie sie es zurzeit alle taten. Entgeistert. Nicht schön, das. Nicht schmeichelhaft.

»Mein Gott, Kristof«, flüsterte sie und streckte eine sachte Hand vor, berührte meine Wange. »Was ist mit deinem Auge?«

»Muss operiert werden.«

»Und dein Rücken?«

»Ein paar Monate fachkundiger Massagen, und ich kann hoffentlich wieder den Sternenhimmel bewundern, anstatt immer nur Pflasterfugen.«

»Ich kenne eine ganze Reihe guter Ärzte in London …«

Ich drehte mich zu ihr. Musste ich, um sie anzuschauen. Andernfalls war mein Zinken im Weg. Sie war nach der neuesten Torheit gekleidet, mit einem kaum die Schulterblätter bedeckenden schwarzen Lederjäckchen mit gerafften Ärmeln, einem semitransparenten Zwischending aus T-Shirt und Minikleid, darunter wie aufgeschrumpft sitzende Schlauchhosen, die Knie sorgsam aufgerissen, und fabrikneue Sneaker in grellem Pink, alles also den üblichen Wimpernschlag lang voll im Trend, nur leider halt gedacht für Mädels, die mit dem Bus zur Schule fahren, nicht für Frauen, die seit zwanzig Jahren ihre eigenen Luxuskarossen steuern. Doch zusammen mit ihrer ranken Gestalt und den dramatisch getuschten Augen unter dem schwarzen Pony hatte es durchaus einen Effekt, und ich denke, als professionelle Pokerspielerin kannte sie den ganz genau.

»Wie hast du mich diesmal gefunden?«, fragte ich, was mich wirklich interessierte.

Anstelle einer Antwort hob sie ihr Smartphone, tippte das Display an, und einen Augenblick später konnte man mein Handy drinnen in der Werkstatt fiepen hören. Vergessen, es nach dem letzten Telefonat wieder auszuschalten. Leichtsinnig. Fahrlässig. Unter Umständen fatal. Aber manchmal hat man ganz einfach andere Sorgen.

»Wusstest du, dass das Alain war, der Sohn der Witwe, den ich in Jerusalé erschossen habe?«

»Was? Oh, Gott. Nein, woher? Kristof, ich weiß nichts. Weil sie mir nichts sagen. Weil sie niemandem etwas sagen. Sie geben mir einen Auftrag, ohne Begründung, ich führe ihn aus, bekomme mein Geld. Fertig.«

»Wollen wir nicht reingehen?«, fragte ich. »Ich habe …«, ich dachte einen Moment nach, »… Senf da.«

»Oh, wirklich? Wundervoll. Ich müsste nur rasch meine

Sachen holen. Aus dem Düsseldorf Hilton. Kommst du mit?«

Entweder bezahlten die CdN sie sensationell, oder sie hatte mal wieder einen feisten Coup am Spieltisch gelandet, auf alle Fälle residierte Chi Li in einem Penthouse mit Blick auf die Altstadt, den Rhein, die startenden und landenden Flugzeuge des Airports.

Sie ließ augenblicklich einen Masseur kommen, der, ebenso augenblicklich, einen Physiotherapeuten dazuholte. Sie beäugten und befühlten mich und berieten sich eine Weile unter viel Kratzen am Kopf, entschieden dann, wie sie sagten, ›unten anzufangen‹, und packten mich bäuchlings auf einen Behandlungstisch. Einer hielt meine Arme, der andere bog mir das rechte Knie hoch, zog daran, irgendetwas im unteren Teil meiner Wirbelsäule machte *Knuk*, und ich glitt in einen warmen Teich, schwebte schwerelos dahin und konnte das Wasser atmen wie Luft.

*

»Vierzehn Stunden«, sagte Chi Li, vom Kissen neben meinem.

»Ich muss ins Bad«, sagte ich und schwang die Beine aus dem Bett. »Weißt du, wo meine Tropfen sind?«

Als ich wieder rauskam, Frottee um den Balg und Tramal in leichtem Galopp auf dem Weg durch meine Adern, fiel mir auf, dass ich nicht länger humpelte. Ich sah an mir herunter. Beide Beine schienen wieder gleich lang. Ich probierte einen Hula-Schwung. Becken wieder voll beweglich.

»Vierzehn Stunden«, wiederholte Chi Li und kniete sich aufs Bett. »Es tut mir leid«, sagte sie und packte einen Zipfel meines Badetuchs, »aber noch länger kann ich nicht warten.« Das Tuch fiel und Chi Li sog Luft zwischen den Zähnen hindurch. »Da muss Salbe drauf«, stellte sie fest. »Warte, ich habe welche in meinem Köfferchen … Nein, lass mich machen … So besser? Ja? … Hm … Glaubst du, du kannst trotzdem …?«

»Ja.«

»Und«, fragte ich in postkoitaler Dröseligkeit, die Lider schwer vom Opioid, das Kreuz auf Seide und die Birne in Daunen gebettet, »wie viel haben sie dir diesmal für meinen Kopf geboten?«

Chi Li stemmte sich halb hoch. »Ich muss dir etwas gestehen.«

Kein Satz aus dem Mund einer Frau, der geeigneter wäre, mich aus dem Halbschlaf zu holen. ›Ich bin positiv/schwanger von dir mit Drillingen/wegen Mordes und Kannibalismus vorbestraft/mit einem tschetschenischen Geldeintreiber verheiratet‹, ging mir in schneller Abfolge durch den Kopf.

»Nämlich?«, fragte ich vorsichtig.

»Ich soll nicht dich finden.«

»Sondern?«

»Elvira. Elvira Marquez.«

Mit einem Ruck saß ich senkrecht im Bett.

»Was?«

»Sie wollen über Ela an dich heran.«

Und mir wurde schlagartig und in kristalliner Klarheit bewusst, dass meine Flucht vorbei war. Endgültig. Dies war der Punkt, an dem ich stehen blieb. Mich umdrehte. Zum Angriff überging. Zum Jäger wurde. Mut zu fassen erwies sich als überflüssig. Denn ich kannte keine Angst mehr. Und kein Mitgefühl.

»Sag das noch mal«, forderte ich.

»Sie wollen über Ela an dich heran.«

Es war beinahe erleichternd. Als ob jemand anders, die berühmte höhere Macht, eine Entscheidung für mich getroffen, einen Schalter umgelegt hätte, und ich ab jetzt nur noch ausführendes Organ wäre. Ich würde nicht zulassen, dass Ela auch nur das Geringste zustieß, und wenn ich als erste Konsequenz dafür hier und jetzt Chi Li mit einem Kopfkissen ersticken müsste, wollte mir nichts einfallen, das mich davon abbringen könnte.

Ich sah sie an. Ihre Pupillen weiteten sich.

»Ich habe es dir gesagt«, erinnerte sie mich leise.

»Sprich weiter.«

»Sie vertrauen mir schon länger nicht mehr rückhaltlos, ja, genau genommen seit Portugal. Seit ich ihnen den falschen Kristof Kryszinski geliefert habe. Der einzige Grund, warum sie mich noch mal beauftragen, ist der, dass mir das kein zweites Mal passieren wird. Und der einzige Grund, warum ich angenommen habe, ist der, dass es sonst jemand anders machen würde.«

»Du musst sie hinhalten. Sag ihnen, Ela sei nach Portugal zurück.«

»Dann schicken sie mich hinterher.«

»Dann fährst du eben. Doch vorher musst du mir alles sagen, was du über die CdN weißt. Alles.«

»Kristof, die Chiens du Nord sind paranoid, was Verrat angeht. Wenn die merken, dass ich sie hintergehe, ja, wenn sie nur den Verdacht hegen, bin ich tot.«

»Alles.«

»Doch was habe ich davon?«

»Du kriegst mich.«

»Dich?« Sie warf mir einen schrägen Blick zu. »Hör auf. Für dich bin ich doch nur … Sport. Du liebst eine andere.«

Ich dachte einen Augenblick über den Wahrheitsgehalt dieser Aussage nach.

»Was Bian-Tao braucht«, sagte ich dann, »kann ich ihr nicht geben.«

»*Bian-Tao?* Was ist sie? Vietnamesin? Und was ist es, das du ihr nicht geben kannst? Komm, Kristof, weih mich ein. Gestehe mir deine Defizite.«

»Sicherheit.«

Eine Pause folgte.

»Ja«, sagte sie. »Da könntest du recht haben.« Eine weitere Pause folgte, in der sie mich nachdenklich musterte. »Ich hab es gesehen, gleich bei unserer ersten Begegnung. Es ist um dich herum, es umgibt dich wie … flirrende Luft. Heiße, flirrende Luft. Hochgradig gefährdet und selber enorm gefährlich, das bist du, Kristof. Schlimm, ganz schlimm. Spricht alle meine weiblichen Instinkte an.«

»Es muss ein Ende haben«, sagte ich, mit den Gedanken schon einen Schritt weiter.

»Kristof, wer sich mit den Chiens du Nord anlegt, stirbt. Was glaubst du, was du ganz allein …«

»Ich bin nicht allein«, unterbrach ich sie. »Ich habe eine *Gang.*«

TEIL 2

Ich wählte eine abgespeicherte Nummer. Das Tuten erstarb beinahe sofort zu einem Geräusch, wie man es erwarten darf, wenn man einen Grizzly aus dem Schlaf kickt.

Ich sagte: »Ich brauche einen Bodyguard.«

»Du. Jetzt. Plötzlich.«

»Nicht für mich«, korrigierte ich. »Wie viel nimmst du pro Tag? Vierundzwanzig Stunden. Engmaschig.«

Er nannte die Mindestsumme und ich nickte. Nicht billig, aber das sind die Besten nie.

»Um wen geht's?«

»Ein Kind.«

»Ach … du … Scheiße.« Pause. »Alter?«

»Ungefähr sechs.«

»Junge oder Mädchen?«

»Ein Mädchen. Sie heißt Elvira Marquez. Genannt Ela.«

»*Die* Ela? Klein, grünäugig, strubbelhaarig, altklug, rotzfrech, behandelt Erwachsene gerne, als wären sie retardiert?«

»Ich merke schon, ihr seid euch begegnet.«

»In dem Fall verlange ich das Doppelte.«

»Einverstanden.« Sicher, es war viel, aber deshalb, wenn ich nur eine Sekunde drüber nachdachte, noch lange kein leicht verdientes Geld. »Wen nimmst du dazu?« Für Rund-um-die-Uhr braucht man mindestens zwei, besser noch mehr Leute.

»Lass das meine Sorge sein.«

Der Taxifahrer pfiff leise durch die Zähne, als er mich an der angegebenen Adresse in Essen-Rüttenscheid absetzte. ›Charly's Harleys‹ stand in riesigen Lettern über dem modernen, großzügig verglasten, architektonisch nicht von einem x-beliebigen Autohaus zu unterscheidenden Bau.

Chrom und Lack funkelten von allen Seiten auf mich ein, als ich durch die Tür trat.

»Kristof!« Charly kam hinter seinem Verkaufstresen hervor, die Miene mehr besorgt als verblüfft. Er sah nach wie vor aus wie ein hammerschwingender nordischer Gott, wenn auch allmählich wie einer, der in letzter Zeit ein bisschen sehr viel in Walhalla rumgehangen und mehr Essbesteck als Schlagwerkzeug gehandhabt hat.

»Du wirst fett«, stellte ich fest.

»Und du kommst daher wie etwas aus ›Tanz der Vampire‹.«

»Du scheinst nicht sonderlich überrascht, mich lebend zu sehen.«

»Bin ich auch nicht.« Er fasste mich bei der Schulter, drehte mein Gesicht ins Licht. »Was ist mit deinem Auge passiert?«

»Bierflasche.«

»Und woher der Buckel?«

»Flugzeugabsturz.«

Charly ließ mich los und brach in Gelächter aus.

»Schön, dass du es so heiter sehen kannst.«

Er wischte sich die Augen, schüttelte den Kopf. »Kristof, machen wir uns nichts vor: Wenn nicht ich, ich persönlich dir eines schönen Tages die Luft rauslasse, wirst du älter als Heesters. Nein«, er wurde wieder ernst, »Heckenpennes hat, nachdem uns die Nachricht deines angeblichen Todes erreicht hat, sofort die Röntgenbilder aus der Pathologie da unten in Portugal abgegriffen und wir sind damit zu Doktor

Korthner und der hat sie mit Aufnahmen von deiner Birne verglichen und kurz und knapp festgestellt, dass du nicht der Tote bist. *Peng*. Als Nächstes habe ich den Trauerkorso für dich abgeblasen. Ich wusste, es war keine Verwechslung von Datenblättern, ich wusste, du lebst. Und jetzt sag mir bitte, dass du in Schwierigkeiten steckst.«

»Tue ich das nicht immer?«

»Und meine Hilfe brauchst.«

»Ich muss dich vorwarnen. Was ich plane, wird schwierig und gefährlich.«

»Gut. Du brauchst mich. Wunderbar. Wo geht's hin? Wer gegen wen?«

»Mal langsam. Woher dieser Eifer? Du kannst mir nicht erzählen, dass du nichts zu tun hast. Oder knapp bei Kasse bist.«

»Was? Blödsinn. Natürlich nicht. Ich hab alle Hände voll und die Kasse erst recht. Die Leute rennen mir die Bude ein, schleppen Berge von Geld an und betteln darum, es mir geben zu dürfen. Jeder will so einen rappelnden Eisenhaufen haben, jeder Zahnwalt, jeder Heini ohne Arsch in der Hose. Doch weißt du, was das mit einem macht, hier sechs Tage die Woche zu stehen und von morgens bis abends mit langatmigen mittelalten Furzern über Harleys und nichts als Harleys zu reden? Kristof, es ödet die Scheiße aus mir heraus. Also, was hast du vor?«

Ich atmete einmal tief ein. Und langsam wieder aus. Der Moment der Wahrheit, auch mir selbst gegenüber. Also. »Ich will einen Bandenkrieg vom Zaun brechen und gewinnen.«

Charly blickte einen Moment lang versonnen drein und nickte dann, als wäre das das Vernünftigste, was ihm seit Jahren zu Ohren gekommen ist. »Gefällt mir«, meinte er. »Vor allem der Punkt mit dem ›gewinnen‹. Kaffee?« Er deutete auf den Automaten, der an einem Ende seiner Verkaufstheke thronte.

»Nur, wenn das Ding auch schwarz und ohne alles kann. Vor allem ohne Schaum. Das ganze Geschäume hängt mir zum Hals raus.«

»Warte, warte …« Charly beugte sich mit gerunzelten Brauen über die Maschine und studierte das Display. »Ich hab hier eine Taste«, sagte er über seine Schulter, »da steht ›Filterkaffee, einen ganzen Bürovormittag lang mehr oder weniger warm gehalten‹.«

»Den will ich.«

Er ließ prötscheln.

»Keine Milch, keinen Zucker«, murrte er und blickte verdrossen in seinen Becher. »Die Else sagt, wenn ich noch dicker werde, lässt sie mich nicht mehr ran.« Er nahm einen nachdenklichen Schluck. »Das Problem ist«, meinte er dann und sah mir ins Gesicht, »die Gang ist klinisch tot, Kristof. In alle Winde zerstreut. Keine Treffen mehr, keine Ausfahrten, kein Territorium. Ich trage die Kutte eigentlich nur noch, damit meine Kunden behaupten können, sie kennen den Präsidenten von Stormfuckers, M. C. persönlich.«

»Aber du hast noch Kontakt?«

»Unregelmäßig.«

»Was ist mit Pit?« Pit Bull war immer einer der rabiatesten Stormfuckers gewesen, vorderste Front, egal, gegen wen oder was.

»Nach allem, was ich höre, wohnt er mit seiner Mutter zusammen.«

»Was?«

»In einem Auto.«

»Was?«

»Beide auf Meth.«

»Ach du Scheiße. Wo?«

Charly sagte es mir, und ich schrieb mir die Wegbeschreibung auf. Eine Adresse konnte man es nicht gerade nennen.

»Und Hoho? Was macht der?« Schlicht, aber groß, stark und von unerschütterlicher Ruhe, das war er immer, unser Hoho. Seine Spezialität bestand darin, beschwichtigend auf seinen Gegner einzureden, während er ihn an die Wand klatschte oder mit dem Baseballschläger weichklopfte. ›Nu sieh es doch ein‹, sagte er immer gerne, ›nu sieh es doch endlich ein.‹

»Malocht auf dem Bau. Als Leiharbeiter.«

»Ah. Hast du 'ne Ahnung, wo im Moment?«

Charly hatte, und ich notierte.

»Poppel?« Nicht unbedingt einer meiner engsten Freunde, aber als Fucker immer loyal gewesen und sehr verlässlich, sehr standfest, wenn's zur Sache ging.

»Hast du's nicht gehört? War doch sogar in den Nachrichten. Poppel und D. O. sitzen beide in Werl.«

»Werl?« Harter Knast für harte Jungs.

»Bewaffneter Raubüberfall. Geldtransporter.«

»Ja, verflucht. Diese Idioten! Hab ich nicht immer gesagt: ›Wenn ihr etwas Kriminelles plant, kommt damit erst mal zu mir.‹?«

»Du warst lange Zeit abgetaucht, Kristof.«

»Auch wieder wahr. Verdammt.«

»Wann soll's losgehen?«

»So schnell wie möglich.«

»Ich klär das mit der Else.« Er ging kurz nach hinten. Kam wieder raus. »Sie will dich sehen.«

Eigentlich heißt sie Marion, und wenn ich sie als ›Das perfekte Luder‹ bezeichne, dann entspricht das tiefen und ehrlichen Gefühlen meinerseits.

Ich klopfte an den Türrahmen und betrat das Büro.

»Kristof.« Sie saß hinter einem Schreibtisch, legte irgendein Schriftstück beiseite, strich sich eine honigblonde Haarsträhne hinters Ohr, lächelte schmal und gönnte mir einen trägen Blick, der mich aller Beschwerden zum Trotz kerzengerade aufrichtete. Nur nicht unbedingt mein Rückgrat. So war's immer schon, mit ihr und mir.

Sie erhob sich grazil, kam um den Schreibtisch herum in einem knapp sitzenden Kostüm mit jeder Menge Bein und Ausschnitt. Barfuß. Ich schluckte.

»Du siehst schlimm aus«, fand sie. »Aber gleichzeitig irgendwie scharf. Wie ein Pirat. Wenn auch ganz schön krumm.«

»Manche Frauen«, sagte ich mit einem solchen Unterton von Suggestion, dass es den Estrich in Schwingungen versetzte, »sagt man, fühlen sich davon angezogen.«

»Stimmt«, raunte sie. »Bucklige sollen ja sensationell im Bett sein, das weiß jede. Doch was ist mit deinem Auge? Wird es wieder?«

»Doktor Korthner sucht nur noch nach einer passenden Leiche«, antwortete ich. »Dann vielleicht.«

Sie berührte meine Wange, sanft, und mein Verstand schwirrte davon wie ein Frisbee. Wenn sie mir in diesem Augenblick einen Kaufvertrag vorgelegt hätte, ich denke, ich hätte unterschrieben, und wenn es eine Electra Glide mit Weißwandreifen geworden wäre.

»Charly sagt, du brauchst ihn.«

»Das stimmt. Bloß …«

»Nimm ihn mit, Kristof.« Sie trat noch ein winziges Stück näher an mich heran und wischte mir eine Fluse oder was auch immer von der Schulter. Eine der nagenden Frustrationen meines Lebens ist, noch nie wirklich den Duft ihres Haares erhascht zu haben, da war und blieb immer diese kleine, entscheidende Lücke zwischen uns, eine Art

Sicherheitsabstand. Dafür stieg mir nun ihr Parfüm in die Nase wie ein süßes Gift, stark genug, um einem Mann das Sprachvermögen zu rauben und durch schaumblasigen Speichelflug zu ersetzen. »Tu mir einen Gefallen und nimm das Moppelchen mit und verschaff ihm ein wenig Auslauf, bevor es mir durchdreht und einen Kunden erwürgt. Oder mich.«

»Ich will nur, dass du weißt: Es wird sehr riskant.«

»Soll ich dir mal was sagen? Ich würde meinen Mann lieber morgen zu Grabe tragen, als mir für immer anschauen zu müssen, wie er hier versauert. Also, bring ihn in Gefahr, wenn es sein muss. Große Gefahr, von mir aus. Hoffen wir, dass er anschließend zumindest eine Weile davon zehren kann. Außerdem«, schickte sie hinterher und sah unter schweren Lidern zu mir auf, »ist unser Sex so viel besser, wenn Charly noch einen Rest Adrenalin in der Blutbahn hat.«

»Na denn«, sagte ich und ging mit weichen Knien zurück in den Verkaufsraum.

»Was weiß ich? Paar Tage, vielleicht 'ne Woche, von morgen früh an«, sagte Charly in sein Handy, bevor er »Klär das mit Marion« hinzufügte und es einsteckte. »Hab 'nen Ersatzmann für den Verkauf«, teilte er mir dann mit. »Und, was sagt die Else?«

»Sie sagt, ich soll dafür sorgen, dass zumindest einer von uns beiden heil zurückkommt.«

»Das ist mein Mädchen. Treue Seele, nicht? Man möchte weinen.«

Pit Bull hockte auf dem Dach eines ehemals hellgelben, mittlerweile eher moosgrünen Ford Sierra mit großem Heckflügel und nur noch drei Rädern. Er war dürr, die Haare lang und strähnig, die Augen tief in den Höhlen.

»Ich muss dich warnen«, sagte er zur Begrüßung. »Ich hab heute noch kaum was genommen und bin daher ein bisschen …« Er machte eine vage Bewegung mit einer stark zitternden Hand, »… reizbar.« Wenn er sprach, sah man, dass ihm eine Menge Zähne fehlten. Und die, die noch da waren, schienen auch auf dem Sprung zu sein.

»Ich trommle die Jungs zusammen«, erklärte ich. »Ihr müsst mir bei etwas helfen. In Marseille.«

»Du erwartest, dass ich nur so auf Zuruf all das hier aufgebe?« Er wies großspurig um sich. Auf Bauzäune, das langsam mit Brombeeren und Brennnesseln zuwuchernde Brachland eines aufgegebenen Güterbahnhofs, noch mehr Zäune, dazwischen jede Menge schimmelige Matratzen, aufgeplatzte Müllsäcke und haufenweise alte Reifen.

»Ich sehe schon, es wird nicht einfach werden, dich aus diesem Idyll zu locken«, gestand ich. »Doch ich habe Ärger mit einem Mafia-Familienclan. Irgendwie muss ich die überreden, mich in Ruhe zu lassen. Und das schaff ich nicht allein.«

»Familienclan, Familienclan. Immer scheiße, so was. Du kannst so viele davon einstielen, wie du willst, du hast immer noch den Rest der Sippe an den Hacken.«

»Ich muss es versuchen.«

»Und ich muss mich um Mutter kümmern.«

Wie aufs Stichwort erschien ein Kopf aus dem Seitenfenster des Ford wie der einer Muräne aus ihrem Felsloch. Pits Mutter war ein Ebenbild ihres Sohnes, nur halt älter, strähniger, zahnloser und wenn möglich noch verwahrloster. »Hast du … hast du was … hast du was für mich?«, fragte sie mechanisch.

»Wir könnten ihr etwas Geld dalassen«, bot ich an.

»Hast du … hast du was … hast du was für mich?«

Pit Bull sprang vom Wagen. »Gib«, sagte er.

Ich zog ein Bündel Scheine aus der Hosentasche und zählte ein paar davon in seine offene Hand.

»Zu wenig«, fand er.

Ich legte nach.

»Hast du … hast du was … hast du was für mich?«

»Hm.«

Noch ein paar.

»Das wär 'ne Überdosis«, stellte er fest, hielt die Hand aber weiterhin auf. Ich packte noch einen Fünfziger dazu, und er nickte zufrieden. »Damit ist sie schon so gut wie kalt.« Er faltete die Scheine, reichte das Geld durch das Autofenster und nickte mir zu. »Los. Weg hier.«

»Hoho«, sagte Hoho, ein Mann, der jegliche Recherche zur Ethymologie seines Spitznamens im Keim zu ersticken versteht, »wenn dattma nich der Krüschel iss. Und Pit, alten Suchtkrüppel. Furchtbar sehter aus, einer beschissener wie der andere. Schlimm, mit deim Auge?«

»Wird wieder«, sagte ich, »mit ein bisschen Glück.«

»Und, Pit, immer noch Klebstoff am Schnüffeln?«

»Ich bin auf Entzug«, knurrte Pit, »also pass auf, was du sagst, Hirni.«

Wir befanden uns mitten in einem schlecht beleuchteten, schmalen, bestimmt fünfzig Meter langen Gang, von dem in kurzen Abständen links und rechts Türen in kleine Zimmer abzweigten. Wir und ein paar Dutzend andere, heißt das, die meisten davon Handwerker. Kabel zogen sich über den Boden wie Spaghetti, Rohre lagen wie Mikado. Schweißgase waberten, Funken stoben, Bohrmaschinen ratterten, Winkelschleifer kreischten. Polen schleppten stapelweise Gipskartonplatten durch das Chaos, eimerweise Fugenfüller, Rumänen klebten Fliesen, Holländer spachtelten Böden, und Hoho schraubte Lampen unter die Decke. Ein Typ in einem Overall mit der Aufschrift ›Elektro Ittenmüller‹ passierte uns mit den manischen Augen, der in alle Richtungen gespreizten Frisur und dem Tänzelschritt von jemandem, der gerade eben mit nassen Fingern in eine 380-Volt-Steckdose gepackt hat. »Das muss alles heute noch fertig werden«, säuselte er in einer Art Singsang, »das muss alles fertig werden, heute noch, alles fertig, alles fertig, muss, muss, muss …«

Wir sahen ihm hinterher. Wir sahen uns an.

»Der Chef«, erläuterte Hoho.

»Stehst du schon wieder rum, Ernst-Dieter?«, mischte sich ein Kerl in gleichem Overall, wenn auch mit wesentlich besser geerdeter Attitüde ein. »Du hast den Chef gehört. Bevor das nicht alles fertig ist, gibt es heute keinen Feierabend, kapiert?«

»Vorarbeiter Bernd«, stellte Hoho vor.

»Jetzt hör mal auf zu quatschen und mach voran. Für Labertaschen haben wir hier keine Verwendung.«

»Leck mich«, sagte Hoho und stieg von der Leiter.

Bernd machte sich breit. »Eins sag ich dir: Wenn du jetzt abhaust, brauchst du nicht mehr wiederzukommen.«

»Als ob ich datt vorgehabt hätte.« Hoho gab Vorarbeiter Bernd einen kleinen Stups vor die Brust, was den schwungvoll über eine Werkzeugkiste und in eine zweifache Rolle rückwärts schickte.

»Wenn du willst, breche ich ihm noch einen Zahn raus«, bot Pit Bull an und kramte eifrig in der Werkzeugkiste nach einer Zange.

»Mal langsam, Hoho«, mahnte ich. »Ich hab doch überhaupt noch nicht gesagt, was ich vorhabe.«

»Iss mir egal. Ich bin dabei.«

»Dann weg hier«, sagte ich. »Du auch, Pit.«

»Wohin?«

»Ihr fahrt zu Charly, bringt ihm seinen Dodge zurück und lasst mich unterwegs bei Heckenpennes raus.«

Glück gehabt, dachte ich, als mich die Automatenstimme aufforderte, mein rechtes Auge vor die Linse neben der Tür zu halten.

»Herzlich willkommen, Herr Kristof Kryszinski«, sagte die Stimme, und die Tür gab den Weg frei in einen holzgetäfelten Aufzug, der mich zwei Etagen höher in eine Art, tja, Keller entließ. Technisch gesehen war es ein Penthouse, oben auf den Produktionshallen von ›Hedgesleeper Solutions‹, dem europäischen Marktführer für Personen-Identifikations-Scanner, doch empfand Heckenpennes, bürgerlich: Alexander Lehnkering, Eigentümer und Chefentwickler des Ladens, zu viel Tageslicht als störend, weshalb er sein neues Domizil von der Gestaltung her weitestgehend der früheren Nerd-Gruft im Untergeschoss des elterlichen Hauses angeglichen hatte. Fenster, so vorhanden, waren klein und verhangen. Plastiktüten und Klamotten lagen überall herum, dazwischen Pizzakartons und Getränkedosen. Eine Vielzahl Bildschirme hielt die Dunkelheit in einem dämmrigen Flimmerzustand.

»Kristof«, sagte Heckenpennes, wie so oft in ausgeleiertem Feinripp und sonst nichts, drehte sich in seinem Drehsessel herum, nahm den Finger aus der Nase und polkte damit in einem Ohr herum. »Du kommst genau richtig.«

»Was ist mit deinen Haaren?«, fragte ich. Lang und fettig, ehedem.

»Ab. Läuse. Was ist mit deinem Auge?«

»Kaputt. Zweikampf.«

»Ich hab's gefunden«, sagte er und winkte mich zu sich. »Nach deiner Beschreibung, also runder Wasserturm, direkt daneben rechteckiger Pool, oben auf einem Berg an der Küste, Marseille, und so weiter, war's das reine Kinderspiel.«

Auf dem Bildschirm vor ihm erkannte ich das Anwesen sofort wieder. Den Turm, den Pool, zur Zeit der Aufnahme schon algengrün, anders als die chlorblauen in der Nachbarschaft, den Bungalow, das angefangene, freistehende kleine Gefängnis am Rande der Terrasse, die Hundehütte, alles.

»Der Berg heißt Roucas-Gris-Nez, das Grundstück gehört einer Firma, den Namen hab ich hier irgendwo ... Find ich jetzt nicht. Druck ich dir alles aus. Das Haus ist aus den Siebzigern, gebaut von einem ehemaligen Schwimmstar, Olympiateilnehmer, später Politiker, bevor er von seiner Drogenvergangenheit eingeholt wurde. Wie auch immer: Das Problem ist, das große Problem ist, das ausführende Architekturbüro gibt es nicht mehr, schon ewig nicht mehr, das heißt, Planungsunterlagen und Zeichnungen zu dem Haus, so wie du sie haben willst, sind niemals digital abgespeichert worden. So. Und nu?«

Ich dachte einen Moment lang nach. »Versuch's bei der Feuerwehr«, sagte ich dann, und Heckenpennes' Augen wurden groß.

»Eines werde ich nie begreifen«, meinte er, drehte sich um und schnappte sich seine Tastatur, »und das ist, warum du die Detektei dichtgemacht hast.« Und er ließ es klickern.

Ich fand Scuzzi in der Kantine der Stiftung, wo er zusammen mit zwei Pflegern an einem Tisch saß. Alle drei stierten auf ihre Smartphones, regungslos bis auf ihre Daumen.

»... und ich sag zu den Typen«, erzählte Scuzzi gerade, obwohl es nicht den Anschein hatte, dass ihm jemand zuhörte, »ich sage: Ihr packt jetzt sofort eure Sprühdosen ein und haut ab, oder ich hab die Bullen schneller hier als ihr *›ups‹* sagen könnt.«

Ich baute mich vor ihm auf, doch es dauerte einen Augenblick, bis er das bemerkte.

»Ah, du«, sagte er dann und sah endlich hoch. »Hab schon gehört, von deinem Auge. Sieht wüster aus, als ich dachte.«

Ich winkte mit dem Kinn und wir gingen raus in den lauen Frühsommerabend. Im Bemühen um geistige Klarheit hatte ich die Tropfen auf ein Minimum reduziert und der Schmerz machte mich mürbe und schroff.

»Ich möchte, dass du Bian-Tao in den nächsten Tagen in der TaxiBar unterstützt«, sagte ich. »Und auch sonst ein Auge auf sie hast.«

»Äh, mal langsam, Kristof. Ich habe hier vielleicht einen Job? Wie stellst du dir das vor?«

»Nimm dir frei, nimm dir Urlaub, hol dir 'nen Schein, mach blau, hau in den Sack.«

Er schüttelte verständnislos den Kopf. »Und warum hältst du das für nötig?«

»Es besteht die geringe Möglichkeit«, sagte ich langsam, »dass jemand kommt und nach mir sucht, und da wäre die Bar nach wie vor ein Anlaufpunkt, und ich möchte nicht, dass Bian-Tao in dem Fall allein da steht. Kapiert?«

»Du bist also allen Ernstes wieder auf dem Weg nach Marseille?«

»Andernfalls hört es nie auf.«

»Ich hab Charly dringend davon abgeraten, mitzufahren, aber …«

»Wieso das?«

»Weil du ein Junkie bist, Kristof, fremdgesteuert, sieh es ein. Du gehörst in Therapie.«

»Was redest du da für einen Scheiß? Ich bin seit hundert Jahren clean.«

»Nein, Kristof. Du hast einfach nur von einer Droge zur anderen gewechselt.«

»Hör auf! Spinnst du? Ich saufe nicht mal mehr. Na, kaum. Nicht, seit ich die TaxiBar übernommen habe.«

»Ich rede nicht von Alkohol, Kristof, oder sonst einer Substanz. Ich rede von *Gefahr*.«

»Hä?«

»Du hast die Droge Heroin durch die Droge Gefahr substituiert. Hast du dich noch nie gefragt, warum du kopflos, grundlos, sinnloserweise dauernd solche idiotischen Risiken auf dich nimmst? Warum die Umstände immer haarsträubender werden? *Syrien*, Kristof? *Marseille?* Weil du immer höhere Dosen brauchst, um überhaupt klarzukommen. Obwohl es dir schon lange keinen Spaß mehr macht, schon längst nicht mehr *törnt*, obwohl es dich von mal zu mal näher an den Abgrund bringt, hängst du weiterhin hoffnungslos an dieser Nadel. Ich meine, sieh dich doch mal an! Wenn du wissen willst, was es mit dir macht, brauchst du doch nur in den Spiegel zu blicken.«

Immer noch besser, dachte ich trotzig, als ein ehemaliger Kleindealer, der zig Jahre lang bedröhnt in einem Sessel herumzuhängen für *Leben* gehalten hat und der heute mit dem Kinn auf der Brust und der Nase in seinem Daddelphone herumläuft wie eine vor Pubertät schwachsinnige Dreizehnjährige.

»Nicht genug, dass du diesen bescheuerten Auftrag von Europol nur um Haaresbreite überlebt hast, jetzt willst du auch noch deinen eigenen Krieg starten. Das ist krank, Kristof, pathologisch. Und – bevor du mich unterbrichst – *natürlich* ist es dein Leben. Natürlich bist du erwachsen und kannst dich zugrunde richten, wie und womit du willst. Nur, jetzt hat die Bedrohung uns alle erreicht, und du bist aktiv dabei, auch noch die Jungs mit reinzuziehen.«

»An der Bedrohung arbeite ich gerade, und ich ziehe niemanden nirgendwo mit rein. Die kommen freiwillig mit.«

»Bleibt nur zu hoffen, dass sie auch alle wieder zurückkommen.«

Aus Mündelheim nahm ich die Straßenbahn bis Duisburg-Mitte, von dort die S-Bahn nach Oberhausen und schließlich den Bus nach Bottrop. Das machte es nötig, drei einzelne Tickets zu ziehen, wofür ich mich mit drei verschiedenen Automaten auseinandersetzen musste, was mir wieder einmal lebhaft vor Augen führte, dass mir dafür einfach die Nerven fehlen.

Ich brauchte ein Auto, soviel war klar, wenn auch nicht unbedingt einen Opel Zafira wie den, in dem Hufschmidt und Mombassa vor meiner Behausung herumlungerten.

»Wo ist der Audi?«, fragte ich.

»Zurück bei Hertz.«

»Hm. Auch gut. Wollt ihr vielleicht reinkommen? Ich habe Senf da.«

Doch sie wollten nicht. Seltsam.

»Man hat inzwischen den echten DHL-Zusteller gefunden«, sagte Hufschmidt tonlos. »In einem Straßengraben. Tot. Kopfschuss.«

»Oh, Mann. Das arme Schwein.« Plötzlich packte mich die Wut. »Weißt du was?«, wandte ich mich an Mombassa. »Wenn wir Nepomuk da unten einfach hätten verrecken lassen, wäre all diese Scheiße nie passiert.«

Er zuckte die Achseln.

»Und die Kugel stammt aus meiner Dienstwaffe«, fuhr Hufschmidt monoton fort. »Oder, besser, meiner Ex-Dienstwaffe.«

»Eijei, das wird nicht ganz einfach zu erklären sein. Wie weit bist du mit deinem Bericht?«

»Noch nicht mal angefangen. Ich habe gesagt, ich könne mich aufgrund posttraumatischen Stresses an so gut wie nichts mehr erinnern. Menden, du kennst ihn ja, nannte es sofort das ›Kryszinski-Syndrom‹. Er will dich übrigens sprechen.«

»Da wird er sich in Geduld fassen müssen.«

»Menden und Geduld …« Hufschmidt blickte skeptisch drein. »Doch warum ich hier bin …«

»Ja?«

»Das Mädchen. Du wolltest es rächen.«

Die Erinnerung brach über mich herein wie eine Woge. Der Schal. Der Sturz. Der Schrei. Der Aufprall. Und wie sie lachten.

»Willst du das noch immer?«

»Ja«, sagte ich.

»Ich wäre dabei.«

Keine Ahnung, wie lange ich Hufschmidt kannte, wie oft ich es schon mit ihm zu tun gehabt hatte, aber dies war definitiv das erste Mal, dass er mich sprachlos sah.

»Der Gedanke, diese Typen einfach damit durchkommen zu lassen, macht mich krank«, sagte er.

»Trotzdem. Hör zu …«, begann ich, doch er fiel mir ins Wort.

»Du brauchst mich«, behauptete er. »Ich hab zwar keine Dienstwaffe mehr, aber …« Er zog eine Pistole unterm Sitz hervor, ließ sie mich kurz sehen und verstaute sie wieder. »Nicht registriert. Und anders als du kann ich mit so was umgehen.«

»Ach, ja?«, warf ich ein. »In Marseille hast du, wenn ich mich recht entsinne, gleich dreimal hintereinander danebengeballert.«

»Mit voller Absicht. Wenn ich da schon gewusst hätte – *geahnt* habe ich es von dem Moment an, als das erste Mal dein Name fiel –, wenn ich da also schon die Gewissheit gehabt hätte, dass unsere kleine Reise mit meiner Suspendierung endet, ich hätte beide umgenietet. Also, denk drüber nach. Ich bin nicht länger im Dienst und kann tun und lassen, was ich will.«

»Und du«, wandte ich mich an Mombassa, »wolltest du nicht längst nach Hause?«

Er nickte eine Weile vor sich hin. »Und im Restaurant meiner Frau kellnern, ja. Doch vorher, denke ich, wirst du mir ein Angebot machen, und ich, denke ich, werde annehmen.«

»Was hatten wir noch gesagt? Drei für fünf?« Als libanesischer Gebrauchtwagenhändler kann man wahrscheinlich nicht aus seiner Haut, denke ich mal.

»Vier für fünf«, erinnerte ich ihn sanft und reichte ihm das flache Päckchen Scheine.

Er zählte es durch, ging damit zu seinem Wandsafe und tauschte es gegen ein viermal so dickes Päckchen Hunderter.

Ich zählte meinerseits. Es stimmte.

»Hast du noch mehr davon?«

Wenn du nicht eines schönen Morgens mit durchschnittener Kehle aufwachen willst, musst du bei Geschäften mit Kriminellen immer aufpassen, was du sagst.

»Sagen wir so: Ich könnte noch welche besorgen.«

»Ich bin hier«, meinte er zufrieden.

Mit Chi Li auf dem Weg nach Portugal verbrachte ich die Nacht bei Heckenpennes, der mir ein dickes Dossier über die Adresse Chemin du Gris-Nez 191 zusammenstellte und mich anschließend noch bei Bier, Lieferpizza und Tramal mit der Bedienung eines Handy-Daten-Scanners und eines Tabletrechners vertraut machte. Der Scanner basierte auf einem normalen Mobiltelefon, war aber in der Lage, sämtliche Daten von jedem x-beliebigen Smartphone zu kopieren, vorausgesetzt, man kam bis auf ein paar Zentimeter an das entsprechende Gerät heran. Über das Tablet wollten Heckenpennes und ich in den nächsten Tagen in Kontakt bleiben. Da ich immer schon ein wenig harthirnig war, was sämtliche Prozesse angeht, die von Prozessoren gesteuert werden, zog sich die Erklärung der Handhabung dahin, bis uns die Zusammenwirkung von Bier und Schmerzmittel irgendwann den Teppich unter den Füßen wegzog. Ich schlief wie ein Klotz.

*

Die Autoverwertung Sültenfuß in Mülheim-Broich ist ein Ort der Ruhe, des Friedens und des hartnäckigen Widerstandes gegen die Zwänge zur Veränderung.

Die mit ›Verkauf‹ überschriebene Tür der niedrigen Holzbaracke schloss sich quietschend hinter mir und die Aromen von Reifengummi und Mineralölprodukten umschmeichelten meine Sinne.

Inhaber Heiner Sültenfuß stand hinter seinem blechbeschlagenen Tresen, Lesebrille prekär auf der Nasenspitze, Zunge im Mundwinkel, und führte Buch mithilfe eines Bleistifts und eines Blocks aus Papier.

»Heiner!«, rief ich, »immer noch im grauen Kittel?«

Er schrak auf, sah auf, und machte einen Satz nach hinten.

»Kristof! Ich hab gehört, du wärst tot!«

»Böswilliges Gerede, Heiner.«

Er kam nach vorn und packte meinen Arm.

»Mein Gott, lass dich anschauen, Junge. Schrecklich siehst du aus.«

»Das wird wieder, Heiner. Ich brauch ein Auto.«

»Mensch, da hab ich was. So ein Zufall! Wie ich den reingekriegt habe, hab ich direkt an dich gedacht und dann …«

Er schüttelte den Kopf. »Und jetzt stehst du vor mir, gesund und … na ja. Komm mit!«

Er stürmte durch die hintere Tür, raus auf seinen Platz mit den prekär gestapelten Karossen bis nach hinten, und wir stoppten vor etwas, das aussah wie ein schlechter Witz auf abgefahrenen Reifen.

»Na, watt sachste? Datt nich'n Schmuckstück?«

»Heiner, was ist das?«

»Das'n Chrysler.«

»Ein Chrysler.«

»Ein PT Cruiser. Sind selten, die Dinger.«

»In Gold.«

»Erstlack, ungeschweißt, nur fünf Vorbesitzer, keine Zweihunderttausend auf der Uhr und hat noch TÜV.«

»In Gold.«

»Automatik, Sitzheizung, Klima müsste allerdings mal befüllt werden …«

»In Gold.«

»Ja, nu, gewöhnt man sich dran. Ansonsten hätte ich im Moment nur noch 'nen Zafira. Komm, ich zeig …«

»Warte. Ich nehm den hier.«

Ich stoppte vor der Villa in der Johann-Wolfgang-von-Goethe-Allee hinter einem kleinen, roten, offenen Mercedes SL, ging die Auffahrt hoch und die Haustür flog auf, bevor ich auch nur die Chance gehabt hätte, den Klingelknopf zu drücken. Eine Walküre von – in Stöckeln – nahezu zwei Metern kam herausgestürmt, eine Aktentasche unterm Arm, Bug ihres Kostüms wie der eines Eisbrechers, Taille wie die des Masts einer ausgesprochen zierlichen Segeljolle, Heck dafür wieder wie das eines Containerschiffs. Kurz bevor sie mich untergepflügt hätte, machte sie noch einmal kehrt für einen ins Haus gebellten Schwall russischer

Flüche und unter die Gürtellinie zielender Beleidigungen – zumindest hörte es sich danach an, mein Russisch nicht das, was es sein könnte. Damit fertig, knallte sie die Tür ins Schloss, dass ein paar Ziegel vom Dach geklappert kamen und in der Einfahrt zerschellten. Einen Huf vor den andern stechend stakste sie davon, warf die Aktentasche auf die Rückbank des SL, sich selbst in den Fahrersitz, überprüfte noch kurz ihr Make-up im Innenspiegel, richtete die blonde Mähne und rauschte von dannen, dass man gleich wusste: für immer.

Ich klingelte, und Willy freute sich, mich zu sehen.

Wenn ich mich entscheiden müsste, welcher Figur der Weltliteratur Willy Heckhoff am ähnlichsten ist, dann gibt es für mich nur eine: Goofy. Dieselbe unerschütterliche Frohnatur, generelle Schlaksigkeit und kippelige Lache. ›*Oy ... floy ... yup in the skoy ...*‹, erklingt in meinem geistigen Ohr, jedes Mal wenn ich ihm begegne.

»Häuslicher Disput?«, fragte ich und blickte dem Cabrio hinterher.

»Ach, nein. Traktorina ist Akquisiteurin einer Gruppe russischer Investoren. Sie wollte, dass ich einen Vertrag unterzeichne, von dem ich nur die Zahlen lesen konnte. Aber komm doch rein. Ich bin noch am Packen.«

Ich folgte ihm durch die Eingangshalle ins Wohnzimmer, wo zwei aufgeklappte Koffer auf dem Boden lagen.

Seit die Stormfuckers einer nach dem andern ausgezogen waren, hatte die alte Villa wieder ihr ursprüngliches, gediegenes Ambiente zurückgewonnen, wirkte nicht länger wie ein Nachtlager von Höhlenmenschen, voll mit Schlafsäcken, Kotelettknochen, Leergut und halbzerlegten Motorrädern.

»Schlimm, mit deinem Auge?«, fragte er und faltete Oberhemden. Teure Oberhemden. Willys Klamotten sind unauffällig, manche auf eine gleichmütige Art abgetragen, aber selbst dann sieht man ihnen an, dass sie einmal eine Stange Geld gekostet hatten. Keine Label, niemals, aber immer eine Qualität, die man mehr ahnt als sieht, angefangen bei der großen Brille aus dunklem Horn.

»Ziemlich«, antwortete ich. »Heißt sie wirklich ›Traktorina‹?«

»Nein, sie heißt … ach, vergessen«, meinte er zerstreut.

»Und«, fragte ich kumpelhaft, »hast du sie … gehabt?«

Willy sah von seiner Tätigkeit auf mit Augen voll geradezu kindlichen Erstaunens.

»Was für eine Frage«, meinte er konsterniert. »Du hast sie gesehen, oder? *Selbstverständlich* habe ich sie gehabt. Hier, hier auf diesem Flügel«, er klopfte auf den Deckel, dass die Saiten dröhnten, »habe ich sie *genommen*.« Er grinste kurz und verstohlen. »Und nicht nur hier. Russinnen sind dominant, Kristof. Ihren Respekt muss man sich erarbeiten. Zum Schluss hat sie geschnurrt wie ein Kätzchen. Und wollte nicht mehr gehen. Es war reines Glück, dass sie sich irgendwann wieder ihres Jobs erinnert hat und mit den Verträgen ankam. Als ich ihr dann gestehen musste, über solche Summen nicht frei verfügen zu können … Na, du hast das Ergebnis ja mitbekommen.«

Willy hatte schon in jungen Jahren eine große Stahlbau-Firma geerbt, und die Chefetage war seinerzeit sehr schnell übereingekommen, ihm ein fürstliches Gehalt zu zahlen, vorausgesetzt, er hielt sich aus allem heraus, angefangen bei den Finanzen.

Es war Charlys Idee gewesen, Willy mitzunehmen. Er hatte ihn rekrutiert, am Telefon. Wobei man wissen muss, dass Willy kein Stormfucker ist, nie gewesen. Willy war immer schon ein Hanger-on, also ein Fan des Clubs ohne Rechte, aber auch ohne Aufgaben, und ist für die

Stormfuckers im Laufe der Zeit zu so etwas wie einem Maskottchen geworden. Ich war skeptisch gewesen, doch Charly hatte darauf bestanden. »Er könnte uns als Scout dienen, Kristof. Er ist ein Chamäleon, ein Schauspieler mit tausend Rollen, und sei es nur, um an Sex zu kommen. Obendrein wirkt er harmlos.«

»Hast du ihn über die Risiken aufgeklärt?«, wollte ich wissen.

»Klar, aber er hat nicht zugehört. Du kennst Willy. Ich hab gesagt, wir brauchen ihn wegen seiner speziellen Talente, und er hat das, glaube ich, so verstanden, dass er uns irgendjemanden wohlgesonnen ficken soll, und ab dem Punkt hat sein Hirn auf Durchzug geschaltet.«

»So, fertig«, meinte Willy und schnackte die Koffer zu. Identische Lederkoffer, verarbeitet wie die Sitze in einem Rolls-Royce. »Ah«, machte er noch, wie bei einem Nachgedanken, nahm einen alt und edel aussehenden Fotoapparat aus einem Regal, blies den Staub runter und hängte ihn sich zusammen mit einem Belichtungsmesser um den Hals. »Hasselblad«, erklärte er.

»Wozu die?«, fragte ich.

»Allzweckwaffe.« Er hob die Kamera ans Auge, richtete sie auf mich, justierte am Objektiv herum, nahm sie wieder runter, sah kurz auf den Belichtungsmesser, dann mir ins Gesicht und fragte voller Ernst: »Hast du schon mal über eine Karriere als Model nachgedacht?«

»Und das funktioniert«, mutmaßte ich.

Er gluckste. »Meistens. So, von mir aus können wir los.«

»Willy, bist du ganz sicher, dass du mitwillst?«

Mit den Koffern in der Hand stand er einen Moment da und kaute auf seiner Unterlippe herum. »Weißt du, Kristof«, sagte er dann, »manchmal ist es einfach ein gutes Gefühl, gebraucht zu werden.« Damit setzte er sich in Bewegung

Richtung Ausgang. »Und die Frauen in Südfrankreich«, schickte er noch hinterher, »sind der Hammer.«

»Was die Suche nach einer neuen Hornhaut angeht«, sagte Dr. Korthner und löste vorsichtig die Pflasterstreifen, »werden wir vorab noch eine Reihe von Tests durchführen müssen.« Er beäugte mein Gesicht durch seine dicken Gläser. »Schön, schön, schön«, fand er. »In rund einer Woche können wir die Fäden ziehen. Narben werden natürlich bleiben, aber da kann man immer noch mal was machen.«

Er suchte neues Verbandsmaterial zusammen, während ich auf der Behandlungsliege saß und ungeduldig mit den Beinen strampelte.

»Haben Sie schon mit Bian-Tao gesprochen?«, fragte er unvermittelt.

»Nein, wieso? Ich wollte warten, bis ich nicht mehr ganz so … lädiert aussehe. Sie macht sich sonst Sorgen.«

»Nun, sie hat mich angerufen und gebeten, Ihnen zu sagen, dass sie auf Ihren Rückruf wartet. Sie klang … beunruhigt.«

Mein Handy lag ausgeschaltet in Bottrop, also ließ mich der Doktor das Haustelefon benutzen. Ich wählte die Nummer der TaxiBar und Scuzzi ging dran.

»Was ist mit Bian-Tao?«, fragte ich.

»Na, sie ist geschockt. Die beiden Knaben sind reingekommen, direkt hinter die Theke gestürmt, haben ihr eine Rosenschere an die Nase gehalten und nach dir gefragt.«

»Warte, warte. Welche beiden Knaben?«

»Zwei Franzosen, denke ich. Frag Menden. Er war dabei und hat sie jetzt in Gewahrsam.«

»Was? Wie das?«

»Er saß am Tresen. Kommt in letzter Zeit öfter mal auf einen Kaffee vorbei. Hat einen Warnschuss in die Decke abgegeben. Die beiden sind abgehauen, konnten aber gefasst werden.«

»Ist Bian-Tao verletzt?«

»Nicht körperlich.« Er seufzte. »Kristof, wann wird dieser Wahnsinn aufhören?«

»Bald«, versprach ich.

Ich hängte ein, setzte mich wieder auf die Liege und Dr. Korthner drückte mir einen Wattebausch aufs Lid.

»So, einmal kurz festhalten«, bat er und pinselte sehr vorsichtig irgendetwas scheußlich Brennendes auf die Wunde.

»Ich wünschte wirklich, dass Sie Ihre Probleme in den Griff bekämen«, sagte er, legte mir die Augenklappe um, und richtete sie aus. »Weil, Sie sind nun mal einer meiner ... tja ... *lebendigsten* Patienten, und ich möchte gern, dass das noch möglichst lange so bleibt.«

Dr. Korthner ist eigentlich Pathologe, falls ich vergessen haben sollte, das zu erwähnen.

»Ich kann für nichts mehr garantieren«, sagte ich, und verließ das Krankenhaus unter einer schwarzen Wolke.

»An und für sich hätte ich sie laufenlassen müssen«, sagte Menden. »Hausfriedensbruch, was ist das schon? Doch dann stellte sich im Rahmen der erkennungsdienstlichen Behandlung heraus, dass Marseille nach ihnen fahndet, also haben wir sie vor einer halben Stunde dorthin abgeschoben.«

Er legte zwei Fotos vor mich auf seinen Schreibtisch. »Mehmet Duval und Michel Khadra.«

»Haben sie gesagt, was sie von mir wollten?«

»Sie sagten, sie wollten Schulden eintreiben.«

Ich warf einen Blick auf die Polizeiporträts. Beide waren jung, dunkelhaarig, vom Typ her unentschieden zwischen südfranzösisch und nordafrikanisch, der eine ein bisschen größer, der andere dafür etwas stabiler. Es waren die beiden, die das Mädchen vom Hôtel du Nord gestoßen hatten, kein Zweifel. Die beiden Neuen im Kreis der Zwanzig.

»Bekannte von Ihnen?«

»Nie gesehen.«

»Natürlich nicht.« Menden drehte sich abrupt zum Fenster und nahm den Innenhof des Präsidiums in Augenschein, kein, wie ich aus Erfahrung wusste, gutes Zeichen. »Kryszinski«, begann er leise und, wenn auch mühsam, beherrscht, »Sie haben im Laufe eines einfachen Transportauftrages ein Dienstfahrzeug ›verloren‹, den zu überstellenden Häftling entkommen lassen und, im Versuch, diesen Umstand eigenmächtig zu vertuschen, eine Teilnehmerin des Zeugenschutzprogramms in Lebensgefahr gebracht, und schließlich und letzten Endes haben Sie ebendiesen Häftling und teuer freigekauften, angehenden, *wichtigen* Kronzeugen tödlich verletzt. Es ist das umfassendste Versagen, das mir in meiner kompletten beruflichen Laufbahn untergekommen ist.« Er holte tief Luft. »Damit nicht genug«, grollte er dann, »sind Sie jetzt auch noch wieder mal dabei ...«, er fuhr herum und schlug mit der Faust auf die Fotos, »die französische *Mafia* nach Mülheim zu holen!«

»Ich bringe das in Ordnung.«

»Nein, das werden Sie nicht! Sie begeben sich jetzt auf direktem Weg nach Hause und bleiben dort. Ich stelle Sie hiermit unter zeitlich unbefristeten Hausarrest. Nur *ein* Verstoß, und ich verpasse Ihnen eine elektronische Fußfessel. Entfernen Sie sich weiter als einen Kilometer von Ihrem Wohnort, lasse ich Sie verhaften. Ist das klar?«

Willy wartete unten im Chrysler.

»Alles okay?«, wollte er wissen.

»Nein, nichts«, antwortete ich und drehte den Schlüssel.

»Eins vorweg«, sagte ich und sah von einem zum anderen. »Keiner von euch wird jemanden umbringen müssen. Überlasst das mir.«

Draußen vor den Fenstern von Charly's Harleys dämmerte der Abend herauf. Charly hatte ein paar Stühle in die Mitte des Verkaufsraums gestellt und Hoho bediente die Kaffeemaschine. Hufschmidt saß breitbeinig da, die Arme verschränkt, Pit hatte die Ellbogen auf den Knien abgestützt, den Kopf in seinen Händen, ächzend.

Charly hockte auf einer Harley, Mombassa trug Kaffeebecher aus, Willy schlenderte herum, während ich mit dem Rücken am Tresen lehnte. »Doch ihr sollt wissen, was euch erwartet. Die Sache ist die: Ich stehe vor einer etwas undankbaren Wahl. Entweder ich beseitige die gesamte Führungsriege eines Marseiller Mafia-Clans, oder ich muss mich opfern.« Oder beides zusammen, dachte ich in unterkühlter Entrücktheit.

»Von wie viel Leuten reden wir da?«, fragte Charly.

»Genau einundzwanzig.« Es klang ungeheuerlich, selbst in meinen Ohren. Und doch war es die reine, nüchterne Wahrheit. »Wenn nur einer überlebt, fängt der Terror von vorne an, und niemand in meinem Umfeld wird davor sicher sein.«

»Wir sind Biker, keine Killer«, sagte Charly.

»Das ist richtig, deshalb muss ich es selber bewerkstelligen, allein.«

»Allein gegen einundzwanzig?«, fragte Hoho. »Wie soll dattenn gehen?«

»Ich habe nicht die geringste Ahnung. Findet sich kein Weg, muss ich Söldner anheuern, Mombassa hat entsprechende Kontakte. Doch Söldner bedeuten Mitwisser, und das will ich vermeiden.«

»Ich hätte kein Problem damit, ein paar umzunieten«, erklärte Pit Bull, schlotternd und schweißgebadet.

»Das Problem ist nicht so sehr das Töten«, meinte Mombassa sachlich, »sondern damit durchzukommen.«

»Einundzwanzig«, wiederholte Charly und sah sich um wie jemand, der Aktivposten und Passivposten zu besetzen hat.

»Sollte sich eine Notwehrsituation ergeben, werde ich keine Sekunde zögern, von der Schusswaffe Gebrauch zu machen«, sagte Hufschmidt, dessen Sprachzentrum wohl noch nicht verinnerlicht hatte, dass er nicht länger Polizist war, sondern im Begriff stand, sich einer Motorradgang anzuschließen.

»Euch brauche ich für die Vorbereitungen, für die ganze Logistik, und auch zu meinem Schutz. Falls ihr Bedenken habt, sagt es. Ich kann und will niemanden zu solch einer Aktion überreden.«

Keiner sagte etwas, bis Charly von der Harley stieg und sich mitten im Raum aufbaute. »Wer nicht dabei sein will, hat mein volles Verständnis«, sagte er, »aber er muss gehen. Denn von jetzt an besprechen wir die Details.«

Streng genommen war das hier meine Mission, doch man wird nicht Präsident eines Bikerclubs ohne den Willen zur Führung, denke ich mal. Und den hat er, unser Charly. Sackweise.

»Wo ist deine Kutte?«, fragte er mich.

»Draußen, im Wagen.«

»Hol sie, zieh sie an. Wir formieren den Club neu, und ich will, dass man das sieht. Pit?«

»Hab ich, hab ich, hier in der Tüte.«

Als ich wieder reinkam, umstanden die Jungs die beiden Neuzugänge. Willy hatte zwei Westen über der Schulter hängen.

»Geil, oder?« Pit Bull strahlte mich an. »Endlich wieder die Farben tragen! Kristof, wir machen die Arschlöcher da unten fertig, und dann ziehen wir die Fuckers wieder richtig groß auf. Zeigen den Angels, wo der Hammer hängt.« Er lachte kehlig, nur noch Haut und Knochen, geschüttelt von Entzugserscheinungen, aber nicht kleinzukriegen.

»Ich will euch ja den Spaß nicht verderben«, sagte ich, »aber ich hatte an ein dezenteres Auftreten gedacht. Am besten alle einzeln, höchstens zu zweit anreisen, getrennt übernachten und uns unauffällig bewegen. Wir könnten per WhatsApp in ständigem Kontakt bleiben oder …«

»Das ist viel zu kompliziert«, unterbrach mich Charly. »Weiß einer von den CdN, dass du Mitglied der Stormfuckers bist? Nein? Also. Wir werden auftreten als das, was wir sind. Es ahnt ja keiner, was wir vorhaben.«

»Manchma ist auffällich am unauffällichsten«, meinte Hoho, der einen seiner lichten Momente hatte.

»Nun zu euch«, wandte sich Charly an Hufschmidt und Mombassa. »Kristof bürgt für euch, deshalb ernenne ich euch hiermit zu Prospects. Am Ende der Mission könnt ihr die Kutte wieder ausziehen, oder sie ein Jahr lang tragen, woraufhin wir entscheiden, ob ihr als vollwertige Mitglieder aufgenommen werdet. Okay?«

Willy überreichte die Westen mit den entsprechenden Aufnähern.

Hufschmidt stand auf und zog die Kutte über seine durchfallbraune Kunstlederjacke.

»Nein«, sagte ich.

Also verpassten sie ihm ein schwarzes Harley-Davidson-T-Shirt, und er stopfte es in die fürchterliche Jeans mit dem nahezu brusthohen Bund, zog die Kutte an.

»Nein«, sagte ich. Selbst Hoho mit der Clubweste über seinen Elektriker-Arbeitsklamotten wirkte authentischer.

Sie steckten Hufschmidt in ein Holzfällerhemd und Stiefel. Kutte an.

»Also gut.« Er sah immer noch verkleidet aus, aber mehr war im Moment wohl nicht machbar.

»Ich könnte ihm noch 'ne Knast-Träne unters Auge tätowieren«, schlug Pit Bull vor. »Oder 'n Spinnennetz auf'n Hals.«

Mombassa zog sich die Weste über und eine schwarze Sonnenbrille auf und war ein Stormfucker. Nicht zum ersten Mal wurde mir bewusst, wie ähnlich sich die Haltungen von Söldnern, Bikern, Gangstern sind. Da ist diese permanente Latenz, eine an kurzer Leine gehaltene Gewaltbereitschaft, nahezu körperlich spürbar in, was ich ›Bad Vibrations‹ nennen möchte. Schüchtert dich ein oder fordert dich heraus, je nach Typus, auf alle Fälle aber macht es dich vorsichtig im Umgang.

»So«, meinte Charly zufrieden, alle in Kutten außer Willy, »die nächste Frage ist, wo wollen wir pennen, in Marseille?«

»Ich finde, wir sollten alle zusammen wohnen«, fand Willy. »Wie früher.«

»Wir könnten ein Wohnmobil mieten«, schlug Charly vor. Zustimmendes Nicken reihum, nur meine Begeisterung hielt sich in den engen Grenzen persönlicher Vorbehalte, und auch Willy wirkte nicht überzeugt.

»Ach übrigens«, sagte er mit gewinnendem Lächeln zu seinem Spiegelbild im Schaufenster, »ich gebe heute Abend eine kleine Party in meinem … *Wohnmobil?* Wie hört sich das denn an? Wie Grillwurst und Dosenbier in ausgeleierten Sportklamotten. Dazu fahren wir doch nicht ans Mittelmeer. Nein«, meinte er und drehte sich zu uns um, »ich hab da eine bessere Idee. Ich chartere eine Yacht.«

Großes Hallo.

»Die Stormfuckers ausm Kohlenpott auf einer Yacht im Hafen von Marseille«, gab ich zu bedenken.

»Sieh es so«, meinte Willy. »Der exzentrische Millionär

Willy Heckhoff und seine raubeinigen Bodyguards. Wir hauen so auf die Kacke, dass niemand auf die Idee käme, wir wären irgendetwas anderes. Und die Weiber, glaubt's mir, werden Schlange stehen.«

Irgendwie wollten sich danach keine Gegenargumente mehr finden lassen.

»Kann nur hoffen, dass ich bis dahin meinen Shake los bin«, meinte Pit Bull in angenervter Betrachtung seiner flatternden Gliedmaßen. »So wie bei mir im Moment alles schlackert, kriege ich ihn noch nicht mal angesetzt.« Und er lachte, bis er husten musste.

Wir verabredeten uns für den frühen Morgen. Pit Bull, Hoho und Willy blieben bei Charly, halfen noch mit bei den Reisevorbereitungen, der Zusammenstellung und dem Betanken des Fuhrparks, meist gebrauchte oder Vorführmodelle von Charly's Harleys. Willy wollte noch die Yacht chartern und gleichzeitig im Netz nach einem ausgemusterten Behörden-Transporter suchen, am besten von der EdF, dem französischen Stromversorger. Der Wagen sollte so etwas wie unser rollender Beobachtungsstand werden.

»Doch all das später«, sagte Charly. »Erst fahren wir zu mir. Die Else wartet mit dem Abendbrot.«

»Oh, oh«, meinte Pit Bull, von Vorahnungen geplagt, »Nahrungsaufnahme. Noch so 'ne Hürde. Ich hoffe, es stört euch nicht, wenn ich's zuerst mal auf'm Klo versuche.«

Mombassa, Hufschmidt und ich fuhren nach Bottrop, holten Pommes und ein paar Sixpacks und machten es uns in der Werkstatt so gemütlich, wie es eben ging.

Nach dem Essen knackten wir ein paar Dosen auf, ich griff mir Block und Stift und hockte mich auf den Toyota.

»Also«, fragte Mombassa, »womit fangen wir an?«

»Wir beobachten das Viertel der Chiens du Nord. Ich will einen der Boten schnappen, seine Handydaten kopieren und sein Motorrad klauen. Die Boten wissen nichts, zählen nicht, also reicht es, wenn wir ihn betäuben, während wir die Daten abgreifen.«

»Überlass das mir«, sagte Mombassa. »Was sind das für Tropfen, die du da nimmst?

»Tramal, eine Art Opiat.«

»Gut. Wie viel hast du noch davon?«

»Jede Menge.«

»Sehr gut. Doch wir brauchen zusätzlich noch Narketan.«

Ich notierte. »Was ist das?«

»Ein Kurzzeit-Narkotikum für Tiere. Allerdings rezeptpflichtig.«

»Dann besorgen wir das in Marseille. Doch etwas anderes. Du erinnerst dich an die Bombe in dem Feuerlöscher, die mich in Jerusalé beinahe erwischt hätte. Kannst du so was nachbauen?«

Anstelle einer Antwort verschränkte Mombassa die Hände im Nacken, lehnte sich zurück und begann die chemischen und technischen Zutaten herunterzubeten, dass ich kaum mit dem Mitschreiben hinterherkam.

»Ich kapiere das mit dem Überfall auf den Boten nicht so richtig«, meinte Hufschmidt.

»Dafür gibt es zwei Gründe«, erklärte ich. »Hat Heckenpennes einmal die Handy-Daten, kann er die Gespräche mitschneiden.«

»Im Ernst?«

»Er hat es mir versichert. ›Berufliche Kontakte‹. Mehr wollte er dazu nicht sagen. Doch wenn es funktioniert, kriege ich hoffentlich heraus, wann sich der Bote mit einem der Zwanzig trifft. Den will ich abpassen. Und umbringen.« Ich fühlte in mich hinein, versuchte zu ergründen, inwieweit mich der Gedanke berührte, und musste feststellen: gar nicht. Eine nie gekannte Kälte und Entschlossenheit hatte mich im Griff. Zweifel? Skrupel? Hôtel du Nord, mehr Worte brauchte es nicht.

»Mit *dessen* Handydaten erfahren wir dann hoffentlich, wann und wo sich die CdN das nächste Mal versammeln, um ein neues Mitglied aufzunehmen. Und ab da muss ich improvisieren. Viel hängt vom Ort selber und den Umständen ab.«

»Okay, eins nach dem anderen«, meinte Hufschmidt. »Was hältst du hiervon? Sobald wir einen von den Zwanzig im Visier haben, stellst du dich gut sichtbar hin, und wenn er dich attackiert, schieße ich ihn über den Haufen. Am liebsten einen von den beiden Arschlöchern, die das Mädchen vom Dach geschmissen haben.«

»Geht nicht. Die sitzen in U-Haft.«

»Dann einen von denen, die dich da runterkicken wollten.«

Ich sah ihn an. »Guter Plan, auch wenn die Details noch ein bisschen Arbeit brauchen, aber … ist das dein Ernst?«

Hufschmidt sprang auf die Füße, dass das Bier aus seiner Dose schäumte, und tigerte auf und ab.

»Mein *voller* Ernst«, blaffte er. »Du bist *Privatdetektiv*, Kristof …«

»War«, korrigierte ich ihn.

»Du hast immer grundsätzlich nach deinen eigenen Regeln agiert, aufs Gesetz geschissen. Soll ich dir mal sagen, was es dagegen heißt, Polizeibeamter zu sein? Mein ganzes Berufsleben lang musste ich Verbrecher mit Samthandschuhen anfassen, musste mitansehen, wie die Richter selbst überführte Intensivtäter immer wieder auf freien Fuß setzen, Bewährungsstrafen nach dem Gießkannenprinzip verteilen, musste mich von diesen kriminellen Drecksäcken auslachen lassen. Kristof, du kannst dir nicht vorstellen, was das mit einem macht. Die Kollegen überspielen es, doch es frisst an jedem von uns wie Säure. Deshalb, also: Wir passen einen von den Typen ab, provozieren eine Notwehrsituation, und ich schieße ihn nieder.« Er atmete tief ein und hörbar aus. »Wenn's sein muss, auch ohne Notwehr«, meinte er und setzte sich wieder hin. »Wird mir einfach gut tun.« Er nahm einen langen Schluck.

Mombassa schenkte ihm einen Seitenblick und schüttelte sachte den Kopf dazu. »Doch«, wandte er sich an mich, »wofür brauchst du das Motorrad?«

»Das brauche ich für einen Anschlag auf Zarif Mahmout.«

Und Hufschmidt spuckte Bier durch die halbe Werkstatt.

*

»›Emmanuelle‹?«, fragte ich.

»Hübscher Name, oder?«, meinte Willy. »Sprach mich irgendwie an.« Es war Abend geworden, bis wir den Hafen von Marseille erreicht hatten, aufgehalten von zahlreichen Tankstopps, der Anschaffung und Abholung eines alten Transporters der Électricité de France und schließlich noch einem umfangreicheren Einkauf von Proviant, den Willy und ich gerade von Charlys Dodge Pick-up auf das Deck der so hübsch benamten zweimastigen Segelyacht verfrachteten.

»Zehn Kabinen«, zählte Willy auf, »zwei Bäder, eine Lounge, eine Sauna, und die ersten Partyluder pirschen sich auch schon an.«

Ich folgte seinem Blick. Eine Blonde und eine Dunkelhaarige in sparsam verwendetem Textil, dafür mit großzügig ausgelegten Sonnenbrillen und überreichem Gebammel an Ohren, Handgelenken und um die Hälse taten so, als ob sie die Jungs dabei bewunderten, wie sie Pit Bulls Harley mithilfe eines Ladebaums und viel Gezerre an dicken Seilen aufs Vorderdeck der Yacht hoben, doch bei näherem Hinsehen bestand kein Zweifel, dass sie in Wahrheit Willy im Visier ihrer geschulten Augen hatten.

Leder, Nieten, Totenkopfringe und -tattoos, grunzende Maskulinität und schwellende Muskeln mögen ihren Appeal haben, doch der neigt sehr rasch zu verblassen angesichts eines noch so schmächtigen Ärmchens, wenn es denn eine Fünftausend-Euro-Armbanduhr trägt.

Willys Blick wurde ein Stieren, sein Atem ein Hecheln, und ich musste Eingreifen, oder er hätte das nächste Vierundzwanziger-Pack Kronenbourg zwischen Pier und Schiff ins Wasser fallen lassen.

Den Rest der Einkäufe konnte ich allein abladen, während Willy die beiden Modelle über die Yacht führte, als ob er auf ihr groß geworden wäre.

Da das Parken auf der Steganlage verboten war, verfrachteten wir auch noch Charlys Night Rod und Hohos abgespeckte und auf Ratbike getrimmte Electra Glide an Bord der ›Emmanuelle‹. Die Nacht brach herein, Mägen knurrten erwartungsvoll, Bierdosen schäumten, eine gewisse Partystimmung wollte sich breitmachen.

Pit Bull konnte sich nicht so recht von seiner Maschine – lang und flach mit geradem Lenker und starrem Rahmen – losreißen, er betrachtete sie wie eine Löwin ihr Junges, man erwartete so halb und halb, dass er ihr mit rauer Zunge ein paarmal über den Tank fuhr.

Er soll bei ihrem Anblick geweint haben, schließlich hatte er sie schon vor Jahren an einen marokkanischen Dealer verhökert gehabt und nicht im Traum geglaubt, sie jemals wiederzusehen. Doch Charly hatte sie kurz darauf bei Ebay entdeckt und, begleitet von Hoho und D. O., zwei

Baseballschlägern und einer abgesägten Schrot, für einen sehr vernünftigen Preis erstanden und eingelagert. Bis heute morgen. Die berühmten Vibrationen des Knucklehead-Motors trugen sicherlich nicht zur Stabilisierung von Pit Bulls Flossen bei, doch er war den ganzen Weg selbst gefahren, im Convoy mit Charly und Hoho, und war jetzt entsprechend stolz auf sich.

Nur ein Motorrad war hinten auf dem Dodge angereist, und zwar meins, das ich mir aus Charlys Bestand an Gebrauchten ausgesucht hatte. Eine … Honda. Ganz recht. Eine 647er Hawk, die irgendein Genie in Rappeldosen-Primer-Grau lackiert hatte, und zwar alles, Tank, Heck, Rahmen, Motor, Auspuff, Schwinge, Räder, selbst die Sitzbank, nur Lampen, Bremsscheiben und die Tauchrohre der Gabel waren irgendwie verschont geblieben. Aber die kleine Honda ist spurtstark, handlich und – mir unter den gegebenen Umständen nicht unwichtig – außerordentlich robust und zuverlässig.

Bevor Charly den Dodge zum Parkplatz fuhr, wo schon der alte Renault Master mit EdF-Beschriftung wartete, holten wir sie mit vereinten Kräften runter auf den Steg. Die Jungs klopften sich die Hände ab, zogen zufriedene Feierabend-Mienen, gingen zurück an Bord und tauchten ihre Greifer in Kühlboxen.

Alles gut, alles schön, doch ich war nicht wirklich zum Feiern hergekommen.

In meiner alten schwarzen Lederjacke und einem Helm mit getöntem Visier schwang ich mich auf die Honda, startete den Zweizylinder und brabbelte davon in die Marseiller Nacht, die mild, fast schon schwül war nach Abflauen des Mistrals, reich an nocturnen Aromen und abrupten Temperaturschwankungen, wie man sie im Auto nie wirklich mitbekommt, heiß und stickig in den engeren Gassen, frisch und kühl in den weiten Alleen, schwer und süß beim Passieren blühender Parks, rauchig, stinkig, gärend, faul rings um die Wohnblocks der Quartiers Nord.

Um mögliche Kontrollen durch die Choufs zu umkurven, quetschte ich das Bike über den Gehweg zwischen zwei Häusern hindurch und rollte dann mit halbem Gas und hohem Puls durch das Viertel der CdN. Pralles Nachtleben in den Straßen, Boomboxen überall, Joyrider rasten herum, Fernseher plärrten aus den Bars, Freunde trafen Freunde, Familien flanierten, rivalisierende Gruppen belauerten einander. Ich sah niemanden mir Bekanntes, war nicht wirklich böse drum, und nahm denselben Weg raus, den ich reingekommen war.

Wieder über einen Schleichweg mogelte ich mich in das ringförmige Viertel der Mahmouts. Auch hier war alles auf den Beinen, viel junge, nackte Haut, schimmernd in der warmen, feuchten, mediterranen Luft. Die Bars hatten alle Fenster und Türen offen, mobile Stände verkauften Kebab und Pizza, Eis und Getränke. Drogen und Sex waren an fast jeder Ecke zu haben.

Man bekam regelrecht Lust, anzuhalten, abzusteigen, einzutauchen. Vielleicht einen Fladenbrotwickel mampfen, ein paar Bierchen zischen, ein bisschen Small Talk halten, herumschlendern, einen Stick paffen, die Nase mit Kristallen kitzeln und, einmal eingegrooved, sich zu guter Letzt hinter den Müllcontainern von einer mageren Suchtnutte einen lutschen lassen.

Nur etwas sprach dagegen, und das waren tausend Blicke. Tausend Blicke, die alle ein und dasselbe sagten: *Du bist fremd hier und wir wissen es.*

Ich stoppte direkt vor Zarifs Haus, spähte kurz durch einen der vergitterten Fensterschlitze in die Tiefgarage, der einsame rote Maserati schwarz im schwachen Licht der

Straßenlaternen, und beeilte mich, weiterzufahren, weil die ersten Typen sich für mich zu interessieren begannen.

Raus aus dem Viertel, schlug ich ein paar Haken und drehte ein paar Kreise, bis ich mir sicher war, dass mir niemand folgte, bevor ich die Honda runter zum Hafen rollen ließ.

Die Quartiers Nord hatten mich gemustert, verwarnt und nach Hause geschickt.

Bässe wummerten mir entgegen, als ich die Steganlage erreichte, Joe Cockers Stimme schmirgelte die Wasseroberfläche rau, Frauen kreischten, Männer gröhlten, eine Leuchtrakete stieg fauchend in den Nachthimmel. Sämtliche Lichter der ›Emmanuelle‹ waren an und ihre Masten schwankten wie in schwerer See.

Ich kam gerade noch rechtzeitig, um zu verhindern, dass Hoho und Charly den Hafenmeister schwungvoll über Bord hievten. Er war gekommen, die nächtliche Hafenruhe durchzusetzen, und ich musste ihm gut zureden und ein paar Scheine zustecken, damit er uns nicht die Bullen auf den Hals hetzte. Anschließend wand ich dem haltlos lachenden Pit Bull die Leuchtpistole aus der Hand, drehte die Musik radikal leiser, fand die Schalter für die Deckbeleuchtung und knipste sie aus. Niemand nahm groß Notiz davon. Die Party war, wie man so sagt, recht fortgeschritten. Willy wurde von der Blonden und der Dunkelhaarigen senkrecht gehalten, hatte eine Hand in der Bluse der Blonden, während die Dunkle mit einer Hand vorn in seiner Hose steckte. Seinem Grinsen nach zu urteilen war er nur noch halb von dieser Welt. Charly und Hoho torkelten Arm in Arm umher und verpassten einander Bierduschen, Pit Bull hing über der Reling, lachte und kotzte und lachte weiter, Mombassa lehnte im Drehstuhl des Führerstands, die Augen halbgeschlossen, eine üppig ausgestattete Frau mit äußerst beweglichem Becken auf dem Schoß, und Hufschmidt …? Ach ja, Hufschmidt stand in Schürze und Kochmütze am Grill und wendete Gambas. Es würde noch ein hartes Stück Arbeit werden, aus ihm einen glaubhaften Biker zu machen.

»Und, wie ist der Stand der Dinge?«, wollte er von mir wissen.

»Scheiße. Nichts ist jemals einfach.«

»Würde es dich noch interessieren, wenn es einfach wäre?« Er hielt mir eine Gamba hin, doch ich winkte ab.

»Keine Ahnung«, antwortete ich. »Aber es wäre zumindest mal eine Abwechslung.«

»Ich kann dir auch eine Dorade grillen.«

»Vielleicht später.«

Ohne Helm oder sonstige Tarnung hätte ich mich eigentlich rasch unter Deck verziehen sollen, doch ich war noch unruhig, noch nicht fertig für heute, deshalb wickelte ich mir ein Bandana um den Schädel, schlug den Jackenkragen hoch und wanderte die Reling entlang bis zum Heck. Am unteren Ende einer Leiter dümpelte ein Jetski vor sich hin.

Um irgendeine Attacke in den Quartiers Nord zu reiten, brauchte es eine Armee. Folgerichtig musste ich einen anderen Ansatzpunkt finden. Da wäre einerseits der Bungalow hoch oben auf dem Roucas-Gris-Nez, doch das war nicht alles. Ich kletterte die paar Sprossen runter, zog den Jetski heran, stieg auf, löste das Tau, ließ ihn an, wendete und glitt leise davon, summte durch den schlafenden Freizeithafen. Mir war eingefallen, dass das Killerpärchen der CdN seinerzeit mit einem Schiff nach Jerusalé gekommen war. Mit einer weißen Motoryacht namens ›Regina Maris‹, Heimathafen Marseille. Es dauerte nicht lange, und ich wurde fündig. Und nicht nur einmal. ›Regina Maris‹ ließ, so wollte es scheinen, als Schiffsname einen gewissen Einfallsreichtum vermissen, was die Leute allerdings nicht davon abbrachte, weiterhin ihre Boote so zu nennen. Anderthalb Stunden später hatte ich zehn oder zwölf Königinnen der Meere entdeckt. Nur nicht die, die ich suchte.

Die ganze verfluchte Mission begann schleppend und alles andere als vielversprechend.

*

Laute Stimmen und ein Rumpeln des schwimmenden Piers weckten mich. Ein Boot, so schien es, machte auf dem gestern noch verwaisten Liegeplatz neben unserem fest.

Schläfrig schwang ich die Beine aus der Koje und taperte ins Bad, dessen Bullauge zum Steg ging. Es stimmte, da hatte ein Schiff angelegt.

Eine weiße Motoryacht.

Noch nicht ganz wach, aber schon einen ordentlichen Ruck wacher als nur Sekunden zuvor, linste ich in einigem Abstand und schrägem Winkel durch das Bullauge. Draußen wickelte ein Typ ein Haltetau um einen der Poller und starrte dabei die ganze Zeit die ›Emmanuelle‹ an.

Es war Rotblond.

Er hätte mich in den südwestfranzösischen Dünen liebend gerne mit dem Klappspaten erschlagen, im Stau an der Marseiller Ampelkreuzung beinahe mit einem Brandsatz flambiert und war auf dem Hôtel du Nord nur denkbar knapp daran gescheitert, mich in fünfzehn Etagen freien Falls zu schicken, und ich wusste immer noch nicht, wie er hieß.

Nächstes Mal frag ich ihn, dachte ich in einem Anflug galligen Humors und zuckte zusammen, weil Willy neben mich trat. Er roch wie eine spätrömische Orgie, wie ein komplettes tropisches Bordell.

»Wieso bist du schon auf?«, fragte ich überrascht.

»Aus dem Bett gefallen. Wurd ein bisschen eng mit den dreien.«

»Mit den *dreien*?«

»Ja, Mombassa ist irgendwann eingepennt, und seine Partie wollte noch … einen Nachschlag.« Gähnend ließ er sich auf dem Klo nieder und ich ging rüber in die Kombüse. Hier, unter Deck, fühlte ich mich einigermaßen sicher vor Entdeckung – die Bullaugen waren spiegelverglast –, aber eben nur einigermaßen.

Charly war ebenfalls schon auf den Beinen und lehnte mit der Stirn an der Kaffeemaschine, die zischende und gurgelnde Geräusche von sich gab.

»Schwarz, ohne alles«, sagte er und reichte mir einen Becher.

»Nebenan hat der Feind festgemacht«, informierte ich ihn.

Er sah auf, hellwach. Charly kann den einen Augenblick selbstvergessen den Sirtaki tanzen und im nächsten zehn Mann auf ihre exakten Kampfpositionen schicken.

»Das Boot gehört den Chiens du Nord«, fuhr ich fort, »und ich habe einen von ihnen erkannt.«

»Interessant«, fand er. »Geh und hol Hufschmidt aus dem Bett. Er soll diese Tür hier sichern.« Und er verschwand nach draußen, Kaffeebecher in der Hand.

Hufschmidt sah irgendwie kompetent aus, wie er so am Tisch in der Kombüse saß, Kaffeetasse zur Linken, durchgeladene Pistole zur Rechten, und die Tür zum Deck keine Sekunde aus den Augen ließ. Es gibt durchaus Gelegenheiten, bei denen Stoizismus eine gesuchte Qualität ist.

Ich schlich von Bullauge zu Bullauge im Bemühen, möglichst viel von dem mitzukriegen, was sich draußen abspielte. Konnte es etwas anderes als Zufall sein, dass die ›Regina Maris‹ neben der ›Emmanuelle‹ angelegt hatte? Konnte es Zufall sein? Plötzlich kam ich mir eingesperrt vor, wie in die Enge getrieben.

Rotblond und sein Co überbrückten die Lücke zwischen Schiff und Pier mit einer geriffelten Rampe und befestigten Handläufe links und rechts.

Das dunkelgrüne Mercedes-G-Modell kam direkt davor zum Stehen und Stiernacken stieg aus, sah sich um, ging an Bord der ›Regina Maris‹ und verschwand unter Deck.

Rotblond und Co standen an der Rampe Spalier und suchten die Umgebung mit Blicken ab. Schwer zu sagen, wieso, aber es gab nicht den geringsten Zweifel, dass sie bewaffnet waren.

Charlys Schritte knarzten über mir, er lief an der Reling entlang, machte keinen Hehl daraus, dass er die ›Emmanuelle‹ bewachte.

Einige Minuten später erschien Stiernacken wieder an Deck und baute sich auf, nach einer wohlabgestimmten Pause gefolgt von La Veuve, in einer schwarzen, weiten und fast bodenlangen Seidenhose, dazu eine schwarze Bluse, eine große, schwarze Sonnenbrille und ein riesiger, schwarzer Hut. Ihre Haltung war, um es knapp zu formulieren, die einer Majestät in Trauer.

Ich fuhr heftig zusammen, weil Willy plötzlich meinen Arm packte. Seine Hand war feucht und er roch nach Duschgel und, wenn ich mich nicht täuschte, Desinfektionsmittel.

»Meine Fresse«, keuchte er, die Augen riesig hinter den Brillengläsern. »Wer um alles in der Welt ist *das* denn?«

»Das ist La Veuve«, antwortete ich.

»Im Ernst? Das ist die, die dir den Pimmel mit einem Zigarillo verschmort hat?«

Ich nickte, wenn auch denkbar knapp.

»Die mit nur einem Bein?«

Wieder nickte ich.

Die Witwe ging von Bord, schritt zum Mercedes, öffnete die Fahrertür, nahm rücklings Platz, hob und winkelte beide Beine parallel und – man kann es sagen – graziös an, schwang sie unters Lenkrad und schloss die Tür. Dann erst nahm sie den Hut ab, schüttelte ihr Haar frei, startete den Motor und setzte zurück, außer Sicht.

»Kristof«, sagte Willy mit rauer Stimme und schluckte hörbar, »weißt du, dass ich noch niemals eine Einbeinige hatte?«

Nachdem die Witwe fort war, kamen die verbliebenen drei Hunde des Nordens auf den Pier und beäugten die ›Emmanuelle‹, zeigten Interesse für die Harleys und versuchten, mit Charly ins Gespräch zu kommen. Weil Charly kein Französisch kann, wurde da nicht viel draus. Sie gerieten für mich außer Sicht, doch durch die doppelflügelige Tür konnte ich sie weiterhin hören und vermutete, dass sie auf unsere Rampe zuhielten. Einer fragte freundlich, ob sie mal an Bord kommen dürften.

Charly sagte nein.

Derselbe Typ, ich denke mal, der Copilot des Rotblonden, den ich bisher kaum hatte sprechen hören, nahm das nicht recht ernst und redete in beschwichtigendem Tonfall weiter, sie wollten doch nur mal die Motorräder aus der Nähe betrachten ….

Es war völlig klar, dass sie sich einen Scheiß um die Harleys scherten, hier ging es um Grenzüberschreitung. Die drei fühlten sich stark und wollten den blonden deutschen Biker ein bisschen ins Schwitzen bringen.

Ich konnte mich natürlich nicht zeigen, und Hufschmidt und Mombassa waren bei der Verhaftung der drei dabei gewesen, wenn auch weit im Hintergrund, abgeschirmt durch eine halbe Hundertschaft, aber ich wollte sie trotzdem nicht exponieren, nicht jetzt und schon gar nicht zusammen, und ich war drauf und dran, Hoho wecken zu gehen, da kam Pit Bull in die Kombüse geschlurft, in Unterhose und T-Shirt, schnüffelte, hustete, krächzte, kratzte sich den Hintern und murmelte Unverständliches.

»Ich habe gesagt, nein!«, dröhnte Charlys Stimme von draußen herein.

»Was zum Teuf...«, fluchte Pit und die Pendeltüren schlugen wippend hinter ihm zusammen.

»Was wollen die Hampelmänner?«, hörte ich ihn schnappen.

»Sie wollen an Bord und ›nein‹ nicht als Antwort verstehen«, erklärte Charly ruhig.

»Ach, nee? Dann passt mal schön auf, ihr Clowns. Hier ist die Linie, kapiert? Der erste von euch, der da einen Fuß drübersetzt, geht ohne sein Nasenbein nach Hause. Der zweite ohne seinen Sack. Wer will zuerst?«

Natürlich verstanden sie kein Wort, trotzdem wiegelten sie ab und zogen sich langsam, gelassen, ganz so, als ob sie es eh vorgehabt hätten, zurück zur ›Regina Maris‹. Es ist und bleibt einfach ungesund, sich mit einem Wahnsinnigen anzulegen.

»Was ist mit dem Dritten?«, fragte ich ihn, als er nach einer Weile wieder reinkam und ohne jede Begeisterung in den Kühlschrank blickte.

»Hm? Keine Ahnung«, meinte er und betastete voller Skepsis einen Pfirsich. »Bin nie dazu gekommen, mir auch noch den Dritten zu krallen.« Er legte den Pfirsich beiseite. »Crystal Meth, angereichert mit Nährstoffen und Vitaminen«, murmelte er und schob ab, seine Hose suchen. »Warum hat das noch keiner erfunden?«

Draußen vor den Bullaugen verschob sich die Kulisse. Die ›Regina Maris‹ verließ den Liegeplatz.

Und fickt euch, dachte ich.

»Wie gut ist dein Französisch?«, fragte ich Willy. Wir saßen beim Frühstück und besprachen, was zu tun.

»Hervorragend«, antwortete er. »Die Französinnen sind absolut scharf auf deutsche Männer, die ihre Sprache beherrschen. Und je besser, desto schärfer.«

Ich erklärte ihm, wofür ich ihn brauchte, und er ging sich umziehen, kam zurück in einem Poloshirt, weiten Flanellhosen und … Gummistiefeln.

»Die haben vorne im Bug eine kleine Kleiderkammer«, erklärte er den Ursprung seines Schuhwerks. An der Hand hielt er einen gut eingetragenen, außerordentlich schlichten grauen Arbeitskittel. Er reichte ihn an Pit Bull weiter, der erstaunt von seinem bisher nur sehr zögerlich gelöffelten Müsli aufblickte.

»Ich möchte, dass du mich begleitest«, sagte Willy. »Als nervöser Pferdepfleger.«

»Nervös kann ich gut«, meinte Pit.

Ich stoppte den Dodge vor der Tierklinik, Willy stieg aus und ging mit langen, entschlossenen und unerklärlich autorisiert wirkenden Schritten zum Eingang, umwuselt von dem unruhig und besorgt dreinblickenden Pit Bull.

Keine drei Minuten später kamen sie zurück, und Willy warf mir eine Packung Narketan in den Schoß.

»Das ging schnell«, fand ich und startete den Motor.

»Ach, weißt du«, meinte Willy, »wir Veterinäre werden im Feld ja dauernd mit ungeahnten Problemen konfrontiert.

Da hilft man sich unter Kollegen, wo man kann, das ist ganz normal.«

Bewacht von Pit Bull, der unablässig über das Deck tigerte, verwandelte sich die Kombüse der ›Emmanuelle‹ recht flott in ein Werkstatt-Labor.

Mombassa kochte in einem Suppenlöffel über einer Kerzenflamme Narketan ein, für maximale Wirkstoffkonzentration, Hoho linste durch ein Vergrößerungsglas, während er ein gestripptes Handy an eine Zündanlage aus dem Modellbau lötete, Charly schraubte an einem entleerten Autofeuerlöscher herum, Hufschmidt mixte mit großer Sorgfalt Gartencenter-, Supermarkt- und Tankstelleneinkäufe zu einem detonationsfähigen Brei, und Willy blätterte konzentriert in dem Dossier, das Heckenpennes über die Adresse Chemin du Gris-Nez 191 zusammengestellt hatte.

Wenn man keinen Plan hat, ist es manchmal ganz gut, einfach etwas zu tun.

»Gib mal das Tramal«, sagte Mombassa und ich reichte ihm ein Fläschchen. »Das ist gut für eine gewisse Sorglosigkeit beim Getroffenen«, erklärte er.

Das Narkosemittel in der Löffelkelle hatte inzwischen eine fast schon pastöse Konsistenz. Mombassa fügte ein paar Tropfen Opioid hinzu und ließ weiterköcheln.

»Wir brauchen eine Akkubohrmaschine und eine Nietzange«, sagte Charly.

Ich notierte das auf meiner Liste.

»So«, meinte Mombassa, blies die Kerze aus und ging rüber zum Spülbecken, wo er die Suppenkelle in einem Wasserbad kühlte, »jetzt brauche ich nur noch einen Kaktus, etwas Watte und, tja, ein Blasrohr.«

»Dann los«, sagte ich.

»Wohin?«

»Zur Waffenkammer für Fantasiebegabte.«

Er verstand nicht.

»Mr. Bricolage«, erklärte ich. Frankreichs größte Baumarktkette.

Der Einkaufswagen füllte sich sichtlich. Wir hatten – nach langer und gründlicher Auswahl – einen Kaktus aus der Gartenabteilung eingepackt, dazu Polierwatte aus der Autoabteilung, einen kleinen Rucksack aus der Fahrradabteilung, Akkubohrmaschine, Nietzange samt Sortiment Nieten, einen batteriebetriebenen Winkelschleifer, auch bekannt als Akkuflex, Klebeband, Dachrinnenbesen mit Teleskopstiel aus der Werkzeugabteilung.

Was wir noch nicht hatten, war ein Rohr.

»Ich frag den mal«, sagte Mombassa, ging rüber zu einem Typen in Mr.-Bricolage-Latzhose und sprach ihn an. Der Baumarktmitarbeiter musterte Mombassa unfreundlich und kanzelte ihn dann – man sah es, auch ohne es zu hören – kurz und knapp ab. Mombassa drehte sich einfach um und kam zu mir zurück. »Wir sind hier nicht in Afrika«, schickte ihm Mr. Bricolage noch lautstark hinterher.

»Wie hilfreich«, fand ich. »Doch ich kann mir kaum vorstellen, dass du ihn gefragt hast, auf welchem Kontinent wir uns hier nicht befinden.«

»Er hat gesagt, Rohrleitungen dürften in Frankreich ausschließlich an Fachleute verkauft werden.«

»Blödsinn.« Ich sah mich kurz um, bis mein Blick an einer Stahltür hängenblieb, die mit ›Sortie de secours‹ beschriftet war. »Irgendwann«, sagte ich langsam, »in der nächsten halben Stunde wird Monsieur Bricolage durch diese Tür gehen, um draußen eine zu rauchen. Wir könnten ihn dabei abpassen und ihm ein paar auf die Fresse hauen.«

Mombassa winkte ab. »Wenn ich jeden schlagen würde,

der mir blöd kommt, weil ich schwarz bin, mir täte permanent der Arm weh.«

Wir fanden die entsprechende Abteilung auch so. Ich nahm ein schlankes Kupferrohr von anderthalb Metern zur Hand und zeigte es Mombassa.

»Sehr schön, sehr gerade, aber viel zu großer Innendurchmesser«, meinte der. »Warte, ich zeig's dir.« Er zupfte erst am Kaktus, dann an der Polierwatte herum und bastelte daraus einen wirklich winzigen Pfeil. Hm.

Ich behielt das Rohr trotzdem, und wir streunten den Gang hinunter, bis ich fand, was ich suchte.

»Was ist das?«

»Teflonschlauch.« Ich schnitt anderthalb Meter ab, reichte sie ihm.

Mombassa führte den Schlauch vom Mund zum Ohr, pustete hinein und simulierte einen Treffer. »Bisschen schlecht, damit zu zielen«, kritisierte er.

Als Nächstes drückte ich ihm das Kupferrohr in die Hand und sah ihn abwartend an. Er begriff, schob den Schlauch in das Rohr und nickte zufrieden. Passte saugend. Nachdenklich legte er das Rohr in ein freistehendes Hochregal, so ziemlich auf Kopfhöhe, zog den Kosmetiktiegel aus der Hosentasche, den er vorhin noch aus der Suppenkelle gefüllt hatte, schraubte ihn auf, nahm den kleinen Pfeil und tunkte den Stachel in die Narketan/Tramal-Emulsion. Anschließend tränkte er den Wattebausch mit einer klaren Flüssigkeit aus einer Pipette.

»Alkohol«, erklärte er ruhig. »Für den raschen Transport ins Blut.«

Er drückte den Pfeil in das Blasrohr, sah sich kurz um – niemand beachtete uns –, schmiegte seine dicken Lippen um das Rohrende, zielte sorgfältig auf etwas auf der anderen Seite des Regals, holte tief Luft, und ich entfernte mich mit raschen Schritten und bog um die Ecke. Es machte kaum hörbar *Pföpp*, und im nächsten Gang griff sich Mr. Bricolage irritiert ins Genick, schwankte kurz, blickte verwundert zur Decke und fiel dann der Länge nach aufs Gesicht.

Mombassa pfiff den ganzen Weg bis zur Kasse leise vor sich hin.

Es wurde ein wenig spät, doch am Ende hatten wir einen funktionsfähigen Sprengsatz. Ich verstaute ihn vorsichtig in dem kleinen Rucksack, den ich aus dem Baumarkt mitgebracht hatte, und polsterte ihn gegen Verrutschen mit alten Zeitungen aus, während mir Mombassa den Zündvorgang erklärte.

»Hier, ich habe dein Handy ausgeschaltet. Lass es aus! Sobald du die Bombe zünden willst, drückst du erst den roten Knopf, bis das Display aufleuchtet, dann 1, 2, 3, 4, damit ist das Handy an, dann – in mindestens hundert Metern Entfernung – die grüne Taste. Das ist alles. Kannst du dir das merken?«

Ich war mir sicher und sagte es.

»Und, willst du uns nicht endlich mal verraten, was du damit vorhast?«

»Ich hab mich noch nicht endgültig …«

»Ich weiß was!«, unterbrach Willy und sah von einer Straßenkarte auf. Wir blickten ihn an. »Eine Frau wie La Veuve hockt nicht den ganzen Tag zu Hause rum«, erklärte er. »Gestern war sie mit der Yacht cruisen, morgen geht sie shoppen, da bin ich mir sicher. Und dazu wird sie genau hier vorbeikommen.« Er stach seinen Zeigefinger auf einen Punkt der Karte, und ich sah genauer hin. Es war der Fuß der Serpentinen des Chemin du Gris-Nez, da, wo er in einen Kreisverkehr mündet, von dem dann die Stadtautobahn Richtung Zentrum abzweigt.

»Und genau an dieser Stelle legen wir uns auf die Lauer«, entschied Willy.

»Okay«, sagte ich vorsichtig. »Und weiter?«

»Wir warten, bis sie vorbeikommt, und du und ich fahren ihr unauffällig hinterher.«

»Ich kann mich nicht in der Nähe dieser Frau blicken lassen. Ich will sie nicht vorwarnen.«

»Dann eben Charly und ich.«

Willy hat einen Führerschein, doch er käme nie auf die Idee, selbst zu fahren. Das Beste für alle Beteiligten, darüber waren sich die Jungs und ich schon immer einig.

»Okay. Doch was dann?«

Willy packte den Tisch mit beiden Händen und beugte sich so weit wie nur möglich zu mir rüber. »Kristof«, flüsterte er heiser, die Augen manisch, »ich *muss* sie haben.«

*

In einem leichten, luftigen, hellblau glänzenden Sommeranzug und einem schmalen, schwarzen Binder sah Willy aus wie Buddy Holly, oder besser, wie ein Buddy Holly, der diesen einen Flug verpasst und noch weitere zwanzig Jahre Rock 'n' Roll gemacht hat.

Er schrubbte seine Zähne, feilte seine Nägel, putzte die Brille, kämmte das Haar. Es war ihm ernst, man spürte es.

Charly und Hoho hoben die Night Rod auf den Pier, machten das Seil los und wir waren startklar.

Willy und ich fuhren mit der Honda zum Parkplatz, wo wir auf den Renault Master umstiegen. Hoho wurde von Charly angeliefert und schwang sich hinters Steuer, mit Willy auf dem Beifahrersitz und mir dahinter, auf dem Stuhl neben dem eingebauten Kartentisch, von draußen nicht zu sehen.

Nur zwanzig Minuten später kamen wir an der Stelle an,

die Willy ausgesucht hatte, und hatten in doppelter Hinsicht Glück. Eine Brückenbaustelle verengte den Chemin du Gris-Nez auf eine Spur, mit alternierendem Verkehr, gesteuert durch eine Behelfsampel, und gleichzeitig bot sie uns mit unserem Fahrzeug die perfekte Tarnung. Charly parkte seine Harley im Schatten des Transporters und hockte sich auf einen Stapel Schaltafeln. Die Seitenscheiben waren runter und das Rattern von Presslufthämmern füllte die Fahrerkabine.

Wir brauchten nicht lang zu warten und die Rushhour setzte ein. Das auf dem Berg angesiedelte Villenviertel entließ wie jeden Morgen eine Vielzahl ungeheuer zufrieden, wohlhabend und erfolgreich wirkender Menschen in neuen, teuren Autos, auf dem Weg in ihre Büros, Praxen, Kanzleien, Niederlassungen, Firmen.

Bis zur Baustelle, bis zur Ampel, bis zum Rückstau mit einer Vielzahl erfolgreich, wohlhabend und außerordentlich unzufrieden dreinblickender Menschen.

»Ich glaub, da kommtse«, meinte Hoho, den Außenspiegel im Blick.

Und er behielt recht. Das G-Modell rollte langsam vorbei, mit der Witwe allein am Steuer. Sie wirkte gereizt und sog hastig an einem ihrer verfluchten Zigarillos.

»Voilà«, sagte ich zu Willy.

»Himmel und Hölle«, entfuhr es ihm, und er musste die Brille abnehmen und klarwischen. »Sieh nur diese Nase! Diese Frau ist ein Dämon im Bett, ich schwör's dir.«

Er stürmte raus, und keine Minute später brabbelte die Harley vom Gelände.

Gegen Mittag kam Charly allein zurück zur ›Emmanuelle‹. »Er ist weg«, sagte er, stieg von der Night Rod und löste seinen Helmverschluss.

»Wie, weg?«, fragte ich.

»Ja, weg. Futsch. Wir sind ihr gefolgt, schön unauffällig. Die Witwe hat vor den Galeries Lafayette geparkt, ist reingestöckelt, Willy wie ein Windhund hinterher. Ich bin auf dem Moped hocken geblieben, hab die Gegend im Auge behalten. Alles ruhig. Nach etwas über zwei Stunden kommen die beiden wieder raus, zusammen. Willy trägt ihr die Einkaufstaschen, packt sie hinten in den Daimler. Die Witwe steigt ein, und Willy quatscht noch ein bisschen mit ihr, so auf die Beifahrertür gestützt, durch die offene Seitenscheibe. Und, was soll ich sagen, plötzlich sitzt er im Auto und die Karre prescht mit Vollgas davon. Ich war völlig von den Socken. Bis ich den Motor anhatte, waren sie schon am nächsten Kreisverkehr, und bis ich den erreicht hatte, waren sie verschwunden.«

Willy Heckhoff und die Hohepriesterin der Chiens du Nord … Ich erinnerte mich, wie sie um mich herumgeschlichen war, machtbewusst und parfümiert, und etwas regte sich in meiner Hose, und dann spürte ich die Brandverletzung und es verging wieder.

Es blieb uns nichts, als zu warten und darauf zu hoffen, dass Willy wusste, was er tat.

Spät am Abend hielt ein Taxi auf dem Pier und Willy kippte mehr aus dem Auto, als dass er ausstieg. Mit schweren Lidern schleppte er sich über die Rampe, übers Deck, stolperte die Stufen hinab und durch die Pendeltür und fiel auf die Eckbank am Esstisch. »Was'n Tag«, meinte er und sah sich erschöpft um. »Wo sind'n die Jungs?«

»Essen gegangen.« Ich setzte mich ihm gegenüber. »Und?«, fragte ich besorgt.

Er ächzte. »Sie war … ausgehungert, Kristof, ausge*hungert*, so was hab ich noch nicht erlebt, sie war … gierig, sie war … unersättlich, wir haben alles getan, alles, einfach alles. Immer, immer wieder. Du solltest das Bett sehen, das Hotelzimmer, meinen Schwanz …« Er ließ den Kopf auf die Tischplatte sinken.

Aus irgendeinem Grund fühlte ich mich bemüßigt, das Gespräch in eine etwas nüchternere Bahn zu lenken. »Hast du *nebenbei* irgendwas rausgekriegt, was uns nützen könnte?« Hatte ich ihn gebrieft, gestern Abend? Hatte ich, und zwar lang und gründlich.

Er sah auf. »Nein, gar nichts. Nicht dass ich wüsste. Wir haben kaum geredet. Doch soll ich dir was sagen? Ich … ich habe, ich habe …«

»Du hast es geschafft? Du hast die Daten von ihrem Smartphone gezogen? Her damit!«

»Was? Nein. Vergessen.« Willy kramte den Scanner aus der Hosentasche und betrachtete ihn mit stumpfem Blick.

»Wie? *Vergessen?* Ja, kannst du denn nur an …«

»Doch ich habe … ich habe … ich habe …«

»Jetzt komm zur Sache!«

»Ich habe …«, er schüttelte den Kopf, konnte es selbst nicht glauben, »ich habe ihr einen Heiratsantrag gemacht.« Damit fiel er seitlich um und begann fast augenblicklich zu schnarchen.

Ich langte rüber, packte ihn am Revers und rüttelte ihn noch mal wach.

»Das heißt, du wirst sie wiedersehen?«, fragte ich. Ungewöhnlich, bei Willy. »Wann?«

Seine Augen rollten unkontrolliert in seinem Kopf. »Morgen …«, murmelte er, »morgen Abend.«

Ich sah auf die Uhr. Zwölf war gerade erst durch. »Du meinst heute Abend.«

»Nein, morgen. Heute … kann sie nicht. Heute Abend, sagt sie, hat sie ein … Meeting.«

»Was?« Ich rüttelte noch ein bisschen mehr. »Ein Meeting? Hat sie gesagt wann, wo? Mit wem?«

Doch Willy war endgültig weg. Langsam ließ ich ihn auf das Polster sinken.

Mein Puls schlug wie eine Indianertrommel und Jesse Dupree sang ›*Heyaheyaheyaheyaheya* …‹ im hinteren Teil meines Schädelrunds. Vorn, vor meinem geistigen Auge, materialisierte sich ein Tisch. Ein langer, schmaler Konferenztisch. Mit exakt zehn Stühlen an jeder Seite.

Die Kombüsenuhr tickte. Mir blieben noch zwanzig, maximal zweiundzwanzig Stunden.

Ich sagte es den Jungs, als sie vom Essen kamen.

»Änderung des Plans. Die Handydaten interessieren uns nicht länger, wir müssen einfach davon ausgehen, dass das ›Meeting‹ die Zwanzig betrifft und heute Abend genau hier stattfindet.« Ich klopfte auf den von Heckenpennes zusammengestellten Seitenstapel. »Am Chemin du Gris-Nez 191, oben auf dem Berg gleichen Namens. So gut wie alles Wissenswerte über Haus und Grundstück sollte auf diesen Seiten zu finden sein.«

Charly griff sich das Dossier, löste die Bindung und verteilte die Seiten. Hufschmidt holte ein Sixpack aus dem Kühlschrank und verteilte Dosen. Schweigend, begleitet von Willys sachtem Schnarchen, begannen wir mit dem Studium von Texten, Fotos und Zeichnungen.

»Eingeschossig«, sagte Hufschmidt, »Bungalow, freistehend, keine direkten Nachbarn. Großes zentrales Wohnzimmer, davon abgehend kleine Küche, davon ab Schlafzimmer, davon ab Bad. Was ist das hier?«

»Zeich ma«, sagte Hoho. »Technikraum«, sagte er dann. »Kommsse nur von außen rein.«

»Und das hier, im Wohnzimmer?«

»Wendeltreppe, runter im Keller.«

»Ist das eine Glasfront?«, fragte Mombassa, und ich nickte.

»Über die ganze Länge des Gebäudes?«

Ich nickte wieder.

»Dieses Haus ist nicht zu verteidigen«, stellte er fest.

»Doch ersma musse übern Zaun«, mahnte Hoho an. »Und der hattet in sich. Kameraüberwachung und elektronische Sicherung vom Drahtgitter, Einspeisung beidseitich, datt heißt, knipste eine Kamera aus, bleiben alle andern an. Gleiche gilt fürn Zaun. Rolltor zur Straße, seitlich verschiebbar. Watt ich nich kapier, iss, warum an der einen Seite keine Kameras sind und auch kein Zaun.«

»Klippe«, erklärte ich. »Hier, auf der Satelliten-Aufnahme kannst du's sehen. Nahezu senkrecht. Nur was für ausgesprochen ambitionierte Alpinisten.«

Leute, die ich vorher schon kaum verstanden habe, aber in jüngster Zeit überhaupt nicht mehr.

»Keine Kameras auf dem Gelände?«, fragte Charly.

»Laut Schaltplan nich«, meinte Hoho.

»Ist das normal«, fragte Pit Bull und verglich zwei Bauzeichnungen, »dass die Kellerwände doppelt so dick sind wie die vom Haus obendrauf?«

Nein, das ist es nicht. Ich lehnte mich zurück und erinnerte mich, wenn auch nicht unbedingt gern. Keller. Fensterlos. Türen – das war etwas, was mich unterschwellig die ganze Zeit beschäftigt hatte –, Türen, die nach außen aufgehen, mit den Riegeln auf der Innenseite. Sämtliche Flächen aus Beton. Dicker Beton.

Hoho hielt die Zeichnung hoch. »Sieht aus wie'n Bunker«, erklärte er.

Ich suchte nach dem Feuerwehrgutachten. Zwei Schutztüren, explosionsfest, feuerhemmend, strahlensicher. Dazu die hohe Decke für mehr Atemluftvolumen.

»Stimmt«, bestätigte ich dann. »Der Keller ist offensichtlich als Atombunker konstruiert worden. In den siebziger Jahren, als Europa sich innerlich darauf einstellte, bald schon zum Schlachtfeld des Dritten Weltkriegs zu werden.«

»Fazit«, sagte Hufschmidt, »oben der Bungalow ist nicht zu verteidigen. Aber der Feind kann sich bei Gefahr im Bunker verbarrikadieren. Wie in einem Panic Room. Und in Ruhe darauf warten, dass Verstärkung kommt.«

»Wie willst du das verhindern?«, fragte Charly.

Ich dachte einen Augenblick nach. »Mit einer Lösung, die uns alle verblüfft«, sagte ich dann. »Doch jetzt muss ich los.«

Ich griff mir Schlüssel, Jacke, Helm, Halstuch, Akkuflex, Teleskopbesenstiel, Rucksack. Ah, und Schraubenzieher.

»Du willst echt noch mal los?«

»Ja, bevor es hell wird.«

»Soll jemand mitkommen?«

»Nein, das wird nicht nötig werden.«

»Was hast du vor?«

»Ich möchte mir die Chiens du Nord vom Hals schaffen, mich aber anschließend nicht dafür verantworten müssen. Deshalb will ich es nach einer lokalen Fehde aussehen lassen«, erläuterte ich, »nach einem Bandenkrieg in den Quartiers Nord. Das dürfte den Ermittlern den Enthusiasmus rauben. Doch dafür brauche ich Bilder. Die Leute glauben Bildern mehr als einfach nur Worten.«

Ich warf mir den Rucksack um.

»Seht zu, dass ihr ein bisschen Schlaf kriegt. Der Tag wird hart.«

Von einem Roller auf dem Parkplatz lieh ich mir ein lokales Kennzeichen, schraubte es an die Honda und schwang mich auf die Bahn.

Fünf am Morgen, und das Viertel der Mahmouts lag im Bett, bis auf eine Handvoll Gestalten, die verstreut und zugedröhnt herumhingen. Ich stoppte vor der schmalen vergitterten Fensteröffnung, stieg ab, zog die Akkuflex aus der Front meiner Jacke, trennte zwei Gitterstäbe durch, holte den Feuerlöscher aus dem Rucksack, ließ ihn an einer Schnur in die Tiefgarage hinab, führte den Teleskopbesen durch die kleine Öffnung und rollte mit seiner Hilfe den Löscher Stück für Stück bis unter den Maserati.

Aufgesessen, Gang rein und weg. Mit hoher Drehzahl einmal um den großen Bogen der Ringstraße, bis hinter die rostige Skulptur, angehalten, Handy aus der Tasche, angeschaltet.

Von irgendwoher kam ein Typ angelaufen, direkt auf mich zu. Nichts geschieht in diesen Vierteln unbeobachtet, unkontrolliert, egal zu welcher Uhrzeit, gar nichts.

Ich drückte die grüne Taste und Flammen schossen aus den Fensterschlitzen, gefolgt von einem dumpfen Knall, gefolgt von schwarzem Rauch und der Gewissheit, dass diese Tat Schlagzeilen produzieren würde. Und Rätselraten.

*

»Ich hab sie gefragt, ob sie mir beim Schuheaussuchen hilft.«

So einfach ist das also, Frauen kennenzulernen, wenn man Willy Heckhoff ist.

»Sie hat einen Moment gezögert, aber dann …«

Die Witwe suchte also aus und Willy kaufte die Schuhe. Er zeigte sie vor. Schuhe halt, wenn auch offensichtlich gut verarbeitet und mutig gestaltet in Türkis und Petrol. »Achthundert Öcken«, meinte er trocken. »Dann musste ich, wie das so ist, natürlich auch mit ihr Schuhe kaufen gehen.«

Willy nahm einen Schluck Kaffee und blickte verträumt drein. Verträumt und mehr als nur ein bisschen selbstzufrieden. Wir saßen beim Frühstück, am Morgen eines Schicksalstages, doch die ganze Dramatik musste warten, bis wir wussten, wie Willy La Veuve herumgekriegt hatte.

»Ich habe ihren Fuß gehalten.« Er stand auf, kniete sich vor mich hin und nahm meinen Fuß. »Und ich war so scharf, so *rattig*, dass ich gezittert habe.« Willy ließ seine Hand zittern und hob einen Blick, so voll ehrlicher Bewunderung und grenzenlosen Begehrens, dass ich uns schon engumschlungen auf einem Marianne-Rosenberg-Konzert weinen sah, oder Hand in Hand zum Synchronschwimm-Training tänzeln, um später, nach der Hochzeit, zusammen einen Antiquitätenladen in der Kölner Altstadt zu eröffnen.

Willy löste den Blick, ließ meinen Fuß los und erhob sich wieder. Der Bann brach. Obwohl, das mit dem Synchronschwimmen blieb eine schöne Idee.

»Anschließend waren wir noch ein bisschen shoppen, einen Kaffee trinken, ein Crêpe essen. Harmlos, versteht ihr? Kein Flirt, keine Komplimente, keine zweideutigen Bemerkungen, keine *Anmache*. Am Auto hieß es dann Adieu und vielleicht sieht man sich mal wieder, und erst ganz zum Schluss, gerade, als sie losfahren wollte, hab ich ihr gestanden, dass ich für mein Leben gern einmal über ihren Fuß spritzen würde.«

»Du hast *was*?«

»Viel fehlte nicht, und sie hätte mich daraufhin durchs Seitenfenster in den Wagen gezerrt. Timing, Kinder, ist alles.«

Nach dem Frühstück folgte Brainstorming. Was lag an und wo waren die Schwierigkeiten?

Die Hypothese, dass das Meeting sich auf Les Vingt bezog

und im Bungalow der Witwe stattfinden würde, war nicht zu verifizieren, und sie in Zweifel zu ziehen brachte uns nicht weiter, also war es das Beste, daran festzuhalten. Denn wenn es zutraf, war die Chance einmalig. Aber auch die Schwierigkeiten waren enorm.

Ich wollte töten, doch ohne eigene Verluste.

Ich wollte töten und damit durchkommen.

Dazu mussten wir aufs Gelände, heimlich, denn in Unterzahl, wie wir waren, konnte uns nur das Überraschungsmoment zum Erfolg verhelfen.

Die Kameras waren somit das erste Problem, der Zaun das zweite. Dritte Hürde würde die Wachmannschaft werden, deren Zahl und Bewaffnung wir nicht kannten.

Vierte die CdN selbst. Zwanzig Mann. Zwanzig Gangster, jeder einzelne von ihnen ein Mörder. Und bewaffnet.

Mein größtes Problem war allerdings, noch keinen vernünftigen Plan zu haben, nur eine Ahnung, in welche Richtung es gehen könnte. Sehr vage, und viel zu vage, wenn ich bedachte, dass dabei das Leben meiner Mitstreiter auf dem Spiel stand.

Die ›Regina Maris‹ war nicht zurückgekehrt, auch sonst wirkte der Hafen heute Morgen ruhig, fast verschlafen, also setzte ich mir eine Basecap und eine Sonnenbrille auf und wagte mich an Deck. Ich brauchte Luft, zum Denken. Nach einer Weile gesellte sich Pit Bull zu mir.

»Überleg dir das noch mal mit den Söldnern«, meinte er. »Denn wenn du ein Blutbad anrichten willst, wenn es auf ein Feuergefecht hinausläuft, müssen wir damit rechnen, dass es auch den einen oder andern von uns erwischt. Ich bin dabei, mein Leben ist nicht viel wert, Mombassa lässt sich sicher auch drauf ein, aber den Rest müssen wir da raushalten. Auch Hufschmidt, und wenn er sich noch so schießwütig gibt. Das ist 'ne Pose, wenn du mich fragst. Ich nehm dem den Killer nicht ab.«

Er pellte eine Banane, biss ein Stück ab, würgte es runter, zog ein Gesicht. Trotzdem, dies war der erste Tag, an dem er wie ein allmählich Genesender wirkte, nicht länger wie ein hyperaktiver Fieberkranker mit einem Bein in der Kühlschublade.

»Ich wüsste nicht«, fuhr er fort, »woher wir in der Kürze der Zeit Schnellfeuerwaffen auftreiben sollen. Kennen wir irgendwelche französischen Biker, die uns auf dem Gebiet aushelfen könnten? Nein? Scheiße. Also müssen wir Schrotgewehre besorgen. Vielleicht einen Waffenladen überfallen, einen Jagdausrüster. Und das Gute an Schrot«, meinte er mit schmalem Grinsen, »ist, man braucht nicht so genau zu zielen.«

Wir gingen unter Deck und erklärten den Jungs das Vorhaben.

»Und sei es zu unserem eigenen Schutz«, sagte ich. »Pumpguns wären ideal, und Patronen mit grober Körnung. Hat irgendjemand eine Idee, wie wir da drankommen?«

»Ich hab zwar 'nen Waffenschein«, sagte Hufschmidt. »Doch wenn einer morgens gleich mehrere Pumpguns kauft und am selben Abend wird damit ein Feuerüberfall auf einen Mafia-Clan verübt, ist zu erwarten, dass selbst die verschnarchte Marseiller Polizei da einen Zusammenhang wittert.«

»Wie viele brauchen wir denn?«, fragte Willy.

»Fünf? Sechs?« Ich wusste es nicht, und der Gedanke als solcher war mir bei aller Notwendigkeit unbehaglich. Schusswaffen sind, meiner Überzeugung nach, in erster Linie etwas für Loser. »Warum?«, fragte ich. »Hast du etwa auch einen Waffenschein?«

»Ach, woher«, antwortete Willy. »Ich will ja auch gar nicht kaufen, sondern mieten.«

»Mieten?«

»Ja, klar. Für meinen Film.«

Willy zog sich kurz zurück, und kam wieder in einer Weste mit vielen Taschen, hängte sich ein Band um, von dem drei Ausweise baumelten (Stadtbücherei, Bahncard, Presse), eine Stoppuhr und ein Belichtungsmesser, tauschte seine Hornbrille gegen eine mit hochklappbaren Sonnengläsern, nahm die Hasselblad zur Hand, sah sich kritisch um und war Regisseur.

»Das ändert nichts daran, dass im Fall der Fälle die Polizei sich auch für ein halbes Dutzend angemieteter Waffen interessieren wird«, stellte Hufschmidt fest.

Willy wirkte unbesorgt. »Ich lasse den Vertrag auf die Firma ausstellen. Ich habe da eine Buchhalterin, die ist dickköpfig und unglaublich diskret. So, wer fährt mich?«

»Ich«, sagte Charly und stand auf.

»Dann bräuchte ich nur noch einen Kameramann, der mich begleitet. Pit?«

»Soll ich nervös wirken?«

»Nein, kreativ.«

»Vielleicht auf eine nervöse Art kreativ?«

»Exaltiert, würde ich vorschlagen. Denk dran, du bist Künstler.«

»Exaltiert, also. Herrjeh, wattnichnoch. Doch ich muss eine Kamera haben. Kameramann mit leeren Händen, das krieg ich nicht hin. Pferdepfleger ohne Pferd, das war schon schwierig genug. Denn dass eins mal klar ist: Ich bin nicht Robert de Niro.« Eine Einschätzung, die allen Anwesenden ein sachtes, zustimmendes Nicken abrang.

»Ich bin sicher, wir finden irgendwo eine secondhand«, versprach Charly.

Hufschmidt und Mombassa brüteten über Stadtplänen, Satellitenaufnahmen und Strategien, Hoho über Bauzeichnungen, und ich zog mich mit dem Tablet und einer Übersichtskarte des Marseiller Mobilfunknetzes in meine Kabine zurück, um mit Heckenpennes zu skypen. Elektronik und elektronische Sicherheitssysteme sind nun mal sein Metier.

In seinem düsteren Verlies nur vom Licht seines Bildschirms angeleuchtet, sah er mit seinem ungewohnten Kahlschädel aus wie sein eigener Geist.

»Bitte, lehn das Ding irgendwo gegen, Kristof. Wenn du dauernd hin- und herschwenkst wird mir schwindelig.«

»Erklär mir die Mobilfunk-Landkarte«, bat ich. »Ich seh nur Kreise.«

»Die Mitte ist jeweils eine Antenne. Wie du siehst, überdecken alle diese Kreise einander. Nur die Mittelpunkte nicht. Das heißt, in direkter Nachbarschaft zu einer solchen Antenne gibt es keine Funknetz-Überschneidungen. Ich hab dir das ausgedruckt, weil sich eine Antenne genau auf dem Dach des Wasserturms am Chemin du Gris-Nez 191 befindet. Wenn die ausfällt, etwa, weil die Stromzufuhr unterbrochen wird, ist der Mobilfunkverkehr im Umkreis von mindestens ein, zwei Kilometern tot.«

»Was ist mit Festnetz, WLAN und was für einen Scheiß es sonst noch gibt?«

»Ohne Strom, Kristof, funktioniert nichts davon. Ohne Strom kannst du dich nur noch hinstellen und rufen.«

»Angenommen, Hoho legt den Strom lahm. Fallen dann auch die Kameras aus?«

»Das halte ich für unwahrscheinlich. Eine so aufwendige Security-Anlage mit Sensorenzaun und einer solchen Anzahl von Kameras wird normalerweise nicht ohne ein Backup-System installiert.«

»Du meinst, sie haben einen Generator.«

»Genau. Sobald die öffentliche Stromversorgung ausbleibt, springt der an. Ich habe keine Ahnung, was der alles speist, aber Zaun und Kameras auf alle Fälle.«

»Die Kameras überwachen ja nichts, die nehmen nur auf. Wer sieht, was die aufnehmen?«

»Die Bilder werden von der Security-Firma überwacht. Rund um die Uhr.«

Keine Kameras auf dem Grundstück, erinnerte ich mich. Jetzt wusste ich, warum. Keine Kameras, keine Zeugen.

»Und wo sitzen die?«, fragte ich.

»Schwer zu sagen. Das kann die Zentrale der Firma sein, aber so gut wie jedes andere Gebäude tut es auch. Klimatisierte Büros ohne Fenster, in denen Personal im Halbdunkel vor flimmernden Bildschirmen hockt.«

»Seltsame Art, sein Geld zu verdienen«, fand ich.

»Manche«, sagte Heckenpennes mit einem warnenden Unterton, »scheinen es zu mögen.«

»Okay, gesetzt den Fall, der Strom fällt aus. Der Generator auch. Die Bildschirme werden schwarz.«

»Dann erfolgt erst mal ein Anruf beim Kunden.«

»Kein Empfang.«

»Nach einer kurzen Wartefrist von ein paar Minuten wird noch mal angerufen und dann entweder eine Streife der Firma zum Objekt geschickt, oder die Polizei.«

Hm.

Ich dankte ihm und wir verabschiedeten uns auf später.

Was an mir nagte, war, es durfte keine Bilder geben, nicht von mir, nicht von den Jungs. Nichts, das man später zur Fahndung nutzen könnte, zur Identifizierung. Nichts, was dem von mir initiierten Verdacht eines Bandenkrieges zwischen den CdN und den Mahmouts widersprach.

Keine Bilder also, doch ausgeknipste Kameras bedeuteten Alarm.

Knifflig.

»Dass'ne Sackgasse«, sagte Hoho. »Die Straße geht den Berg hoch und oben bei unsern Freunden iss Schluss. Das heißt, unten wird irgendwo 'ne Umspannstation stehen, und dann auf halber Höhe nochma 'ne Unterverteilung. Die müssenwer finden. Grauer Kasten irgendwo links oder rechts vonner Straße, kein Ding. Dann kannste entscheiden, willste den ganzen Hügel duster haben oder nur das eine Grundstück oben.«

Wir machten uns an eine neue Einkaufsliste. Sie wuchs beinahe minütlich.

Ich rief Charly an, der mit Willy, Pit, fünf Pumpguns und hundert Schuss Munition auf dem Rückweg zur ›Emmanuelle‹ war, und bat ihn, von unterwegs noch ein paar Walkie-Talkies mitzubringen, Handfunkgeräte mit eigener Frequenz.

»Kein Problem«, meinte der. »Der Laden, wo wir Pits Videokamera gekauft haben, ist voll von solchem Kram. Doch wofür brauchen wir die?«

»Um in Kontakt zu bleiben, nachdem der Strom ausgefallen ist.«

»Das heißt, wir teilen uns auf, und wir kappen den Strom.«

»Ja.«

»Das bedeutet, du hast einen Plan.«

»Etwas einem Plan Ähnliches beginnt, sich zu formieren.«

»Gut«, fand Charly. »Die Zeit wird knapp.«

»Ah, und wenn ihr einmal da seid«, schickte ich hinterher, »schaut mal nach einem Fernglas mit Restlichtverstärker.«

»Machen wir.«

Eingehängt und gleich neu gewählt.

»Wo sind Sie?«, blaffte Hauptkommissar Menden.

»Zu Hause, wieso?«

»Weil ich einen Beamten bei Ihnen vorbeigeschickt habe, und der hat niemanden angetroffen.«

»Ach, der war das, der so einen Zirkus veranstaltet hat? Ich saß auf'm Klo. Doch zum Grund meines Anrufs: Warum wurden Mehmet und Michel von der französischen Polizei gesucht?«

»Wegen Mordverdachts. Sie werden beschuldigt, eine Fünfzehnjährige vom Dach eines Hochhauses geworfen zu haben. Wieso fragen Sie?«

»Nur aus Interesse.«

»Kryszinski, Sie wissen, was ich von Ihren ewigen ausweichenden Antworten halte …«

»Muss auflegen«, sagte ich. »Es klingelt an der Tür.«

Mombassa zeigte sie mir auf dem Stadtplan, ich zog den Helm auf und fuhr raus zur Polizeipräfektur Marseille Nord.

Unten an der Sicherheitsschleuse bat ich höflich darum, Inspecteur Mayonne zu sprechen. Um eine Aussage zu machen. Im Fall Mehmet Duval und Michel Khadra.

Klack!, machte der Türverschluss.

Der Inspektor ließ mich warten und gab mir somit Gelegenheit, mich mittels eines Wandkalenders zeitlich zu orientieren. Acht Tage war es jetzt schon her. Acht Tage.

Schließlich winkte er mich in sein Büro, wies auf einen Stuhl, setzte sich hinter seinen Schreibtisch und starrte mich an.

»Am Abend des siebten Mai«, begann ich in meinem besten zurechtgelegten Französisch, »ist bei Ihrer Zentrale ein Notruf eingegangen. Vom Hôtel du Nord. Bitte überprüfen

Sie das. Dann wissen Sie, dass ich dort war, zum Zeitpunkt des Mordes. Und dass ich Augenzeuge wurde.«

Er musterte mich mit allen Anzeichen tiefsitzenden Widerwillens, griff dann aber zum Hörer.

Bis ich zurück war, hatten die Jungs die Ausrüstung besorgt. Schwarze Overalls und Sturmhauben, leichte Montage-Handschuhe, Laserpointer, batteriebetriebene LED-Scheinwerfer, isolierte Bolzenschneider in verschiedenen Größen, Kleinwerkzeug, wie man es immer braucht, eine Feuerwehraxt, ein Klemmbrett und Elektriker-Overalls für Willy und Hoho. Die beiden sahen in den neuen Outfits aus wie Schaufensterpuppen, also schickte ich sie ein paar Minuten in die Sauna, das dampfte die Bügelfalten raus.

Ohne Kenntnis der Verhältnisse vor Ort war keine genaue Planung möglich, alles, was ich hatte, war ein Vorhaben mit einer bestimmten Richtung und Rollenverteilung. Ich erklärte es den Jungs. Keiner widersprach, doch natürlich gab es eine Reihe Fragen, die ich so gut es ging beantwortete. Weitere Details und erforderliche Änderungen und Anpassungen würden wir über Handy klären müssen, sobald ich mir einen Überblick verschafft hatte.

Sehr, sehr konzentriert packte ich meinen Rucksack mit allem, was mir unabdingbar erschien.

Willy tauschte seine Hornbrille gegen eine mit Metallgestell und steckte sich ein Sortiment von Kugelschreibern, Filzstiften und Schraubendrehern in die Brusttasche.

»Was geben wir als Grund an, warum wir unbedingt aufs Gelände müssen?«, fragte er Hoho.

Der dachte kurz nach. »Kurzschluss in der Vorsicherung des Transmitters der Mobilfunkantenne.«

Willy schnappte sich mein Tablet und recherchierte die Übersetzung, übte sie leise ein.

»Glaubst du, auf so ein bisschen Fachchinesisch hin lassen sie euch einfach rein?«, fragte ich, doch Willy reagierte nicht. Er hatte den Tablet gegen das Klemmbrett getauscht, auf dem er hochkonzentriert Häkchen machte, also wiederholte ich meine Frage und er sah milde gereizt auf. »C'est tout simple«, erklärte er sachlich, wenn auch gepaart mit der Herablassung privilegierten Wissens. »Pas de jus jusqu'on nous laisse faire notre travail.« ›Kein Saft, bis man uns unsere Arbeit machen lässt.‹ Sehr überzeugend.

Wir hängten sämtliche Akkus an die Ladegeräte. Stellten alle Handys auf Vibro, alle Lautsprecher auf Flüster.

Es folgte eine kleine Waffenkunde unter Anleitung von Mombassa. Wie man eine Pumpgun der Marke Remington lädt, wie man sie durchlädt, wie man sie sichert, wie man sie hält, wie man damit zielt, mal auf kurze, mal auf mittlere Distanz, große Distanz ›sinnlos‹.

Zu guter Letzt räumten wir die Waffen, die Werkzeuge und was sonst noch benötigt wurde in die Einbauregale und Schubladenschränke im Transporter, die wir vorher so umgestellt hatten, dass sich dahinter ein von außen nicht einsehbarer Hohlraum bildete, gerade groß genug für vier Mann, vorausgesetzt, sie hatten sich lieb.

Am späten Nachmittag nahmen wir noch ein leichtes Abendessen zu uns, Käsebaguettes und Dosenbier. Anspannung lag in der Luft und keiner schien großen Appetit zu haben, nur Pit Bull kaute mit vollen Backen, spülte nach, dass es schäumte, rülpste, betrachtete seine ausgestreckte Rechte und nickte zufrieden.

»Also ich wär so weit«, meinte er.

»Okay«, sagte ich und griff mir meinen Rucksack. »Gebt mir dreißig Minuten Vorsprung.«

»Willst du wirklich reingehen?«, fragte Hufschmidt.

»Ja«, sagte ich.

»Da isser, der Stromkasten«, meinte Hoho, deutete aus dem Seitenfenster, und Willy nickte bestätigend. »Die Schlösser bohrn wir auf, und dann mach ich mich schomma vertraut. Normal sollten die Sicherungen nach Hausnummer sortiert sein. Alles kein Ding.«

Es ist immer schön, jemanden dabei zu haben, für den alles ›kein Ding‹ ist. Hat so was Beruhigendes.

Von den Satellitenbildern her wusste ich, dass ein, zwei Serpentinen unterhalb des CdN-Anwesens ein Fußweg zur Küste abzweigte. Ein Hinweisschild versprach einen Aussichtspunkt. Ich ließ Hoho anhalten, warf mir den Rucksack über und machte mich auf die Socken.

Das Wetter blieb sehr warm, aber der Himmel hatte sich zugezogen, und es versprach, eine dunkle Nacht zu werden.

Ein paar Wanderer kamen mir entgegen, dann niemand mehr. Ich wartete, bis sie außer Sicht waren und sperrte den Durchgang mit rotweißem Flatterband. Man möchte unbeobachtet sein, wenn man etwas vorhat, das schlichte Gemüter für einen Selbstmordversuch halten könnten.

Der Pfad endete an einem hölzernen Geländer mit Blick übers Meer und den Marseiller Hafen. Doch das war's. Sackgasse.

Einzige Möglichkeit, von hier weiterzukommen, wäre, sich auf eine halsbrecherische Kletterpartie in der Felswand einzulassen. Also. Entschlossen schwang ich ein Bein übers Geländer, suchte Halt für meine Finger und Zehen und machte mich auf den Weg. In rund hundert Metern Höhe, an bröckeligem Kalkstein hängend, völlig ungesichert, mit wenig geeignetem Schuhwerk, nur einem funktionstüchtigen Auge, dessen Sichtfeld weiter eingeschränkt wurde durch eine Rückgratverkrümmung, dazu bepackt mit einem Rucksack voll Werkzeug, der mich permanent nach hinten in Richtung Abgrund ziehen wollte …

Herrje, überkam es mich nach einer Weile, das macht ja Laune! Und ich bin auch noch wirklich gut darin. Trittsicher, griffsicher, athletisch … Wenn nur diese etwas tranige Schläfrigkeit nicht wäre … Doch keine Zeit zum Ausruhen, weiter … *Hooa!*, der Stein war lose … Halb starr vor Schreck, halb fasziniert blickte ich dem schier endlos in die Tiefe klackernden Brocken hinterher. Fallen ist gar nicht so schlimm … Man muss nur loslassen …

Vielleicht, riss ich mich mühsam zusammen, wäre eine etwas zurückhaltendere Dosierung der Tropfen klüger gewesen. Doch das weiß man immer erst hinterher. Ein leichtes Zittern in den Extremitäten deutete an, dass ich lieber weiterkraxeln sollte, ehe die Betäubung nachließ und mein Verstand wieder einsetzte. Mühsam hob ich den Blick. Da oben hing die Rolle Nato-Draht vom letzten Pfosten des Zauns … Höher, jetzt … *Hooa!* Noch ein Stein, der sich unter meinen Fingern löste, noch ein Beinahe-Absturz … Schweiß lief mir ins Auge, brannte in meiner Wunde. Das Zittern wurde stärker, und mit ihm die Erinnerung an lähmende Panik und überwältigende Schwindelgefühle. Doch da kam der obere Klippenrand in Sicht, ich zog mich hoch, linste, und duckte mich.

Ein Wachmann pisste selbstvergessen gegen einen Strauch, ein abgerissener Typ in schmuddeligen Klamotten, ein Headset auf und eine Pistole im hinteren Hosenbund. Ich taufte ihn ›Schmuddel‹. Irgendwann zirpte der Reißverschluss, Schritte entfernten sich über den Kies.

Mit letzter Kraft schaffte ich es über die Kante, kroch auf allen vieren zu der alten Holztür, zerrte sie auf, krabbelte hindurch und legte mich drinnen in der kühlen Höhle platt auf den Bauch, schweißgebadet, jeder einzelne Muskel meines Körpers überdehnt, überanstrengt, ausgepowert, das Tramal verbraucht, seine Wirkung verpufft. Zurück blieb missgestimmte Erschöpfung und der sehnliche Wunsch, nachzulegen. Und eine Art verzögert einsetzender Schock angesichts dessen, was ich da gerade riskiert hatte. Denselben Weg zurück zu nehmen war unvorstellbar.

Sobald mein Puls wieder halbwegs normal wummerte, stemmte ich mich in die Höhe, prüfte meine Beine auf Standfestigkeit, fand sie ausreichend, zog den Kopf ein und tastete mich den Gang entlang bis zu der armierten Kellertür. Sie war zu, unbeweglich, von innen verriegelt. Leise setzte ich den Rucksack ab und holte die Akkubohrmaschine und ein bisschen Kleinwerkzeug heraus. Mit angehaltenem Atem presste ich ein Ohr gegen das stählerne Türblatt, lauschte ein Weilchen und legte dann los.

Das Holz der anderen Ausgangstür der Höhle war völlig verzogen, ich musste sie mit einem Stemmeisen gerade drücken, bevor sie sich öffnen ließ. Sie führte raus zu einem in den Fels gemeißelten Treppenaufgang voll alter Pinienzapfen, gefolgt von einem ebenfalls in den Stein getriebenen Graben, abfallende Klippe auf der einen, ansteigende Böschung auf der anderen Seite, ein Aufwand, der keinen rechten Sinn ergab, und somit höchstwahrscheinlich Teil des militärischen Horchpostens gewesen war. Es war niemand zu sehen, zu hören oder zu riechen, also zog ich mir die schwarze Sturmhaube über, fegte die Pinienzapfen beiseite, erklomm die Treppen und ging leisen Schrittes den etwa hüfthohen Graben entlang. Wo er endete, zog ein schmaler Fußweg vorbei, ein Trampelpfad voll verstreuter Zigarettenkippen, einige noch weiß und frisch, was nur heißen konnte, dass hier regelmäßig jemand entlangkam.

Nennt mich Sherlock.

Ich zog mich zurück zu den Treppen und wartete. Dunkle, tiefhängende Wolken rollten von Westen heran, dimmten das Licht ab und versprachen Regen.

Schmuddel war offensichtlich nur für die Rückfront des Bungalows, also die Straßenseite des Anwesens samt Tor zuständig, denn hier, südlich und östlich des Wasserturms, ging ein anderer Posten Streife, ein dicklicher Teenager in einem schwarzen Overall wie meinem, nur dass er seinen zwei Nummern zu klein gewählt hatte, wohl in der Hoffnung, dass ihn das schlanker machte, und darüber, offen, einen Revolver im Schulterholster, wohl in der genauso vergeblichen Hoffnung, dass ihn das härter wirken ließ. Auch er trug ein Headset, wie sein Kollege. Ich taufte ihn Dickie. Er schleppte sich mehr durch die Gegend, als dass er lief, und war dabei die ganze Zeit intensiv mit seinem Smartphone beschäftigt. An einem bestimmten Punkt machte er, mechanisch wie ein Soldat, auf der Stelle kehrt und schlurfte denselben Weg wieder zurück.

Ich hätte in einem Clownskostüm Seilchen springen können, er hätte mich nicht bemerkt.

Plötzlich blieb er stehen und stopfte das Smartphone hastig in seine Hosentasche, wie jemand, den man bei etwas Verbotenem erwischt hat.

»Non«, sagte er in etwas weinerlichem Tonfall, eine Hand auf seinem Ohr, »naturellemang pas. Je fais ma ronde et tout est calme.« ›Ich mache meine Runde und alles ist ruhig.‹ Ich prägte mir die Stimmlage, die Worte und ihre Modulation genau ein.

Schmuddels Route endete mit dem Zaun, an der Stelle, an der ich hochgeklettert gekommen war. Ich lehnte drinnen an der Holztür und lauschte seinen Schritten, wie sie über den Kies nahten, die Richtung wechselten und sich wieder entfernten. Sobald nichts mehr zu hören war, zog ich die Tür auf und wagte einen Blick. Da hinten ging er, langsam, gelangweilt, und verschwand um eine Ecke des Bungalows.

Seitlich des Kieswegs wuchs kurzes Gras und machte unter den Füßen entscheidend weniger Geräusch. Trotzdem fing der verdammte Hund plötzlich an zu kläffen. Ich rannte die letzten paar Meter auf die fensterlose Rückseite des Bungalows zu, probierte die Klinke, riss die Tür des Technikraums auf, huschte hinein und zog die Tür zu. Wagte ein Weilchen kaum zu atmen, doch niemand kam, und auch der Hund beruhigte sich wieder.

Ich fand den Lichtschalter. Abgesehen von der üblichen Ansammlung an Gartengeräten und einem Riesensack Trockenfutter enthielt der kleine Raum die gesamte Haustechnik, angefangen bei der leise surrenden Klimaanlage samt Lüftungsschächten, dazu die Filteranlage für den Pool mit diversen Pumpen und Rohren, und, wie Heckenpennes vorausgeahnt hatte, einen Notfall-Stromgenerator. Mit eigener Starterbatterie, nicht größer als die eines Motorrades. Ich griff zum Seitenschneider, kniff die beiden Kabel durch und klemmte mir die Batterie unter den Arm. Verfolgt vom Kläffen des Hundes hastete ich zurück in die Höhle.

Die Abenddämmerung zog herauf, unter dräuenden Wolken. Wenn jetzt nicht bald ein paar Evos und Imprezas den Berg hochgeröhrt kamen, lief ich Gefahr, bis zu meinem letzten Atemzug das Gefühl nicht mehr loszuwerden, mich mit einer Schnapsidee zum Affen gemacht zu haben. Doch bis zur Ankunft oder dem Ausbleiben der Zwanzig gab es keine Alternative, als den Plan weiter voranzutreiben.

Lampen auf den Zaunpfosten gingen an, zogen einen

hellen Halbkreis um das Grundstück, und auch die Terrassenbeleuchtung glomm auf. Ein theoretischer Vorteil dieser Illumination für uns war, dass der Rest des Geländes nun sehr rasch in immer tiefere Dunkelheit sank.

Zwischen den Pinienzapfen kniend lauerte ich Dickie auf. Da kam er, Zigarette im Mundwinkel, Kinn wie gehabt auf der Brust, Lichtschein zwischen seinen Händen.

»Hoho«, raunte ich in mein Handy, »sind die Jungs schon da?«

»Sie warten eingepfercht im Transporter und stehn kurz davor, ’nen Koller zu kriegen.«

»Kannst du den Strom fürs Haus ausschalten, aber den für die Mobilfunkantenne anlassen?«

»Kein Ding.«

»Dann mach das jetzt.«

»Das heißt, wir legen los?«

»Ja.«

Dickie stutzte, als die Beleuchtung plötzlich ausfiel, lief dann aber weiter, bis er abrupt anhielt und sich ans Ohr griff. Ich zog den Kopf ein, machte mich so gut es ging unsichtbar.

Nein, sagte er verwundert und ich *wusste*, er sah sich nach allen Seiten um, bei ihm sei alles ruhig. Er bestätigte irgendwelche Instruktionen, machte weiter auf seiner Runde, und ich wartete ein Minütchen oder zwei und schlich dann geduckt hoch zum Wasserturm, nahm das Fernglas zur Hand und warf mich auf den Bauch.

Rotblond und Schmuddel standen am Tor, und Rotblond führte ein Telefongespräch, das nicht frei von Emotionen war. Ich konnte die Worte nicht genau verstehen, doch ich denke mal, sie beschäftigten sich mit ausbleibender Elektrizität. Er verstummte verblüfft, als der Renault Master in den Électricité-de-France-Farben vor dem Rolltor stoppte. Ich sah Hoho am Steuer und Willy auf dem Beifahrersitz, gelassen damit beschäftigt, Häkchen auf ein Blatt Papier zu krakeln.

Es folgte eine kurze Diskussion zwischen ihm und Rotblond, die, wie ich wusste, von einem Totschlagargument beendet wurde. Natürlich musste Hoho noch aussteigen und die seitliche Schiebetür wie die hinteren Klapptüren zur Durchsuchung öffnen, doch dann ließ man ihn aufs Gelände fahren.

Rotblond blickte den Hügel hoch und sagte ein paar Sätze, und irgendwo in meinem Rücken hörte ich Dickie antworten. Es klang so, als sollte er die Elektriker in Empfang nehmen und im Auge behalten.

Ich wählte Charly an und teilte ihm das im Flüsterton mit.

Hoho schwang den Master herum und stellte ihn so ab, dass die Schiebetür weder vom Haus noch vom Tor aus zu sehen war. Er und Willy stiegen aus, nahmen mit wichtigen Mienen den Wasserturm in Augenschein. Willy entdeckte einen Blechkasten mit in den Deckel geprägtem Elektroblitz, deutete darauf, sagte »Le voilà«, und Hoho ging zum Wagen, Werkzeug holen.

»Ihr sollt euch beeilen«, sagte Dickie, etwas atemlos von zehn Metern Anstieg. Ich erhob mich, verdeckt von einer der Säulen des Turms.

Hoho zog die Schiebetür auf und machte einen raschen Schritt beiseite, ein leises *Pföpp!* ertönte, Dickie schlug mit der Hand auf seine Brust, blickte verwundert an sich herunter und sank mir in die Arme. Sofort zerrte ich ihn bergab und außer Sicht, ließ ihn zu Boden, nahm ihm das Handy ab und setzte mir sein Headset auf, bevor ich ihn mit Kabelbindern fesselte und mit Gaffertape knebelte.

Aus der Ferne dröhnte das Geräusch getunter Motoren und spotzender Auspuffe heran, an- und abschwellend im Takt der Serpentinen. Ja! Mein Puls reagierte sprungartig, ich fühlte mich klar und wach und sehr lebendig.

Charly, Hufschmidt, Mombassa und Pit Bull waren, von Kopf bis Fuß in Schwarz, inzwischen aus ihrem Trojanischen Pferd geklettert und dabei, schnell und leise unsere Ausrüstung außer Sicht zu schaffen. Sobald das erledigt war, schloss Hoho die Türen und er und Willy stiegen ein. Der Diesel sprang an, und ich eilte den Jungs hinterher.

»Wie viele Wachleute gibt es noch?«, fragte Charly. Ich kratzte einen groben Grundriss des Geländes in den Sandboden, zeigte ihm Schmuddels Route und die von Dickie. Das ließ vermuten, dass noch mindestens ein Mann den nördlichen Zaun bewachte, von uns aus nicht zu sehen durch die etwas höher gelegene Kuppe, auf der der Pool thronte. Mombassa ließ sich von mir Tape und Kabelbinder geben und schnappte sich sein Blasrohr.

»Halte dich vom Zaun fern«, riet ich ihm und zeigte auf die Lampen. »Die gehen gleich alle wieder an.« Er nickte und verschwand geräuschlos in der Nacht.

Etwas surrte in meiner Hose. Es war Dickies Smartphone. Ich ging dran und meldete mich mit einem hohen, jugendlich-lustlosen »Ouais?«.

Die Elektriker hatten das Grundstück verlassen, teilte mir Rotblond mit, ich konnte meine Runde wieder aufnehmen.

Aber wie lange denn noch?, fragte ich quengelig.

So lange, wie es nötig war, erfuhr ich barsch, und wenn es die ganze Nacht dauerte.

Der Strom kehrte zurück, und mit ihm die Zaun-, die Terrassen- und die Innenbeleuchtung des Bungalows, grell in der mittlerweile fast vollständigen Dunkelheit. Noch ein rascher Blick zum Haus – La Veuve und Stiernacken bereiteten drinnen den Konferenztisch vor –, und ich schulterte meinen Teil der Ausrüstung und führte Charly, Pit und Hufschmidt zur Höhle, nur einen Steinwurf weit entfernt von der Terrasse des Bungalows und trotzdem, ohne Dickies Patrouillengänge, relativ sicher vor Entdeckung.

Lärmige Autos kamen jetzt eines nach dem anderen durchs Tor geröhrt, und ich hastete zurück auf meinen Aussichtspunkt zu Füßen des Wasserturms. Und schrak zusammen, als sich Mombassa neben mir auf den Bauch fallen ließ.

»Und?«, fragte ich.

»Er schläft.«

Die Evos, die Imprezas, die Skylines, die Celicas und die Quattros wurden entlang der Auffahrt geparkt, Türen aufgestoßen, Umarmungen und Bussis ausgetauscht.

Der Hund kläffte sich heiser und sprang an seiner Kette herum wie von Sinnen, was niemand beachtete.

Es waren fast alles Kerle, nur zwei oder drei Frauen darunter, nicht genau zu zählen im schwachen Licht und allgemeinen Gewusel, doch es waren Les Vingt, ich war mir sicher. Da war der Typ, der mich an der Tanke erkannt hatte, zwei oder drei andere kamen mir vom Dünenparkplatz her bekannt vor, dazu Rotblond, sein Co und Stiernacken. Drei, vier Mann mit Krücken und Bandagen zeigten, wie ungesund es sein kann, sich als Motorradfahrer mit einem Desperado am Lenkrad eines Transporters anzulegen.

Blessuren beiseite, schien die Stimmung gut und schlug geradezu Wellen, als zu guter Letzt auch noch Mehmet und Michel angefahren kamen.

Inspecteur Mayonne hätte mich am liebsten geschlagen, als ich die beiden entlastete. Für ihn war ich entweder unter Drohungen eingeknickt oder hatte mich bestechen lassen, ein Feigling oder korrupt. Doch mit seiner Verachtung konnte ich mich arrangieren. Mit Mehmet und Michel am Leben, nicht.

Kaum aus dem Auto, wurden sie umringt, geherzt, gefeiert und schließlich vom gesamten Mob zu dem vordersten der Autos begleitet, einem Mitsubishi. Jemand öffnete mit großer Geste den Kofferraum. Applaus brandete.

Ich hob das Fernglas an die Augen.

Das Licht der Kofferdeckelleuchte fiel auf einen zusammengekrümmten, gefesselten und blutig geprügelten, soweit erkennbar sehr jung wirkenden Mann.

Man spürte, dass es sich hier wohl um einen Fall von Verrat aus den eigenen Reihen handelte, Motive und sonstige Umstände nur zu raten. Doch die Art, wie der Typ präsentiert wurde, ließ vermuten, dass er es war, oder dafür gehalten wurde, der gegen Mehmet und Michel ausgesagt hatte.

Sie zerrten ihn raus, schleiften ihn zu dem halbfertigen Gefängnis, schubsten ihn hinein und zeigten ihm einen Spritkanister, was den Typen in schlotterndes, gegen den Knebel anheulendes Grausen versetzte, bevor sie die Gittertür ins Schloss warfen.

Alles wich ein paar Schritte zurück, bildete einen Halbkreis im Respektabstand um Mehmet, der die Mixtur im Kanister schüttelte – schon der für mich gedachte Brandsatz war mit irgendetwas angereichert gewesen, das den Sprit klebrig macht, grauenhaft –, und Michel, der eine aufgerollte Zeitung in Brand setzte.

Der Jüngling in der Zelle heulte vor Entsetzen, dass der Hund mit einstimmte.

Mir klapperten die Zähne, ich konnte und wollte das nicht miterleben, meine Hand tastete nach Mombassas Pumpgun, mein Kopf machte sich bereit für eine Kamikaze-Aktion.

Ausgerechnet die Witwe rettete mich. Sie kam aus dem Haus und bimmelte ein Glöckchen.

Der Spritkanister wurde abgesetzt, die brennende Zeitung mit Fußtritten gelöscht, die Hinrichtung verschoben.

Ich atmete aus wie ein Wal, und Mombassa nahm seine Waffe vorsichtig wieder an sich.

Die gesamte Versammlung begab sich geordnet in den großen Konferenzraum und zog die Glastüren zu.

Dies, schoss es in mir hoch, war der Moment, auf den ich gewartet, die Situation, auf die ich spekuliert, auf die ich alles gesetzt hatte.

Ich gab Charly Bescheid, und er und sein kleiner Trupp robbten sich auf die abgesprochenen Positionen, in die Deckung der beiden Zementsackpaletten am Rande der Terrasse.

Ich wählte Hohos Nummer. Er war auf seinem Posten am Sicherungskasten, Willy saß startklar im Master.

Alles war bereit, nur meine Bewaffnung, fiel mir auf, wartete in der Höhle. Zur Sicherheit ließ ich das Fernglas noch einmal schweifen.

Im Bungalow wurden Drinks gereicht, man stand noch ein wenig herum.

Eng zusammengekauert hockten die Jungs, nun verstärkt durch Mombassa, im Schatten der Paletten und schälten ihre Gewehre aus den Schonbezügen, sahen fragend zu mir.

Ich signalisierte ›zwei Minuten‹, rannte geduckt los, sprang in den Graben, hastete die Treppen hinab, griff mir meine Pumpgun mit dem aufgeklebten Laserpointer, meinen LED-Scheinwerfer, erklomm die Stufen zwei auf einmal, da surrte es in meiner Hose. Dickies Smartphone, verdammt.

Aus einem Impuls heraus – hatte man uns etwa bemerkt? – ging ich runter auf ein Knie, legte die Sachen leise aus der Hand und nahm das Gespräch an.

Rotblond wollte wissen, wo ich sei.

Naturellemang auf meiner Runde, quengelte ich, und alles ist ruhig.

Stille folgte. Achselzuckend bückte ich mich nach meiner Ausrüstung.

»C'est pas vrai«, ertönte es plötzlich über meinem Kopf, und ich schrak zusammen. Rotblond stand auf der Böschung, direkt neben meiner Schulter, und muss mich wohl, in meinem schwarzen Overall und der völligen Dunkelheit des Grabens, im ersten Moment für Dickie gehalten haben, seinen trägen Wachmann, denn als ich aufsah und er mich erkannte, fiel ihm buchstäblich die Kinnlade runter.

»Du ... schon wieder«, entfuhr es ihm in diesem beschissenen Akzent. Er griff hinter sich, zu seiner Waffe, und ich schnellte aus der Hocke hoch, packte ihn bei der Gurgel und mit der anderen Hand am Gürtel, riss ihn mit meinem ganzen Gewicht nach vorn und wuchtete ihn, auf schwankenden Beinen, quer über meinen Kopf, komplett über mich hinweg. Meine Hüfte stieß hart gegen die felsige Balustrade, und Rotblond schrie kehlig auf, als ich ihn losließ.

Ich sah ihm nicht hinterher, hörte nur sein kurzes, schon mit dem ersten oder zweiten Aufprall gegen die Steilwand beendetes Kreischen, schnappte mir meine Sachen und beeilte mich, zu den Jungs zu kommen.

»Was war los?«, wollte Charly wissen.

»Einer weniger«, antwortete ich knapp, um das Zittern in meiner Stimme zu kaschieren, und spähte über die Säcke.

Abgeschirmt durch Isolierglas hatte im Haus offenbar niemand etwas mitbekommen, die Versammelten standen hinter ihren Stühlen und lauschten einer Ansprache der Witwe, doch ich war nervös wegen Schmuddel, der weiterhin draußen herumlief.

»Mombassa«, raunte ich, »geh nach vorn, kümmere dich um die Wache und mach das Tor auf.« Ich brauchte Willy und den Transporter auf dem Gelände.

Mein Herz klopfte in meiner Brust wie ein Gerichtsvollzieher an einer Wohnungstür. Das Timing der nächsten paar Minuten war entscheidend, alles entscheidend.

Außerhalb des Lampenscheins ging Mombassa geradewegs auf den Hund zu, der misstrauisch hochfuhr, und pustete ihn – *pföpp* – um, lud im Laufen nach, stoppte an der Hausecke, spähte herum, hob das Blasrohr wieder an die Lippen, zielte kurz, ließ das Rohr sinken und verschwand außer Sicht.

»Wir wechseln jetzt auf Walkie-Talkie«, ließ ich Hoho wissen. »Sobald ich ›jetzt‹ sage, schaltest du alles aus, auch die Antenne.«

»Okay.«

Die Versammlung setzte sich geschlossen hin, alles sehr zeremoniell. Als Letzte nahm die Witwe Platz, hob eine Lesebrille und ein Blatt Papier vom Tisch. Tagesordnung, vermutete ich. Wie beim Taubenzüchterverein. Abgänge, Neuzugänge, Bericht des Kassenwarts.

Mombassa lief unten am Zaun entlang, zog das Tor auf und kam zu uns zurückgerannt.

»Waffen bereit«, sagte Charly in seiner todernsten Kommandostimme.

Schweigend, nach außen hin ruhig, griffen wir zu unseren Pumpguns, doch der augenscheinlichen Gelassenheit zum Trotz lag dieses unhörbare Dröhnen in der Luft, das entsteht, wenn Adrenalin in Mengen durch die Systeme einer Gruppe gepumpt wird, basslastige Schwingungen, die sich allmählich synchronisieren, bis es nur noch einen einzigen, großen, vorwärtstreibenden Puls zu geben scheint.

»Jetzt«, sagte ich ins Walkie-Talkie, und mit einem Schlag senkte sich nächtliche Finsternis über Haus und Grundstück. »Schick Willy los.«

»In Position«, befahl Charly. Wir erhoben uns.

Willy kam angefahren, passierte das Tor und steuerte den Transporter hoch bis zum Turm.

»Pointer an. Zielen.«

Charly, Hufschmidt, Mombassa, Pit Bull und ich schalteten die Laser ein, hoben die Gewehre an die Schultern und ließen die roten Strahlen schweifen.

Ich löste kurz meine Linke für einen raschen Blick durch das Fernglas. Im grünen Schein des Restlichtverstärkers wurden die Zwanzig sichtlich unruhig. Sie sahen die irrlichternden roten Punkte, sprangen auf. Blickten suchend nach draußen.

»Feuer!«

Whamm! Die Glasfront fiel vollständig in sich zusammen, alles stolperte rückwärts, nur weg von dem fliegenden Glas, der Tisch kippte um und kam mit den Beinen nach oben zu liegen.

Scheinbar langsam rollte der brutale Knall von fünf großkalibrigen Pumpguns davon, während gleichzeitig oben am Turm die tragbare Musikanlage der ›Emmanuelle‹ loswummerte und Willy ein paar Leuchtraketen in den Himmel schickte. Alles zur Beruhigung der Nachbarn.

Die Laserstrahlen leuchteten biestig in der feuchten Luft, verrieten dabei unsere Positionen, und die ersten Chiens du Nord zogen ihre Waffen.

»Scheinwerfer an.«

Das weiße Gleißen von nahezu achttausend akkugespeisten Watt legte sich über die gerade noch so dunkle Szene.

Einen Moment lang war die Versammlung völlig geblendet, ratlos, perplex, ein paar verschatteten ihre Augen mit den Armen, ein paar hoben sogar die Hände, ergaben sich, andere schüttelten nichtsbegreifend ihre netzlosen Handys, nur Mehmet und Michel rissen ihre Waffen hoch und zielten blindlings in unsere Richtung.

Zwei Schüsse fielen, kurz, scharf, hart.

Die beiden sackten zusammen wie Marionetten, denen man die Fäden gekappt hat, niedergestreckt von jeweils einer Pistolenkugel ins Gesicht.

Konfusion folgte, einzelne Schreie ertönten, der Tod hatte Einzug gehalten, war zum Greifen nahe.

»Nachladen!«

Mechanisch, präzise, und doch so *fies*, dieses Geräusch, vor allem in mehrstimmiger Ausführung.

»Feuer!«

Die zweite Salve zielte verabredungsgemäß höher, über die Köpfe hinweg, doch da die wenigsten von uns Erfahrung mit der Streuung von grobkörniger Schrotmunition hatten, gab es eine Menge ungeplanter Treffer. Schmerzenschreie gellten, Flüche. Getroffene tasteten sich ab und blickten geschockt in Hände voller Blut, sahen sich entgeistert um, sahen Schock und Blut und Entgeisterung überall, und Panik brach aus. In kürzester Zeit stürzte sich alles die Kellertreppe hinab. Nur La Veuve stürzte sich nicht, rannte nicht mal, sondern *begab sich*, abgeschirmt durch Stiernacken, kerzengerade und äußerlich ungerührt, Schritt für Schritt hinab in die Sicherheit ihres uneinnehmbaren Bunkers. Sekunden nachdem die beiden außer Sicht geraten waren, spürten wir das Zuschlagen der dicken Stahltür unter unseren Fußsohlen.

Wir ließen die Waffen sinken, atmeten durch, rieben vom Rückschlag geprellte Schultern, wackelten Finger in klingelnden Ohren.

Ich warf ein Teppichmesser durch die Gittertür, und nur einen Augenblick später schwang sich der Jüngling oben über die Mauer, sprang herab und rannte davon, wie ich noch niemals jemanden habe rennen sehen.

»Warum«, fragte Pit Bull, »warum verdammt noch mal machen wir so was nicht jeden Tag?« Und er lachte leise in sich hinein.

Hufschmidt nahm seine Pistole auf, verstaute sie ein wenig umständlich in seinem Hüftholster. Er war sehr, sehr bleich. »Jetzt geht's mir besser«, behauptete er trotzdem tapfer.

»Strom an«, sagte ich ins Walkie-Talkie. »Und dann mach den Stromkasten zu und versteck dich.« Ich sah auf die Uhr. Das ganze hatte keine vier Minuten gedauert.

Ich ging zum Bagger, bekam ihn an und schob mit der Schaufel die beiden Paletten so nah es ging an die Wendeltreppe. Die Jungs bildeten eine Kette, wuchteten die Zementsäcke von Hand zu Hand und warfen sie die große, runde Öffnung hinab, bis sich ein Berg von Säcken das halbe Treppenhaus hochtürmte. Niemand würde diese Tür da unten aufgedrückt bekommen, nicht zwanzig Mann, nicht hundert.

»Was ist mit der anderen Tür?«, keuchte Charly, grimmig und verschwitzt. »Die in dem Gang?«

»Die hab ich mit dem Rahmen vernietet«, erklärte ich. »Und der Rahmen war vorher schon bombenfest.«

»Lasst uns abhauen«, mahnte Hufschmidt. »Wenn die Verstärkung rufen …«

»Können sie nicht«, versicherte ich. »Der Bunker ist strahlengeschützt.«

Ein Handy fiepte, irgendwo in dem Chaos aus Glaskrümeln, Flaschen, Stühlen, Gläsern, Leichen am Boden, ich hob es auf und ging dran. Die Security wollte wissen, ob alles in Ordnung sei.

Aber ja, versicherte ich. Nur ein Kurzschluss in der Vorsicherung des Transmitters der Mobilfunkantenne.

Also brauchten sie nicht die Polizei vorbeizuschicken?

Aber nein, versicherte ich, vielen Dank.

»Und jetzt?«, fragte Charly.

»Unser ganzer Krempel in den Master, Zivilklamotten an und weg. Ihr habt Feierabend.«

»Und du?«

»Ich bringe es jetzt zu Ende.«

Ich holte mir die Akkuflex und die Feuerwehraxt, Charly ging mit mir ums Haus, und wir betraten den Technikraum.

»Das ist die Belüftung des Bunkers«, erklärte ich, setzte die Akkuflex an, schnitt ein Kreuz in die Oberseite des langgezogenen, im Betonboden verschwindenden Blechkastens und bog die vier Dreiecke hoch, sodass eine große Öffnung entstand. »Und das«, sagte ich und deutete auf das dicke Gussrohr, das über der Lüftung an der Wand entlanglief, »ist die Rohrleitung vom Pool zur Filteranlage.« Ich packte die Feuerwehraxt mit beiden Händen, trat einen Schritt zurück, holte Schwung und zerschlug das Rohr mit dem ersten Hieb. Trübes Wasser schoss heraus und verschwand schäumend im Lüftungsschacht. »Wasser ist eine Waffe, hat man mir beigebracht.«

Charly verstand nicht ganz.

»Der Pool liegt höher als das Haus«, erklärte ich. »Alles Wasser daraus läuft jetzt in den Bunker. Der wiederum liegt ein ganzes Stück tiefer als der Kanal unter der Straße. Das heißt, sämtliche Abwässer aus dem Bunker müssen hochgepumpt werden, um abfließen zu können.« Ich deutete auf die Pumpe, die in genau diesem Augenblick ihre gurgelnde Arbeit aufnahm. Bis ich den Seitenschneider packte und das Stromkabel durchkniff.

Charly schüttelte langsam den Kopf. »Manchmal bin ich wirklich froh, dass wir Freunde sind«, sagte er und ging.

Ich blieb noch einen Moment, vergewisserte mich, dass alles lief, und als es das tat und tat und tat und ich mich schließlich losriss und umdrehte, füllte Mombassas massige Gestalt den Türrahmen. Er musterte mich eine Weile schweigend aus diesen dunklen, wissenden Augen. »Nepomuk wäre stolz auf dich«, sagte er schließlich, und bis heute bin ich mir unsicher, ob das als Kompliment gemeint war.

Die Musik war verstummt, die Jungs standen in Zivil herum, der EdF-Transporter wartete.

»Wenn ihr rausfahrt«, sagte ich, »passiert ihr die Kameras, also haltet euch irgendwas vors Gesicht.«

»Wieso ›ihr‹?«, fragte Charly.

»Der Transporter wird in die Fahndung kommen, auch, weil die Wachen ihn gesehen haben, also schlage ich vor, ihr bringt ihn auf das Gelände vom Hôtel du Nord und fackelt ihn ab.«

Der Hund erwachte aus seiner Narkose. Setzte sich auf, schlackerte mit den Ohren, bemerkte uns und begann zu knurren.

»Wieso ›ihr‹?«, wiederholte Charly.

»Ich halte es obendrein für das Beste, wenn ihr die Pumpguns morgen früh zurückbringt und dem Händler sagt, wofür sie benutzt worden sind. Wenn er dann nicht augenblicklich den Mietvertrag verbrennt, kann er nicht bei Verstand sein.«

Der Hund zerrte an seiner Kette, knurrte und kläffte.

»Und was ist mit dir?«, beharrte Charly.

»Ich bleibe noch ein bisschen. Wir treffen uns in ein paar Tagen in Mülheim. Ich stehe tief in eurer Schuld. Ihr seid die beste Gang der Welt.«

Ächzende Umarmungen folgten, dröhnendes Schulterklopfen, knirschende Händedrücke, was Männer halt so machen, wenn sich die Anspannung löst und sie sentimental zu werden drohen.

Dann stiegen sie ein und verschwanden in der Nacht.

Der Kettenhund war, bei näherer Betrachtung, eine Hündin, und so ziemlich das hässlichste Vieh, das ich je gesehen hatte. Ein Mischung aus vermutlich Kangal und mutmaßlich Irischem Wolfshund, von einem die kräftige Statur, vom andern die traurige Gestalt, räudig, grau, dreckig. Nachdem sie die ganzen Fremden vertrieben hatte und nur ich übrig geblieben war, reduzierte sie ihre Drohgebärden auf lauerndes Knurren und knurrendes Lauern, ließ mich nicht eine Sekunde aus den Augen.

Ich holte mir meinen Rucksack, schnappte mir ihren Napf, ließ ihn voll Wasser laufen, stellte ihn ihr hin, und, als sie nach kurzem Zögern zu schlabbern begann, setzte ich mich neben sie.

Sie war so baff, dass sie sich verschluckte.

Meine Theorie war, dass, was immer man ihr angetan hatte, um sie ›scharf‹ zu machen, von stehenden Männern und generell von oben ausgeführt worden war. Ein sitzender Typ, und dann auch noch so nah, brachte sie aus dem Konzept.

»Reden wir nicht lang drumrum«, sagte ich. »Ela sagt, ich brauche einen Hund, und du wirst gleich schon einen neuen Halter brauchen. Da dachte ich mir …«

Ich wollte nach ihrer Pfote greifen, doch sie knurrte wild auf und senkte den Kopf mit gefletschten Zähnen.

Also beugte ich mich zu ihr hinüber und stupste sie mit der Nase an, hinter dem Ohr. Sie versteifte, zitterte am ganzen Leib, wagte sich nicht zu rühren. Also stupste ich sie noch mal, sanft. Sie stank, unglaublich. Sie stank nach Vernachlässigung, sie stank nach Tagen und Nächten, Wochen und Monaten, vielleicht Jahren an der Kette, sie stank nach tödlicher Langeweile und miesem Futter und nach hunderttausend unerfüllten Sehnsüchten.

»Ich hab mir gedacht, wir könnten Freunde werden, du und ich. Aber warum setzt du dich nicht?«, fragte ich und klopfte einladend auf das Pflaster. »Dann können wir über alles reden.«

Sie hockte sich tatsächlich hin. Beäugte mich aus dem Augenwinkel. Im Sitzen war sie eine knappe Handbreit größer als ich. Weia.

»Ohne angeben zu wollen, aber …«, ich griff blitzschnell ihre Pfote, was sie mit einem erneuten scharfen Knurren und einem ebenso scharfen Blick abwärts quittierte, doch die Pfote blieb, wo sie war, und Zähne zeigte sie auch keine mehr. »Aber«, fuhr ich fort, »ich hab bei mir im Hof in Bottrop einen B-Kadett stehen, rot, und praktisch vollständig bis auf Motor, Getriebe, Achsen, Sitze und ein paar andere Kleinteile, doch Scheiben und Dichtungen sind intakt, das heißt: Innen ist es trocken.«

Das Wasser im Technikraum lief und lief, und – das war das wirklich Gruselige – sein Geplätscher war und blieb das einzige Geräusch. »Ich könnte die Fahrertür rausflexen«, schlug ich vor, »eine Matratze reinlegen, vielleicht noch 'ne Decke, und du hättest eine Hütte, von der andere Hunde nur träumen können.«

Sie hob langsam den Kopf, duldete meine Hand auf ihrer Pfote, atmete schwer und wusste nichts zu sagen.

Da erst bemerkte ich die Kette. Die um ihren Hals. Man hatte sie ihr umgelegt, ohne auch nur einen Furz darauf zu geben, ob der Hund noch wuchs. Mit der freien Hand bürstete ich das Fell an ihrem Hals ein wenig zur Seite, und die

Hündin sah mich an. Die Kette schnürte sich in einen Ring aus rohem Fleisch, Blut und Eiter.

»Obendrein«, sagte ich und kramte in meinen Rucksack, bis ich den kleinen Bolzenschneider zu fassen bekam, »habe ich vor, eine Hundeklappe in die Eingangstür zu bauen.« Ich ließ ihre Pfote los, hob den Bolzenschneider und kniff als Erstes die lange Kette durch, die klirrend zu Boden fiel. Die Hündin wandte den Kopf, sah von der Kette zum Bolzenschneider zu mir. Rührte sich aber nicht vom Fleck. »Kein Ding«, fuhr ich in gleichbleibendem Plauderton fort, »wie mein Freund Hoho sagen würde.« Ich streichelte ihr Brustfell und sie nahm den Kopf zurück, um meine Hand im Blick zu behalten.

Das Wasser im Technikraum plätscherte und plätscherte, es klang wie das harmloseste Geräusch der Welt.

Hier, knapp unter ihrer Gurgel, hatte sich die Kette noch nicht ins Fleisch gearbeitet, hier, knapp unterhalb ihres Gebisses, war die einzige ertastbare Stelle, um den Bolzenschneider anzusetzen.

»Man braucht nur eine Flex, zwei Pendeltürbeschläge, ein paar Nieten.« Ich spreizte die Griffe, setzte die Schneiden vorsichtig an, und sie grub mir blitzartig ihre Zähne in den rechten Unterarm. Ich bewegte mich nicht. Sie hielt den Arm in durchaus schmerzhaftem Griff, doch ihre Zähne, wurde schnell klar, brachen dabei nicht durch meine Haut. »Und falls dir dann in deiner Hütte kalt oder langweilig werden sollte«, sagte ich sanft und presste den Scherkopf mit dem freien Arm zusammen, bis es schnickte, »kannst du jederzeit reinkommen in meine gemütliche Werkstatt.« Die durchtrennte Kette entspannte sich, und die Hündin ließ meinen Arm los. Ein einzelnes Glied baumelte lose, ich kniff es rasch ab und hielt es ihr hin, sie schnupperte dran und ich warf es fort. Ihr Kopf sank nach vorn und sie sah plötzlich müde drein, wie jemand, von dem eine Last abfällt.

»Wir könnten zusammen auf dem Sofa sitzen und Bier trinken«, schlug ich vor. »Oder am Rhein-Herne-Kanal spazieren gehen. In die Büsche kacken, Enten und Karnickel aufscheuchen. Oder«, kam mir eine Idee, »warst du schon mal am Atlantik? Nein? Pass auf, solltest du dich entscheiden, meine Freundin zu werden, dann fahren wir beide noch heute Nacht zur Westküste. Riesenstrand, tolle Wellen. Was sagst du?«

Sie gähnte verlegen, schloss die Augen, entspannte sich dann plötzlich und schmolz in meinen Schoß wie sechzig Kilo warme Schokolade.

Das Wasser änderte den Ton, fiel mir auf. Es gurgelte nicht länger in den Lüftungsschacht, es hörte sich an, als sprudelte es oben heraus. Das hieß, der Keller war voll.

Zeit, zu reisen.

Vorsichtig legte ich ihr eine Hand auf den Brustkorb, der sich hob und hob, bevor die Hündin einen Riesenseufzer von sich gab.

»Alles wird gut«, versprach ich.

Ich ging die Reihe der geparkten Autos entlang, und sie ging mit. Schnupperte und schnupperte schnorchelnd an allem.

»Wir brauchen einen Namen für dich«, stellte ich fest und stoppte neben einem Nissan Stagea, der Kombiversion des Sportmodells Skyline. »Wie wär's mit ›Bella‹?«, fragte ich unschuldig. Sie ließ sich das einen Moment durch den Kopf gehen, schien dann aber keine Einwände zu haben.

Der Schlüssel steckte im Zündschloss. Ich poppte die Haube auf, warf einen Blick in den Motorraum. Blaue

Siliconschläuche allenthalben, Alu-Riemenscheiben, zwei dicke Lader, Carbon-Airbox, Zusatzkühler für Ladeluft, Wasser, Öl. Haube zu.

»Ich hoffe, du fährst gerne schnell.«

Ich ging ins Haus und Bella kam mit, als mein Handy surrte. Es war, wie könnte es anders sein, Hauptkommissar Menden.

»Wenn Sie zu Hause sind, Kryszinski, dann öffnen Sie jetzt augenblicklich die Tür.«

»Ich bin aber nicht zu Hause.«

»Aha!«

»Ich … äh, musste zum Zahnarzt.«

»Es ist ein Uhr morgens!«

»Ja, ich warte vor der Praxis. Möchte sicher sein, dass ich als Erster drankomme.«

»Kryszinski, Sie …«

»Muss Schluss machen. Mein Akku schwächelt.«

Mit zwei Wolldecken über der Schulter und einem Kopfkissen unterm Arm ging ich rüber zum Technikraum, und Bella begleitete mich. Wasser sprudelte aus dem Lüftungsschacht und lief durch die Tür nach draußen. Wir holten den Sack mit dem Trockenfutter und betraten ein letztes Mal den Bungalow, wo ich in der Küche den Sicherungskasten fand und Haus und Grundstück, Zaun und Kameras vom Strom nahm.

Je eher man sie entdeckte, umso besser.

Ich schob den Beifahrersitz bis zur Arretierung nach hinten, breitete eine Wolldecke im Fußraum aus und Bella kletterte hinein und rollte sich mit einem zufriedenen Schnaufer zusammen.

Zwanzig Minuten später waren wir auf der Autobahn und mein Handy surrte. Es war Chi Li.

»Ich glaube nicht, dass ich sie noch lange hinhalten kann, Kristof.«

»Es gibt niemanden mehr, den du hinhalten müsstest.«

Ein kurzes, perplexes Schweigen folgte.

»Mit anderen Worten«, begann sie dann zögerlich, »du hast es tatsächlich getan.«

»Sie haben mir keine Wahl gelassen.«

»Du hast es tatsächlich geschafft.«

»Mit ein wenig Hilfe von meinen Freunden.« Was sich in deutscher Übersetzung nie so charmant anhört wie in der ursprünglichen Version von Richard Starkey, besser bekannt als Ringo Starr.

»Wo bist du? Bist du okay?«

»In Marseille, doch bereits auf dem Weg aus der Stadt. Und ja, ich bin okay.«

»Können wir uns sehen?«

»Klar. Wir sind frei, vergiss das nicht.«

Schon vom Parkplatz war das Tosen der Brandung zu hören. Es war ein kühler, frischer, klarer Morgen mit einer ausgesprochen steifen Brise. Ich wickelte mir eine Wolldecke um die Schultern, stapfte durch die Dünen, und Bella wich mir nicht von der Seite.

Nach zweihundert Metern lag der Strand vor uns, leer und weit wie der Ozean dahinter.

Bellas Augen wurden groß, ihre Ohren hoben, ihre Nasenlöcher weiteten sich, und dann stob sie davon, in gestrecktem Galopp zum Wasser, biss hinein, sprang hinein, sprang wieder raus, drehte eine Runde in wilder Schräglage, rutschte aus, überschlug sich, rannte weiter, rannte zu mir, rannte mich um, tobte die Düne hoch und wieder runter und zurück zum Meer, bis sie sich nach einer kleinen Ewigkeit schließlich wild hechelnd, nass und sandig neben mir auf den Bauch fallen ließ.

Und so lagen wir noch lange, lange, lange im Sand und sahen zu, wie die Wellen heranrollten, brachen und vergingen.

EPILOG

Ich wählte eine Nummer aus dem Speicher und ein Walross schnaubte mir ins Ohr.

Ich sagte: »Du kannst Schluss machen. Deine Dienste werden nicht länger benötigt.«

»Hm.« Ich hatte erwartet, dass er in Freudentränen ausbrach und seinem Schöpfer schluchzend dafür dankte, diesen Tag noch erleben zu dürfen, doch dieses ›Hm‹ klang alles andere als begeistert.

»Bist du sicher?«

»Ja«, sagte ich fest.

»Die Gefahrenlage für … *dieses Kind* … hat sich aufgelöst?« Was war mit ihm? Wahrscheinlich konnte er sein Glück noch nicht fassen.

»Ja.«

»Na gut«, meinte er zögernd und legte auf.

Es dauerte mehrere Stunden, die eingewachsene Kette Glied für Glied zu entfernen, eine quälende Prozedur, doch Bella beklagte sich kaum. Anschließend schor ich das Fell entlang der Wundränder, säuberte die Wunde und desinfizierte sie mit einem Spray.

In den folgenden Tagen konnte man praktisch dabei zusehen, wie die einst schwärende Verletzung abheilte.

Andere Verwundungen brauchten etwas länger, um abzuklingen, so begegnete Bella fremden Männern nach wie vor in geduckter Haltung und mit warnendem Knurren, doch mit der Zeit konnte ich beobachten, wie sie sich mehr und mehr an mir orientierte. War ich entspannt, stellte sie das Knurren ein und nahm auch die Ohren wieder nach vorn.

Wir blieben noch ein paar Tage am Meer und drückten lange Fußspuren in den Sand, sahen zu, wie die Flut sie wieder glattwischte, und machten neue. Abends saßen wir am Feuer und nachts schnarchten wir hinten im Kombi um die Wette.

Die Zeitungen zeigten Bilder eines völlig ausgebrannten Maseratis und eines Bungalows mit herausgeschossener Glasfront und sprachen von einem Krieg in den Marseiller Quartiers Nord.

Wir trödelten auf der Rückfahrt, mieden die Autobahn und hielten überall an, wo es schön aussah, schnupperten so nach und nach halb Frankreich ab.

Irgendwie wollte ich nicht nach Hause, und trotzdem kommt man irgendwann dann doch wieder da an.

Als Erstes stattete ich dem libanesischen Gebrauchtwagenhändler einen Besuch ab. Heckenpennes, Willy und Charly weigerten sich, Geld von mir zu nehmen, doch Hoho und vor allem Pit Bull konnten es brauchen, und Mombassa hatte ich letzten Endes engagiert.

Anschließend wurde es Zeit für einen Besuch, den ich lange genug vor mir hergeschoben hatte.

Die Sonne schien herab auf Mülheim-Speldorf und die Vögel piepten, als Bella und ich in die Hofeinfahrt bogen, vor uns ein Idyll.

Ela striegelte ihr Pferd Punky, das immer wieder versuchte, sie mit seinen großen gelben Zähne in den Hintern zu kneifen, Hund Benno sah, ganz offensichtlich sympathisierend, zu.

Zwei Männer saßen sich im Schatten eines Obstbaumes an einem kleinen Tisch gegenüber und starrten konzentriert auf ein Schachbrett. Ein rußfarbener Staubmantel hing über der Lehne des einen Stuhls, ein sandfarbener Trenchcoat über der des andern. Ich ging ein paar Schritte auf sie zu und sie sahen auf, musterten mich aus Augen, grau und kalt wie Gletschereis das eine Paar, grün und hart wie Panzerglas das andere.

»Hey, Kriiiiistof! Hallohallo Hundchen!« Ela rannte auf Bella zu und schlang ihr die Arme um den Hals. Bella gab ihr einen freundlichen Nasenstüber, der Ela rücklings ins Gras schickte, stellte ihr eine Pfote auf die Brust und begann, ihr gründlich das Gesicht abzuschlecken. Benno nutzte die Gelegenheit und machte mit. Ela quietschte und strampelte und quietschte noch mehr. Schließlich konnte sie sich befreien und auf die Füße krabbeln. »So«, sagte sie mit strenger Stimme und stemmte die Fäuste in die Hüften. »Ich gehe jetzt in die Küche und hole zwei schöne große Knochen. Und die schmeiß ich dann vor euren Augen über den Zaun. Soll ich dir einen Kaffee mitbringen?«, fragte sie mich.

»Gern.«

»Setz dich doch! Möchtest du auch Kuchen? Claudia hat Pflaumenkuchen mitgebracht.«

Ich sah mich irritiert um. *»Claudia?«*

»Eines Tages drehe ich ihr den Hals um«, knurrte Claude Honka, Kopfgeldjäger, Geldeintreiber, Bodyguard, alles Härte zehn.

Ela wollte los, doch dann stutzte sie, und irgendwie, schwer zu sagen, schien alles um mich herum plötzlich den Atem anzuhalten, selbst die Vögel in den Bäumen. Langsam drehte ich mich um. Auf den Stufen zur Küche standen

Scuzzi und Bian-Tao, strahlend, augenscheinlich überglücklich und gleichzeitig unerklärlich schuldbewusst. Ich brauchte einen Moment, um zu bemerken, dass sie sich an den Händen hielten.

»Es hat sich einfach so ergeben«, sagte Scuzzi mit rauer Stimme.

»Sie *knutschen*«, meinte Ela und verdrehte die Augen. »Andauernd.«

»Matt in vier Zügen«, sagte ich, »wenn Sie mich ans Brett lassen.«

Menden sah nicht auf. »Einundzwanzig.«

Ich entschied mich für eine Miene mathematischen Unverständnisses. Vergeblich, denn Menden sah immer noch nicht auf, also fragte ich: »Einundzwanzig was?«

»Einundzwanzig Tote, Kryszinski! Einundzwanzig! Ersäuft! Erschossen! Von der Klippe gestoßen! Vier Frauen und siebzehn Männer, darunter – sicherlich purer Zufall – auch Mehmet Duval und Michel Khadra.«

»Das ist ja erschütternd. Wo soll das denn passiert sein?«

»In Marseille! Und Sie werden mir jetzt erzählen, dass Sie damit nicht das Geringste zu tun haben.«

»Wie sollte ich? Ich stand doch unter Hausarrest, in Bottrop. Fragen Sie Hufschmidt, der war die meiste Zeit bei mir.«

»Hufschmidt? Infiltrieren Sie den inzwischen auch?«

»Hören Sie, Sie haben ihn gefeuert, da brauchte er jemanden, der ihn ein wenig aufmunterte.«

»Man hat ihn suspendiert, weil er sich geweigert hat, darzulegen, wie es sein konnte, dass mit seiner Dienstwaffe ein Unbeteiligter erschossen wurde.«

»Ja, an dem Bericht arbeiten wir zurzeit.«

»Wir?«

»Ich bin ihm nur ein bisschen eine Gedächtnisstütze. Was ist jetzt mit meinem Angebot von Matt in vier Zügen?«

»Das bekäme ich zur Not auch alleine hin, aber ich spiele nun mal, um zu *gewinnen*.«

»Hm.« Ich sog bedauernd an einem Zahn. »Was sagen denn die Ermittler vor Ort?«

»Die französischen Kollegen«, presste Menden mühsam hervor, »sagen, die Ermittlungen gestalten sich schwierig …«

»Wegen der Schweigepflicht in diesem Milieu«, ergänzte ich.

Menden zog einen Springer, nahm einen Läufer.

»Oh, oh«, machte ich vielsagend.

Honka konterte sofort, nahm einen Turm.

»Also ich an Ihrer Stelle hätte ja …«, begann ich, doch Menden fiel mir ins Wort.

»Erstaunlich viele Scheine aus dem Lösegeld für Nepomuk Blaumanis sind in Deutschland aufgetaucht.«

»Verblüffend«, fand ich.

»Eine größere Anzahl davon hier im Ruhrgebiet.«

»So was«, sagte ich.

»Registrierte Scheine werden uns zugeführt, zur kriminaltechnischen Untersuchung. Unter anderem überprüfen wir sie auf Fingerabdrücke.«

»Aha«, sagte ich und schubbelte mir den Arm, wo die Naht immer noch ein wenig juckte. Dann die Wange. Nu komm zur Sache, dachte ich. Bringen wir's hinter uns.

»Und, soll ich Ihnen etwas sagen? Auf gleich mehreren Exemplaren haben wir Ihre Abdrücke gefunden.«

»Das kann ich erklären«, sagte ich.

Menden hob langsam den Kopf und schenkte mir einen seiner gefriergetrockneten Blicke. »Etwas anderes, aus Ihrem Mund«, sagte er, »hätte mich jetzt auch in sprachloses Staunen versetzt.«

Bella und ich trotteten gemächlich zurück Richtung Bottrop, als mein Handy ging.

»Zarif Mahmout«, sagte Chi Li, »hat mich engagiert, mit dir Kontakt aufzunehmen.«

»Du kennst ihn?«

»Ich habe kürzlich erst La Veuve und ihn an einen Tisch gebracht.«

»Ah.«

»Er bietet dir eine größere Summe an. Als Entschädigung, wie er sagt. Für ein bedauerliches Missverständnis. Ungewöhnlicher Schritt, wenn du mich fragst. Ich denke, er hat Angst vor dir.«

»Sag ihm, ich will kein Geld, sondern die Hand seiner Tochter.«

»Was? Ist das dein Ernst? Hast du sie mal gesehen?«

Ich erinnerte mich an die vierschrötige Putzfrau, vor der Zarif keine Geheimnisse hatte, und spürte wieder das Staubsaugerkabel um meinen Hals.

»Du verstehst nicht. Ich will nur ihre Hand. Welche ist mir egal, links oder rechts. Den Rest der Bratze kann er behalten.«

»Hm. Ich frage mich, wie in dem Fall wohl meine Provision aussähe. Doch davon unabhängig glaube ich kaum, dass er sich darauf einlässt.«

»Dann soll er sich weiter fürchten.«

Ihr Lachen perlte leise in mein Ohr. »Du erinnerst dich, dass du gemäß unserer Vereinbarung nun mir gehörst?«, fragte sie dann.

»Muss mir momentan entfallen sein.«

Sie überging das. »Also, wann kommst du nach London?«

»Sobald die Briten ihre bescheuerte Quarantäne-Regelung für Haustiere aufgeben.«

»Also nie. Paris?«

»Paris, Paris, völlig überschätzt. Was ist mit Bottrop?«

»Aber ich bin für Luxus geboren, Kristof. Ich könnte nicht mit dir in einer Autowerkstatt wohnen, oder in einem alten Trailer. Das bedeutet, du müsstest zumindest ein Stückweit in meine Welt kommen. Kannst du dir das vorstellen?«

»Ich denke drüber nach.«

»Das sagst du immer, wenn du eigentlich ›nein‹ meinst.«

»Unsinn.«

»Und das sagst du immer, wenn's eigentlich stimmt.«

»Sobald mein Rücken wieder gerade und mein Auge operiert ist, können wir über alles reden, okay?«

»Du machst es mir nicht gerade leicht«, meinte sie.

»Wer will es schon leicht«, entgegnete ich.

Fast zu Hause, auf Höhe des Kleingartenvereins Concordia 1914 Bottrop, surrte mein Telefon. Schon wieder. Es gibt solche Tage.

»Ich hab davon gehört«, sagte Marion, besser bekannt als Charlys Else, »dass Scuzzi dir deine Freundin ausgespannt hat.«

»Immer langsam. Sie ist nicht meine Freundin, war es nie. Bian-Tao und ich, wir waren einander versprochen, wenn man so will. Und ich bin derjenige, der das Versprechen nicht gehalten hat.«

»Trotzdem … Falls du Trost brauchst …« Ihre Stimme knabberte an meinem Ohrläppchen, während sie mir heißen Atem in den Gehörgang blies. Heißen, schweren Atem. »Charly ist bis Montag auf einer Harley-Dealer-Convention, oder wie der Blödsinn heißt. Auf Sylt, ausgerechnet. Doch worauf ich hinauswill … Lass es uns tun, Kristof. Nur einmal, nur dieses eine einzige Mal, damit wir endlich wissen, wie es ist.«

Sex mit Marion ist eine meiner häufigsten wiederkehrenden Fantasien, Fantasien, die mich bis in meine Träume hinein verfolgen, Träume, aus denen ich erwache zu einer Latte, mit der man Gullideckel aufhebeln könnte, und trotzdem …

»Zauberhafte Idee, Marion«, gab ich zu, »aber, nur unter uns: Wofür hältst du mich? Lebensmüde?«

»Deutschlands witzigster, respektlosester und originellster Autor von Kriminalromanen.« *Welt am Sonntag*

»Jörg Juretzka ist der Mann für den Spaß, seine kleinen Helden um den abgehalfterten Privatdetektiv Kryszinski sind die wahren Stehaufmännchen des deutschen Krimis.« *Günther Grosser, Berliner Zeitung*

»Juretzka schreibt, als ob er gemeinsam von Quentin Tarantino und Charles Bukowski in kreativem Schreiben unterrichtet worden wäre.« *Stern*

Kristof Kryszinski ermittelt

Brav ist der Detektiv Kristof Kryszinski sicher nicht: Ermittelt wird ohne Rücksicht auf Gefahr und Gesetzbuch, und mithilfe wunderbar schräger und zwielichtiger Charaktere aus seinem Bekanntenkreis. Frech-witzig und aktionsreich!« *Annette Kiehl, Westfälischer Anzeiger*

Prickel
Sense
Der Willy ist weg
Fallera
Equinox
Bis zum Hals
Alles total groovy hier
Rotzig & Rotzig
Freakshow
TaxiBar
TrailerPark
TauchStation

Mehr über Autor und Werk auf *www.unionsverlag.com*

Rob Alef im Unionsverlag

Das magische Jahr

Ein Mordfall führt Hauptkommissar Pachulke zurück in die Zeit der Berliner Studentenrevolte. Packend, ideenreich, witzig – Rob Alef zeigt, was passiert, wenn die Zeit aus den Fugen gerät. Ein eiskalter Krimi und eine alternative Geschichte der 68er-Bewegung.

Kleine Biester

Für das Wohl ihrer Kinder ist manchen Eltern jedes Mittel recht. Rob Alefs feinsinniger Kriminalroman führt in die Welt von Schulsponsoring und Schülermobbing, Elternwahn und Ehrgeiz, wo der Traum von der bestmöglichen Bildung lebensbedrohliche Gefahren erzeugt.

Immer schön gierig bleiben

Mieten, die ins Unermessliche steigen, Biosupermärkte, die wie Pilze aus dem Boden schießen, Touristen, die zu Tausenden die Stadt bevölkern – Berlin ist zu einem einzigen großen Investment geworden. Im Gewebe der Metropole jagen die Ermittler um Hauptkommissar Pachulke einen Mörder, der nicht nur die Stadt als seine Beute begreift.

»Berlin, wie es boomt und stirbt.« *Der Tagesspiegel*

»Krimi mischt sich bei Alef mit Fantastik, gesellschaftskritischer Satire und einer Prise Science-Fiction – und das alles zum Brüllen komisch! Ganz ungetrübt ist das Lachen aber nicht – zu sehr schimmern hinter einigen ironisch überhöhten Stadtbeschreibungen reale Veränderungen durch, denen wir ausgesetzt sind. Spannung vom Feinsten.« *Die Zeitschrift*

JEONG YU-JEONG *Sieben Jahre Nacht*

Wie kann ein elfjähriger Junge überleben, wenn alle Welt in ihm den Sohn des »Stauseemonsters« sieht? Des Mannes, der ein Mädchen ermordete und ein ganzes Dorf zerstörte? Einsam und geächtet lebt er in einem Dorf an der Küste. Rätselhafte Besucher tauchen auf. Die Vergangenheit wird aufgerollt. Am Ende ist alles anders, als es schien.

MICHAEL DIBDIN *Entführung auf Italienisch*

Kommissar Aurelio Zen reist für einen Spezialauftrag nach Perugia: Ruggero Miletti, das Haupt einer der mächtigsten Familien Italiens, wurde entführt. Alles scheint sich gegen den Neuankömmling aus Rom verschworen zu haben. Doch im Kampf gegen Korruption und Mafia entwickelt Aurelio Zen seine wahren Qualitäten.

NII PARKES *Die Spur des Bienenfressers*

In einem Dorf im Hinterland Ghanas, in dem sich seit Jahrhunderten kaum etwas verändert hat, verschwindet ein Mann. Der Städter Kayo, der den Glauben der Dorfbewohner an Übersinnliches nicht teilt, wird mit der Aufklärung beauftragt – muss jedoch bald einsehen, dass westliche Logik und politische Bürokratie ihre Grenzen haben.

CLAUDIA PIÑEIRO *Betibú*

Inmitten einer idyllischen Wohnsiedlung wird ein Unternehmer mit aufgeschlitzter Kehle in seinem Lieblingssessel aufgefunden. Im ersten Moment deutet alles auf Selbstmord hin, doch schon bald erwachsen Zweifel. – Claudia Piñeiro nimmt mit scharfem Blick das Verhältnis zwischen Medien und politischer Macht unter die Lupe.

HANS KÄMMERER *Der schwarze März*
Ein Berlin-Krimi

Diesmal ist es kein Versehen, aber wieder ein zufälliges Opfer. Weitere werden darum gewiss folgen. Ja, es werden mehr und dann viele auf einmal, Herr Tennat.

In Berlin werden zwei junge Frauen getötet – die erste im bunten Treiben des Mauerparks aus Versehen, die zweite während einer Veranstaltung im Tempodrom mit Absicht. Doch dies ist nur der Anfang, ahnt Hauptkommissar Sven Tennat. In einem Bekennerschreiben, das Tennat bei der zweiten Leiche findet, wird ein Attentat angekündigt, das viele Todesopfer fordern wird. Allerdings liegen ihm keine politischen oder religiösen Motive zugrunde, was die Suche nach dem Schuldigen äußerst erschwert. Es handelt sich um einen neuen, unberechenbaren Tätertypus, der für unsere Gesellschaft nichts Gutes bedeutet, weiß der Kommissar. Es kann einen jeden treffen. Und egal wie alt oder welches Geschlecht, ein jeder kann der Täter sein. Auf den rauen Straßen Berlins beginnt für Tennat und sein Team ein verzweifelter Wettlauf um Leben und Tod …